Tania Singer
und Matthieu Ricard

Mitgefühl in der Wirtschaft

*Ein bahnbrechender
Forschungsbericht*

Aus dem Englischen
von Michael Wallossek

Knaus

Das Original erscheint 2015 unter dem Titel *Pour une Societé plus Altruiste* bei Éditions Allary, Paris.

MIX
Papier aus verantwortungsvollen Quellen
FSC FSC® C014496
www.fsc.org

Verlagsgruppe Random House FSC® N001967
Das für dieses Buch verwendete
FSC®-zertifizierte Papier *Munken Premium*
liefert Arctic Paper Munkedals AB, Schweden

1. Auflage
Copyright der Originalausgabe © Éditions Allary
Copyright der deutschsprachigen Ausgabe © 2015
beim Albrecht Knaus Verlag, München,
in der Verlagsgruppe Random House GmbH
Satz: Buch-Werkstatt GmbH, Bad Aibling
Druck und Einband: GGP Media GmbH, Pößneck
Printed in Germany
ISBN 978-3-8135-0657-0

www.knaus-verlag.de

Inhalt

Teil III: Die Einführung des *Prosozialen* in Wirtschaftssysteme

Seine Heiligkeit der Dalai Lama

Wir leben heute in einer Welt, die uns wirklich miteinander verbindet. In unserer Weltwirtschaft hängt das Schicksal der Völker in hohem Maß von einem über Landesgrenzen, ja sogar über Kontinente hinaus bestehenden Beziehungsgeflecht ab. Diese nie zuvor dagewesene wirtschaftliche Integration hat vielen Menschen Wohlstand beschert und ihnen zu einem höheren Lebensstandard verholfen. Unbestreitbar hat sie andererseits zugleich die Kluft zwischen Arm und Reich vergrößert. Und zwar nicht nur auf der internationalen Ebene, von Nation zu Nation, sondern auch *innerhalb* der einzelnen Nationen.

Bewegt von dem Gedanken, wie diese Kluft zwischen Arm und Reich verkleinert werden kann, stellen sich uns viele Fragen. Können wir unser Wirtschaftssystem gerechter machen? Gilt die Grundprämisse des modernen kapitalistischen Systems – dass die unsichtbare Hand des Marktes eine sich selbst erhaltende und regulierende Funktionsfähigkeit gewährleistet – in unserer globalisierten Welt nach wie vor? Bleibt in unseren Wirtschaftssystemen überhaupt noch Raum für eine so starke und positive menschliche Motivation wie den Altruismus? Oder trifft die weit verbreitete Annahme zu, dass man mehr davon hat, sich eigennützig zu verhalten? Ist ein am Bruttoinlandsprodukt (BIP) gemessenes Wachstum tatsächlich der beste Gradmesser für den wirtschaftlichen Fortschritt einer Nation? Und schließlich sollten wir, das ist wahrscheinlich ein ganz besonders wichtiger Punkt, unbedingt den Zusammenhang zwischen den Wirtschaftssystemen und unserem Glücksstreben untersuchen.

Im April 2010 kam unter der Schirmherrschaft des Mind and Life Institute in Zürich eine Gruppe von Menschen zusammen, um diese und weitere Fragen zwei Tage lang zu erörtern. Vor dem Hintergrund der Finanzkrise, die 2008 die Welt erschüttert hatte, gewann die zentrale Frage: »Welche Bedeutung hat eine prosoziale und altruistische Motivation in Wettbewerbssystemen wie dem heute vorherrschenden westlichen Wirtschaftssystem?« ganz besondere Aktualität. Neben Psychologen, Neurowissenschaftlern und im Bereich von Kontemplation und Meditation tätigen Wissenschaftlern, deren Forschungsarbeit sich auf solche Themen wie die Grundlagen von Entscheidungsfindungsprozessen in der Wirtschaft, Kooperation, prosoziales Verhalten, Empathie und Mitgefühl erstreckt, gab es auch Tagungsteilnehmer, die an innovativen Wirtschaftssystemen arbeiten. Und ich befand mich in der glücklichen Lage, an diesen anregenden Gesprächen teilnehmen zu können.

Zunehmend deutlicher kristallisierte sich dabei heraus, dass im Bereich der Wirtschaftswissenschaft ein grundlegendes Umdenken notwendig ist und die Wirtschaft unbedingt ihren Horizont erweitern sollte. Die Frage der Fairness und einer gerechteren Verteilung gilt es ebenso in Betracht zu ziehen wie die weiter reichenden Auswirkungen der Ökonomie auf Gesellschaft und Umwelt. Immer mehr setzt sich die Einsicht durch, dass auch in der Wirtschaft Ethik und Mitgefühl eine wichtige Rolle spielen: Immerhin ist das Wirtschaftsleben Ausdruck menschlicher Aktivität – im Wesentlichen mit dem Ziel, uns zu größerem Glück zu verhelfen und das Leid zu mindern.

Unter den Teilnehmern der Zürcher Tagung kam es zu einem fruchtbaren, anregenden Gedankenaustausch. Zu wissen, dass durch die Veröffentlichung des Buches *Mitgefühl in der Wirtschaft* all das nun einem großen Kreis interessierter Menschen zugänglich wird, beglückt mich. Ich danke jedem, der dazu beigetragen hat, die Tagung und das Buch möglich zu machen. Welche Art von Wirtschaftssystem wir haben sollten, diese Frage geht nicht nur Experten, sondern jede/n Einzelne/n von uns etwas an. Voll freudiger Erwartung sehe ich der Entwicklung einer neuen Art von Wirtschaftssystem entgegen, das die Dynamik des Marktes mit einem stark ausgeprägten Interesse an einer gerechteren Verteilung seiner Erträge verbindet. Ich hoffe, dass die auf den folgenden Seiten veröffentlichten Diskussionen wie ein Katalysator zur Entstehung eines solchen Wirtschaftssystems beitragen werden.

Plädoyer für eine mitmenschliche Wirtschaft

Tania Singer, Matthieu Ricard und Diego Hangartner

Wer heute den Fernseher einschaltet oder Zeitung liest, gerät in ein regelrechtes Trommelfeuer von Debatten über drohende und herrschende Wirtschaftskrisen beziehungsweise über entsprechende Gegenmaßnahmen. Oft gehen die Lösungsvorschläge jedoch keineswegs auf den Kern des Problems ein, in der Regel kehrt man schnell wieder zur Tagesordnung zurück. Doch immer mehr Menschen erkennen, wie unzureichend die bisherigen Lösungsansätze sind. Sie erkennen die Notwendigkeit, unsere Wirtschaftssysteme und unser ökonomisches Handeln, individuell wie auch global, neu zu durchdenken. Immer nur Vorkehrungen zu treffen, um weiteren Krisen vorzubeugen, genügt vielen von uns einfach nicht mehr: Junge Menschen und Familien, Akademiker und Arbeiter, Aktivisten und Politiker auf der ganzen Welt fordern eine sozialere, umweltverträglichere und gerechtere Wirtschaftsordnung – eine Wirtschaft, die nicht den Wünschen und Begierden einiger weniger Eliten Vorrang einräumt, sondern die durch Mitgefühl und eine menschenfreundliche, humanitäre Einstellung der Weltgemeinschaft insgesamt zugutekommt und – mit dem nötigen Weitblick – in der Lage ist, auch auf künftige Generationen und das weitere Schicksal der Biosphäre Rücksicht zu nehmen. Ist so ein System möglich? Wie sähe es aus, und wie könnte es unsere Welt verändern?

Im April 2010 trafen sich in Zürich Denker aus so unterschiedlichen Bereichen wie den Wirtschaftswissenschaften, der

Neurowissenschaft, der Psychologie, der Philosophie, der Meditationspraxis und aus Unternehmen mit Seiner Heiligkeit dem Dalai Lama, um bei einer Tagung mit dem Titel »Altruismus und Mitgefühl in Wirtschaftssystemen« diesen Fragen nachzugehen. Gastgeber und Organisator der Tagung war das Mind and Life Institute. Das Mind and Life Institute, aus einer Reihe von interdisziplinären Dialogen zwischen Seiner Heiligkeit dem Dalai Lama, Wissenschaftlern, Philosophen und Meditierenden hervorgegangen, will die Natur des Geistes und die Beschaffenheit der Wirklichkeit erforschen, um dadurch bessere Voraussetzungen für das allgemeine Wohlergehen zu schaffen. Seit 1987 haben diese Dialoge ein weites Themenspektrum ausgelotet – von der Physik, der Kosmologie, der Ökologie und der Ethik bis hin zu den destruktiven Emotionen und zu Fragen aus dem Bildungsbereich.[1]

In vielerlei Hinsicht ist »Altruismus und Mitgefühl in Wirtschaftssystemen« eine Mind-and-Life-Tagung mit besonders hoch gesteckten Zielen, die sich aus einer Idee der Neurowissenschaftlerin Tania Singer ergab. Seit 2006 arbeitete Singer an einem Forschungsprogramm der Universität Zürich mit, in dem Psychologen, Neuro- und Wirtschaftswissenschaftler gemeinsam die Grundlagen menschlichen Sozialverhaltens und der Zusammenarbeit untersuchten. Damals hatten Mikroökonomen wie Ernst Fehr (siehe Kapitel 6 und 10) bereits gezeigt, dass Menschen bei geschäftlichen Interaktionen nicht nur auf Eigennutz, sondern auch auf Fairness achten. Die vorhandenen Wirtschaftsmodelle gingen hingegen meist von der Annahme aus, der Mensch habe in erster Linie egoistische Präferenzen. Mitgefühl und altruistische Motivation wurden zwar in psychologischen sowie neurowissenschaftlichen Studien häufig thematisiert und untersucht und bildeten zudem den Kern hoch entwickelter buddhistischer Meditationsübungen, den Wirtschaftswissenschaften und der realen Geschäftswelt waren sie hingegen nach wie vor fremd. Tania Singer wollte diese Wissenschaftsdisziplinen an einen Tisch bringen, um herauszufinden, wie wettbewerbsorientierte Wirtschaftssysteme sich mit humanitären Werten und einer prosozialen, helfenden Motivation in Einklang bringen lassen. Sie stellte die Idee dem Mind and Life Institute vor und tat sich mit Diego Hangartner, zu diesem Zeitpunkt europäischer Generalsekretär von Mind and Life, und mit dem französischstämmigen Autor und buddhistischen Mönch Matthieu Ricard zusammen. Gemeinsam begannen sie, die Tagung zu planen.

Einige Wissenschaftler hatten anfangs Zweifel, ob buddhistische und kontemplative Denkweisen zur Diskussion von Wirtschaftsfragen überhaupt etwas beisteuern könnten. Die beiden Gedankenwelten schienen weit auseinanderzuliegen – immerhin ging es im ersten Fall um die Minderung von Leid und das Erstreben einer inneren Balance, im zweiten dagegen um das Streben nach materiellem Reichtum und den äußeren Voraussetzungen für Wachstum und Wohlbefinden. Dennoch haben beide Systeme etwas Wichtiges miteinander gemein: Sie sollen dazu beitragen, dass Menschen glücklicher sind und Gesellschaften florieren. Singer, Hangartner und Ricard fragten sich, was geschähe, wenn kontemplative Wissenschaften in ein Gespräch mit der Neurowissenschaft, der Psychologie, der Philosophie und der Geschäftswelt einträten. Würden die Konferenzteilnehmer sich ein Wirtschaftssystem vorstellen können, das uns den nötigen materiellen Wohlstand *und* menschliches Wohlbefinden beschert? Die so zustande gekommenen Dialoge gaben Einblick in die Beschaffenheit von Wirtschaftssystemen und von wirtschaftlichen Handlungsweisen und lieferten ein neues Modell für den Homo oeconomicus als ein von Grund auf mitfühlendes und sozialverträgliches Wesen.

Für eine mitmenschliche Wirtschaft

> »Wir gehen von folgender Voraussetzung aus: Weil wir
> danach streben, glücklich zu sein, sind für uns gerade
> diejenigen Ressourcen, die zu diesem Ziel hinführen,
> von größtem Wert.«[2]

Viele Menschen meinen, dass Geld und Glück untrennbar miteinander verknüpft sind und mit dem einen zugleich auch das
andere zu- oder abnimmt: Je mehr Geld wir haben und je mehr
Dinge wir besitzen, umso glücklicher sind wir. Und umgekehrt:
Haben wir weniger Geld und nicht so viel Besitz, dann ist dies
gleichbedeutend mit weniger Glück.

Bis zu einem gewissen Grad stimmt das ja auch. Wer der
schlimmsten Armut entrinnen konnte und nun über einen
gewissen finanziellen Spielraum verfügt, weist eine höhere
Glücksquote auf als jemand, der immer darum kämpft, seine Grundversorgung zu sichern. Für eine Weile nimmt also
bei steigendem Einkommen das Glück zu (siehe die Kapitel 8
und 11).

Dieser Zuwachs an Glück verlangsamt sich allerdings. Und
irgendwann ist dann Schluss damit. Seit den sechziger Jahren sind die Einkommen weltweit dramatisch gestiegen, während das jeweilige Glücksniveau stagnierte. Zum Teil lässt sich
dies auf das Phänomen des sozialen Vergleichs zurückführen.
Wir neigen dazu, den persönlichen Erfolg in Relation zum Einkommen anderer Mitglieder der eigenen Gruppe zu bewerten.
Wenn innerhalb einer Gruppe von Menschen ein Einkommenszuwachs zu verzeichnen ist, bedeutet dies also nicht unbedingt,
dass anschließend alle glücklicher sind (siehe Kapitel 8).

Das lässt sich außerdem durch eine grundlegende Wahrheit
des Buddhismus erklären: Glück, das auf äußeren Bedingungen
beruht – den Dingen, die wir besitzen, dem Kontostand oder

der gesellschaftlichen Stellung beispielsweise –, ist immer begrenzt und trügerisch.

Denken Sie an den Moment, als Sie sich gerade ein neues Auto gekauft oder eine Gehaltserhöhung bekommen hatten. Wie haben Sie sich da gefühlt? Und war das Gefühl der Freude und Zufriedenheit nach ein paar Wochen oder Monaten immer noch vorhanden? Wohl kaum. Doch anstatt daraus etwas zu lernen, indem wir versuchen, eine stärker in uns ruhende und leichter aufrechtzuerhaltende Quelle des Glücks zu finden, verstricken sich die meisten von uns in einen Kreislauf von Gier und Unzufriedenheit. Darin liegt das Problem. Letztlich führt mehr Geld somit keineswegs zu größerem Glück, sondern lediglich zum Verlangen nach immer mehr Geld, dem nächsten Auto oder der größeren Gehaltserhöhung. Dieser Kreislauf kann nicht nur Gier und Habsucht hervorrufen, sondern manchmal sogar die Bereitschaft, anderen Leid zuzufügen, damit den ichbezogenen Interessen Genüge getan wird.

Vorrangig auf materielle Werte ausgerichtete Menschen, so ein Forschungsergebnis des Psychologen Tim Kasser, sind unglücklicher, ihnen fehlt es an Einfühlungsvermögen, sie haben weniger Freunde und befinden sich in einem schlechteren Gesundheitszustand als diejenigen, die inneren Werten größere Bedeutung beimessen.[3] Trotzdem hat man in der Wirtschaftstheorie lange behauptet, der Mensch sei von Grund auf durch Eigeninteresse gekennzeichnet, und ein kapitalistisches Wirtschaftssystem könne nur funktionieren, wenn es den Menschen Gelegenheit gibt, die eigenen Wünsche und Begierden besser zu verfolgen. Adam Smith hat das 1776 in seinem Hauptwerk *Der Wohlstand der Nationen* so formuliert: »Nicht vom Wohlwollen des Metzgers, Brauers oder Bäckers erwarten wir das, was wir zum Essen brauchen, sondern davon, dass sie ihre eigenen Interessen wahrnehmen. Wir wenden uns nicht an ihre Menschen-, sondern an ihre Eigenliebe, und wir erwähnen nicht die eigenen Bedürfnisse, sondern sprechen von ihrem Vorteil.«[4] Ebenso schrieb 1881 Francis Edgeworth, ein Mitbegründer der neoklassischen Wirtschaftstheorie: »Das erste Prinzip der Wirtschaftslehre besagt, dass jeden Akteur allein das Eigeninteresse antreibt.«[5]

Glücklicherweise ist das nicht die ganze Wahrheit. Die jüngere Forschung legt nahe, dass jede/r von uns über eine starke Befähigung – unter Umständen sogar über eine biologische Veranlagung – zu Mitgefühl, Kooperation und Altruismus verfügt (siehe die Kapitel 3 und 5). Und diese inneren Ressourcen lassen sich, anders als Geld, unbegrenzt hervorbringen – ähnlich wie Liebe können sie »unendlich groß sein« (siehe Kapitel 14).

Um die Fähigkeit für Altruismus entfalten und üben zu können, müssen wir die Kennzeichen des Altruismus und die Rolle, die er für das menschliche Wohlergehen – für ein gelingendes und beglückendes menschliches Dasein – spielt, möglichst klar definieren. Diese Klärung fiel jedoch, wie die Tagungsteilnehmer feststellen mussten, keineswegs leicht. Nach Auffassung der Psychologie und kontemplativer Traditionen wie dem Buddhismus besteht Altruismus in einer Motivation, zum Wohl der anderen zu handeln. Das schließt mit ein, dass eine mitfühlende Handlung auch dem Handelnden selbst zugutekommen kann. Solange die Intention im Kern darin besteht, dem Mitmenschen von Nutzen zu sein – und nicht einem selbst –, ist dies nach wie vor Altruismus.

Im Unterschied dazu befassen sich Ökonomen statt mit der Motivation in erster Linie mit dem beobachtbaren Verhalten oder Handeln. Angenommen, jemand gibt einer gemeinnützigen Einrichtung eine Spende, weil er so das Gefühl bekommt, ein guter Mensch zu sein. Vermutlich ist bei der oder dem Betreffenden an die Stelle der einen ichbezogenen (durch den finanziellen Gewinn in Gang gesetzten) Handlungsweise lediglich eine andere ichbezogene (durch den emotionalen Gewinn begründete) Handlung getreten. Trotzdem ist Verhaltensökonomen und Evolutionsbiologen zufolge so eine Handlung als altruistisch zu bezeichnen, da die betreffende Person materielle Kosten übernommen hat, deren Wert dann einem (oder mehreren) anderen Menschen zugutekam – selbst wenn sie dadurch ihr Ego zufriedengestellt hat.

Nehmen wir an, Adam Smiths Bäcker sei altruistisch motiviert: Er sieht, dass Sie hungrig sind und kein Geld haben. Erfüllt von dem Wunsch, Ihr Leid zu lindern, schenkt er Ihnen Brot. Zwar entgeht dem Bäcker, indem er so handelt, möglicherweise eine Einnahme. Allerdings hat er zugleich etwas hinzugewonnen. Wenn er sieht, wie Sie das Brot entgegennehmen, wird bei ihm im Gehirn das Belohnungszentrum aktiviert, und er empfindet Freude (siehe Kapitel 9). Zudem muss er nun nicht mehr mitansehen, wie ein anderer Mensch leidet. Insofern kommt seine Handlungsweise auch ihm selbst zugute (siehe Kapitel 1). Hat der Bäcker seinem Gegenüber das Brot gegeben, ohne dafür etwas zu erwarten, dann ist seine Handlung altruistisch, selbst wenn er sich angesichts solchen Handelns anschließend besser fühlt. Hat er ihm allerdings das Brot gegeben, um sich wohler zu fühlen, nicht so ein schlechtes Gewissen zu haben oder sich den Vorwurf gefallen lassen zu müssen, er sei ein Geizhals, ist seine Motivation ichbezogen. In jedem Fall jedoch hat ein hungriger Mensch etwas zu essen erhalten.

Um die verstörende Konfrontation mit dem Leid eines Mitmenschen zu vermeiden, wird sich manch einer unter Umständen einfach davonmachen. Ein anderer wird vielleicht der bedürftigen Person deshalb etwas geben, weil er meint, später einen finanziellen Gewinn daraus ziehen zu können – oder mit einer Sanktion rechnen zu müssen, wenn er nichts gibt (siehe die Kapitel 6 und 10). Und der Nächste wird sich womöglich damit herausreden, andere würden dieser bedürftigen Person schon helfen. Allem Anschein nach sind wir geschickter darin, eigenes Leid zu vermeiden, als das Leid der anderen zu erleichtern – obgleich Letzteres sich außerordentlich lohnt.

Wie können wir dafür sorgen, dass ein System entsteht, in dem die Menschen unmittelbar und regelmäßig zum Wohl der anderen beitragen? Jede/r von uns ist in eine soziale Welt eingebettet, die unsere Erfolge und unsere Fehlschläge wie auch unsere Auffassungen und Entscheidungen in hohem Maß mit beeinflusst. Beim Zusammenbruch der Weltwirtschaft im Jahr 2008 haben ja nicht nur die egoistisch Denkenden und Handelnden Geld verloren und unter der Krise gelitten, sondern auch freigiebige und großzügige Menschen. Am stärksten gelitten haben aber in der Tat die Armen.[6] Wir können es uns heute nicht mehr leisten zu meinen, wir führten eine Art Inseldasein. Wie gut es uns geht, hängt mit anderen zusammen (eine weitere Wahrheit, für die das buddhistische Denken schon seit Langem einsteht). Und zwar umso mehr, je intensiver weltweit die Kulturen, die Märkte und die Menschen in einen Güter- und Ideenaustausch miteinander eintreten. Seine Heiligkeit der Dalai Lama hat es in Zürich folgendermaßen formuliert: »Eigentlich sollten wir ›sie/die anderen‹ aus unserem Wortschatz streichen. ›Wir‹ sollte uns reichen; die ganze Welt ist Bestandteil des ›Wir‹. (…) Wirtschaftlich brauchen wir ›sie/die anderen‹ auf allen Ebenen. Ich will glücklich sein, und damit dieser Wunsch in Erfüllung gehen kann, brauche ich ›sie, die anderen‹« (siehe Kapitel 8, S. 128).

Die Welt braucht die einschneidende und wirkungsvolle Neuausrichtung der Finanzsysteme. Wir müssen die psychischen und sozialen Kosten des wirtschaftlichen Gewinns ebenso mit in Betracht ziehen wie die ökologischen Kosten und umgekehrt. So wie die Studien mit Menschen, die regelmäßig meditieren, zeigen, dass wir durch mentales Training die Funktionsweise unseres Gehirns buchstäblich verändern können,[7] werden wir vielleicht auch in der Lage sein, unsere gegenwärtigen Systeme zu überwinden und eine ganzheitlichere und fürsorglichere Wirtschaft zu schaffen.

Für die meisten von uns liegt die Antwort nicht darin, alles, was wir besitzen, zu verschenken. Vielmehr kommt es für uns darauf an, dass wir lernen, *wie* wir geben können – durch welche Motivation, durch welche Umstände und durch welche Formen von Praxis wir möglichst effektiv geben können. Keine leichte Aufgabe, aber die in diesem Buch vorgestellten Forschungsresultate machen Hoffnung. Sie zeigen, dass Altruismus erlernt und kultiviert werden kann und wir durch ihn tiefgreifend belohnt werden. Wir sind der Überzeugung, dass wir unsere Wirtschaftpolitik und unser ökonomisches Handeln in eine positive Kraft verwandeln können – in eine Kraft, die auf kurze wie auf lange Sicht dem Wunsch gerecht wird, die Umwelt zu schützen, materiellen Wohlstand hervorzubringen und allen Menschen ein sinnerfülltes, zufriedenes Leben zu ermöglichen.

Die Kapitel im Überblick

Dieses Buch versammelt die Gespräche, die bei der Tagung »Altruismus und Mitgefühl in Wirtschaftssystemen« in Zürich geführt worden sind. Es ist in drei Teile gegliedert, in denen das Thema Altruismus von verschiedenen Seiten betrachtet wird: zunächst aus unterschiedlichen wissenschaftlichen Blickrichtungen (Teil I), dann aus buddhistischer und aus ökonomischer Sicht (Teil II); und schließlich zeigt es anhand einiger Beispiele, wie die altruistische Haltung in die Praxis umgesetzt werden kann (Teil III). Die Zusammenfassung liefert eine Synthese aus diesen Perspektiven und stellt Leitlinien für die Zukunft zur Verfügung.

Jedem Kapitel liegt jeweils einer der Vorträge zugrunde, die bei der Tagung gehalten wurden. Im Großen und Ganzen entspricht die Reihenfolge der Kapitel derjenigen der Vorträge bei der Tagung. (Mit einer Ausnahme: Die beiden Vorträge von Tania Singer sind hier zu Kapitel 2 zusammengefasst worden.) Jede/r Referent/in hat zuerst die eigene Forschung und damit zusammenhängende Initiativen vorgestellt und anschließend allen anderen Teilnehmern des Podiumsgesprächs die Möglichkeit gegeben, darüber zu diskutieren. Wie bei vielen Tagungen dauerten die Vorträge (und die Teepausen!) manchmal etwas länger. Dementsprechend blieb bei manchen Sitzungen mehr Zeit für Diskussionen als bei anderen.

Seine Heiligkeit der Dalai Lama und sein langjähriger Englischübersetzer Geshe Thupten Jinpa nahmen an jeder Sitzung teil. Zwar kann Seine Heiligkeit komplexen wissenschaftlichen und philosophischen Gedankengängen auf Englisch folgen und sie auch selbst in Worte fassen, trotzdem greift er gelegentlich lieber auf das Tibetische zurück. In den entsprechenden Fällen hat Geshe Thupten Jinpa dann seine Aussagen ins Englische übersetzt. Solche übersetzten Redebeiträge haben wir hier wiedergegeben, ohne Thupten Jinpas Beitrag eigens als Übersetzung zu kennzeichnen – es sei denn, er steuerte seinerseits etwas zur Diskussion bei. Auch andere Referenten haben im Verlauf der Tagung zur Beschreibung eines speziellen Phänomens hier und da einen Ausdruck aus dem Tibetischen verwendet. Das Tibetische wird dann phonetisch wiedergegeben, außerdem finden Sie in der dazugehörigen Fußnote jeweils die Wylie-Umschrift.

In Kapitel 1 befasst sich Dan Batson mit der Egoismus-Altruismus-Debatte und wirft die Frage auf, ob der Mensch jemals durch etwas anderes als durch Eigeninteresse motiviert ist. In Kapitel 2 gibt Tania Singer einen Überblick über den Stand der neurowissenschaftlichen Forschung in Bezug auf die menschliche Empathie, das Mitgefühl und andere Motivationssysteme. Sie stellt in diesem Zusammenhang die Frage, inwieweit wir diese starken Emotionen steuern können. In Kapitel 3 präsentiert Richard Davidson Daten, die uns zeigen, wie sich kindliche Fürsorglichkeit vom fürsorglichen Verhalten Erwachsener, die seit vielen Jahren Mitgefühlsmeditation praktizieren, beziehungsweise vom fürsorglichen Verhalten derjenigen Menschen unterscheidet, die ein sogenanntes Mitgefühlstraining durchlaufen haben. In Kapitel 4 vermittelt uns Matthieu Ricard ein Grundverständnis des Altruismus aus buddhistischer Sicht und erörtert mögliche Anwendungen im säkularen Bereich, zum Beispiel in der Krankenpflege. Mit Überlegungen zu Fällen von Altruismus bei Primaten, deren Beweggründe aber vielleicht in Wirklichkeit gar nicht rein altruistisch sind, rundet Joan Silk das Kapitel 5 ab.

In Kapitel 6 beschreibt Ernst Fehr das Vertrauensexperiment, das uns tatsächlichen Altruismus zeigt und uns zugleich vor Augen führt, ob und inwieweit Menschen auf Altruismus vertrauen. Darüber hinaus führt er die Vorstellung einer altruistischen Sanktionierung ein. In Kapitel 7 stellt John Dunne aus einem buddhistischen Blickwinkel die Auffassung vor, wahres Glück habe – unbegrenzt kultivierbare – innere Ressourcen zur Grundlage. In Kapitel 8 stellt Richard Layard infrage, ob Wirtschaftswachstum immer zu einem Zuwachs an Glück führt. In Kapitel 9 gibt William Harbaugh einen Überblick über die Forschung zu den wirtschaftlichen Kosten und dem psychologischen Wert des Spendens. Aus seiner Sicht ist ein »Warm-glow-Altruismus«[8] als zusätzliches Motiv für die Spendenbereitschaft sehr wichtig. In Kapitel 10 fragt Ernst Fehr, warum Altruismus von Bedeutung ist, und wie er gesellschaftliche Probleme lösen kann. Dabei stellt er eine Verbindung zur Schaffung von öffentlichen Gütern her und der Rolle, die sie in einer gerechten Gesellschaft spielen.

In Kapitel 11 macht Antoinette Hunziker-Ebneter deutlich, dass kluges Investment nicht nur gewinnbringend für die Gesellschaft und die Umwelt, sondern auch finanziell profitabel sein kann. In Kapitel 12 stellt Arthur Vayloyan ein wegweisendes Mikrofinanzierungskonzept vor, das zwischen Arm und Reich eine Brücke schlägt, um Menschen zu helfen, ihren Weg aus der Armut zu finden. In Kapitel 13 beschreibt Sanjit »Bunker« Roy das Barefoot College, ein alternatives Bildungssystem, das elitären Wissensauffassungen eine Absage erteilt und stattdessen dem in der Bevölkerung vorhandenen traditionellen Wissen Wertschätzung entgegenbringt. In Kapitel 14 erörtert William George, durch welche Qualitäten sich echte Führungskräfte auszeichnen – wie sie entdeckt und gefördert werden können, was wir von ihnen erwarten können, und welchen Interessen sie dienen sollten.

In der Zusammenfassung rekapituliert Joan Halifax gemeinsam mit weiteren Tagungsreferenten die vorangegangenen Gespräche und geht Fragen nach, die im Lauf dieser Tage aufgeworfen wurden, beispielsweise wie bedeutsam die soziale Geschlechterrolle und die Intelligenz für den Altruismus sind. Seine Heiligkeit würdigt die vielen ermutigenden Zeichen des Fortschritts und ruft uns in Erinnerung, wie wichtig es letztlich ist, eine weltliche Ethik zu fördern. Alles in allem zeichnen die Kapitel ein erstaunliches Bild von den im Verborgenen schlummernden Möglichkeiten, ein für alle Mal zu einer veränderten Denkweise zu gelangen – in Bezug auf die Märkte, auf das Gemeinwesen und auf unser menschliches Potenzial für Mitgefühl, Empathie und Glück.

Auf dem Feld der Neuroökonomie sind in den letzten Jahren viele Fortschritte erzielt worden. Zahlreiche Referenten dieser Tagung wurden eingeladen, an Symposien wie dem Weltwirtschaftsforum und dem Global Economic Symposium teilzunehmen – etwa Richard Davidson, Richard Layard, Ernst Fehr, William George, Sanjit »Bunker« Roy, Joan Halifax, Matthieu

Ricard und Tania Singer – oder haben an Projekten zur Steigerung des globalen Glücks mitgewirkt (Richard Layard). Oder sie hatten Anteil daran, dass Dörfer im Himalaja und in Indien Solarstrom nutzen konnten, die Möglichkeit zur Bewässerung aus Regenwasserrückgewinnung erhielten oder von Gesundheits- und Bildungsinitiativen profitierten (Seine Heiligkeit der Dalai Lama, Sanjit »Bunker« Roy und Matthieu Ricard). Dan Batson und Matthieu Ricard haben überdies noch an weiteren Forschungsarbeiten und Publikationen zum Thema Altruismus mitgewirkt. Und das sind nur ein paar Beispiele. Denn die Menschen, die sich bei diesem wundervollen Anlass zum ersten Mal begegnet oder hier neu inspiriert worden sind, haben viele weitere Projekte auf den Weg gebracht.

Wir hatten das Privileg, an diesem bahnbrechenden Symposium in Zürich teilnehmen zu können, und mit großer Freude präsentieren wir Ihnen nun dieses Buch. Wir hoffen, dass es die Leserinnen und Leser, die denkenden und aus Mitgefühl handelnden Menschen auf der ganzen Welt inspirieren wird, ihren Teil zur Schaffung eines prosozialen Wirtschaftssystems beizutragen, das uns allen zugutekommt.

TEIL I

Wissenschaftliche Forschung zu Altruismus und prosozialem Verhalten

KAPITEL 1

Die Egoismus-Altruismus-Debatte aus einer psychologischen Perspektive

Dan Batson

*Dan Batson, ein experimenteller Sozialpsychologe, ist emeritier-
ter Professor an der University of Kansas und Autor des Buches*
Altruism in Humans, *New York 2011. Im Blickpunkt der Forschung stehen für ihn die Frage nach der Existenz einer altruistischen Motivation, Religion und ihre Auswirkungen auf das Verhalten sowie die Beschaffenheit ethisch bedingter Emotionen.*

*In seinem Vortrag geht Batson ausführlich auf die Egoismus-
Altruismus-Debatte ein. Die im Westen verbreitete Annahme,
der Mensch sei immer durch Eigeninteresse motiviert, stellt
er infrage, indem er experimentelle Belege dafür liefert, dass
Altruismus tatsächlich existiert und aus empathischer Anteilnahme erwächst. Die Teilnehmer der anschließenden Podiums-
diskussion vergleichen Batsons Forschungsergebnisse mit der
buddhistischen Vorstellung davon, wie der Mensch eine altruistische Motivation erlernen und unter welchen Voraussetzungen sich dieser Altruismus zugleich auf Fremde und auf Menschen außerhalb der eigenen sozialen Gruppe erstrecken kann.*

Eure Heiligkeit, Sie sind zutiefst überzeugt, dass Altruismus
und Mitgefühl im menschlichen Dasein eine zentrale Rolle
spielen, und diese Qualitäten haben Sie über viele Jahre hinweg durch Ihre spirituelle Praxis kultiviert. Es wird Sie daher
sicher überraschen zu hören, dass im westlichen Denken, besonders in der Psychologie und den Wirtschaftswissenschaften,
erhebliche Zweifel daran bestehen und sehr viel darüber disku-

tiert wird, ob Altruismus und Mitgefühl überhaupt existieren. Es herrscht die Überzeugung vor, alles menschliche Handeln, wie edel und selbstlos es auch erscheinen mag, sei durch Egoismus motiviert und laufe stets auf die eine entscheidende Frage hinaus: »Was bringt mir das?« Als in der Forschung tätige Psychologen haben meine Kolleginnen und Kollegen und ich versucht, dieser Frage nachzugehen, um zu sehen, ob die westliche Auffassung korrekt ist.

Als Erstes möchte ich auf die Egoismus-Altruismus-Debatte zu sprechen kommen. Lassen Sie mich kurz erläutern, was diese Begriffe hier bedeuten sollen. Im Rahmen der Debatte bezeichnet Egoismus einen Motivierungszustand, bei dem es letztlich um die Steigerung des eigenen Wohlbefindens geht. Dem wird Altruismus gegenübergestellt, ein Zustand mit dem ultimativen Ziel, zum gesteigerten Wohl des anderen beizutragen. Der Ausdruck »ultimatives Ziel« verweist hier nicht auf einen ersten und letzten Grund, vielmehr meint er das, worauf es der betreffenden Person tatsächlich ankommt. Das ist etwas ganz anderes als ein Zwischenziel, das man als Mittel zu einem anderen Ziel oder Zweck verfolgt. Warum macht dies einen wichtigen Unterschied? Weil hilfsbereites und prosoziales Verhalten nicht nur durch Altruismus, sondern eben auch durch Egoismus motiviert sein können, selbst wenn die Hilfe einen hohen Preis fordert. Dabei behaupten Vertreter der egoistischen Position, dass jede Liebenswürdigkeit gegenüber anderen letztlich dazu dient, das eigene Wohlgefühl zu steigern. Ein Ziel könnte sein, mit sich selbst zufrieden zu sein, ein wohlig warmes Empfinden *(warm glow)* oder kein schlechtes Gewissen zu haben.

Und so stellt sich die Frage: Ist der Mensch überhaupt zu Altruismus fähig? Im westlichen Denken herrscht die Auffassung vor, altruistisches Verhalten sei letztendlich immer egoistisch motiviert. Der Duc de La Rochefoucauld hat das treffend beschrieben: »Was die Menschen Freundschaft genannt haben, ist nur eine Verabredung zur gegenseitigen Schonung der Interessen und zum Austausch guter Dienste; es ist schließlich nur ein Handel, bei dem die Eigenliebe stets auf ihren Gewinn bedacht ist.«[1]

Wir sprechen hier nicht nur von materiellen Gewinnen und Bestrafungen. Beispielsweise könnten Sie dadurch gewinnen, dass Sie eine soziale Sanktion oder eine Selbstbestrafung in Form von Zensur oder schlechtem Gewissen vermeiden. Der Gewinn könnte auch sozialer Natur sein oder darin bestehen, dass Sie sich selbst belohnen, indem Sie beispielsweise von anderen Lob und Anerkennung ernten oder mit sich selbst zufrieden sind.

Die eigene Belastung beim Anblick eines leidenden Menschen mindern zu wollen, kann ein weiterer wichtiger Grund sein, jemand anderem zu helfen. Dies wäre nach wie vor ein egoistisches Motiv, denn das Ziel ist hier Eigennutz. Von dem englischen Philosophen und Ökonomen Bernard Mandeville, geboren in den Niederlanden, gibt es dazu eine ziemlich drastische Aussage: »Es liegt kein Verdienst darin, ein unschuldiges Kindchen zu retten, das nahe daran war, ins Feuer zu fallen. Die Handlung ist weder gut noch schlecht, und welchen Nutzen das Kind auch davon haben mag, wir verfahren dabei lediglich in unserem eigenen Interesse. Denn seinen Fall gesehen und nicht gestrebt zu haben, ihn zu verhindern, würde eine Pein verursacht haben, die der Selbsterhaltungstrieb uns zu vermeiden zwang.«[2]

Trifft diese vorherrschende egoistische Sichtweise zu? Das bringt uns zu der Empathie-Altruismus-Hypothese: Aus empathischer Anteilnahme, so die Hypothese, entsteht eine altruistische Motivation. Diese Hypothese habe nicht ich mir ausgedacht. Eine ihrer Varianten geht beispielsweise auf Charles Darwin zurück. Noch mehrere andere Personen haben diesen Gedanken im Lauf der Geschichte aufgegriffen, aber er blieb im westlichen Denken immer nur eine Minderheitsposition. Nach dieser Hypothese versteht man unter »empathischer Anteilnahme« eine Emotion, die durch den Anblick eines Not leidenden Mitmenschen hervorgerufen wird. Solch ein Gefühl *für* den Not leidenden Menschen beinhaltet nicht, dass man *wie* die oder der Betreffende fühlt. Empathische Anteilnahme umfasst Empfindungen von Sympathie, Mitgefühl und Herzlichkeit für die andere Person und unterscheidet sich von dem zuvor angesprochenen Gefühl einer persönlichen Belastung – dem Schmerz, den uns der Anblick eines Babys bereitet, das im nächsten Moment ins Feuer zu fallen droht –, einer auf uns selbst zentrierten, einer egozentrischen Emotion.

Empathische Anteilnahme geht mit erhöhter Hilfsbereitschaft einher. Dafür gibt es zahlreiche Belege, die allerdings nichts weiter besagen als: Die Bereitschaft beziehungsweise Fähigkeit, sich in andere einzufühlen, also Empathie, motiviert zu einer bestimmten Handlungsweise. Worauf die Motivation zu solchem Handeln tatsächlich zurückgeht, darüber sagen die Befunde nichts aus. Hat die handelnde Person ein egoistisches oder ein altruistisches Motiv? Wenn wir einem anderen Menschen helfen, dann hat dieser davon einen Nutzen, aber wir selbst haben auch etwas davon. Der egoistischen Lesart zufolge ist der Nutzen, den wir unserem Gegenüber bringen, lediglich eine Art Zwischenschritt – ein Mittel für das letztlich angestrebte Ziel, selbst einen Nutzen zu haben. Ein Verfechter der Egoismus-Hypothese wird wohl die Auffassung vertreten, wer empathische Anteilnahme für einen leidenden Menschen empfinde, leide darunter zugleich selbst. Das eigene Leid zu mindern sei deshalb unser eigentliches Motiv. Ganz wie bei der zuvor angesprochenen persönlichen Belastung sei unsere Motivation eigennützig, selbst wenn diese Motivation sich aus empathischer Anteilnahme ergibt. So weit die egoistische Interpretation.

Gemäß der altruistischen Lesart besteht unser Ziel letztlich darin, dem anderen zu helfen. Das Wohl unseres Gegenübers ist unser Anliegen. Natürlich haben wir auch etwas davon. Wir sind zufriedener mit uns selbst, freuen uns vielleicht, dass es dem/den anderen besser geht, und brauchen kein schlechtes Gewissen zu haben. Allerdings sind das unbeabsichtigte Konsequenzen, die sich zwar ergeben, aber uns nicht zum Handeln veranlassen. Nicht um uns selbst, sondern um dem anderen zu helfen handeln wir. Die große Frage, vor der die Forschung hier steht, lautet: Wie lässt sich entscheiden, worin für einen Menschen in einer gegebenen Situation das endgültige Ziel besteht? Wir handeln, um dem anderen zu helfen. Aber ist das ein Zwischenziel? Oder das eigentliche Ziel?

Um Ihnen zu verdeutlichen, auf welche Weise wir versucht haben, diesen Punkt zu klären, möchte ich kurz auf eine Versuchsanordnung zur Lösung der Frage eingehen, ob die durch empathische Anteilnahme hervorgerufene Motivation das eigene Unbehagen verringern soll. Studentinnen aus den ersten Semestern beobachten im Einzelsetting bei diesem speziellen Versuch Elaine, auch eine Studienanfängerin, beim Lösen einer Gedächtnisaufgabe. Elaine und die Beobachterin kennen sich nicht. Unter anderem soll Elaine versuchen, in Anwesenheit eines wissenschaftlichen Mitarbeiters Zahlenreihen zu wiederholen. Während sie sich an die Zahlenreihen zu erinnern versucht, werden ihr willkürlich Stromstöße versetzt. Angeblich soll auf diese Weise untersucht werden, inwieweit widrige Umstände die Bewältigung einer solchen Aufgabe beeinflussen. (Tatsächlich erhält Elaine bei dem Experiment jedoch keinen einzigen Stromstoß. Die Teilnehmerinnen beobachten sie über ein Videoüberwachungssystem, auf dem in Wahrheit eine vorher eigens für dieses Experiment angefertigte Videoaufzeichnung abgespielt wird.) Etwa in der Mitte von Elaines Versuch, die Gedächtnisaufgabe zu lösen, unterbricht der wissenschaftliche Mitarbeiter den Vorgang, weil klar wird, dass sie die Stromstöße als sehr unangenehm empfindet. Womöglich seien ihr, erklärt Elaine, die Stromstöße infolge einer traumatischen Erfahrung aus der Kindheit so unangenehm. Damals sei sie beim Sturz vom Pferd auf einem Elektrozaun gelandet. Ganz klar bedeutet die Situation für Elaine eine Stressbelastung. Dennoch werde sie weitermachen, erklärt sie.

An dem Punkt erhalten die Beobachterinnen die Möglichkeit, Elaine zu helfen, indem sie ihren Platz einnehmen, also die Lösung der Gedächtnisaufgabe übernehmen und sich an ihrer Stelle die Stromstöße versetzen lassen. Wer Elaines Platz nicht einnehmen will, könne sich, so wird der einen Hälfte der Probandinnen mitgeteilt, einfach weiter ansehen, wie Elaine ihre Aufgabe ausführt. Das bezeichnen wir als den *schwierigen Ausweg*. Der anderen Hälfte hingegen wird erklärt, wer Elaines Aufgabe nicht übernehmen wolle, dem stehe es frei zu gehen. Elaine werde weitermachen, sie bräuchten nicht länger zuzuschauen. Das nennen wir den *leichten Ausweg*. Dahinter steckt der Gedanke, dass Teilnehmerinnen, die aus egoistisch motivierten Gründen die empathische Anteilnahme verringern wollen, sich im Fall des schwierigen Auswegs zur Hilfe verpflichtet fühlen werden. Denn nur so können sie den Reiz beseitigen, der Elaine Schmerz zufügt. Der leichte Ausweg ermöglicht ihnen, sich einfach davonzumachen. Die Wahrscheinlichkeit, dass sie Elaine helfen, wird dadurch deutlich geringer. Wenn man allerdings annimmt, dass empathische Anteilnahme zu einer altruistischen Motivation und dem Wunsch, Elaines Schmerzen zu lindern, führt, dann sollten die Teilnehmerinnen, die Anteilnahme empfinden, Elaine gegenüber gleich große Hilfsbereitschaft an den Tag legen, egal ob sie sich der Situation leicht oder schwer entziehen können.

Um zu überprüfen, welche der beiden miteinander konkurrierenden Möglichkeiten hier zutraf, haben wir dem Versuch ein weiteres Element hinzugefügt. Elaines heftige Reaktion auf die Stromstöße mit anzusehen, so vermuteten wir, würde bei den Teilnehmerinnen ein Gemisch aus egozentrischen und auf die andere Person zentrierten Empfindungen hervorrufen: einerseits Beunruhigung und Unbehagen, also persönliche Belastung; andererseits warmherzige Sympathie für Elaine, empathische Anteilnahme. Jeweils die Hälfte der Teilnehmerinnen beider Auswegsvarianten brachten wir dazu, ihre warmherzigen, mit Elaine sympathisierenden Gefühle fälschlich einem Medikament zuzuschreiben, das sie im Kontext eines weiteren Experiments eingenommen hatten (tatsächlich handelte es sich um ein aus Maisstärke bestehendes Placebo). Daraufhin berichteten sie, Elaine zuzuschauen sei für sie in erster Linie eine persönliche Belastung. Die andere Hälfte brachten wir dazu, dem Medikament ihre Empfindungen von Beunruhigung und Unbehagen zuzuschreiben. Sie berichteten vorwiegend von Gefühlen empathischer Anteilnahme.

Wir fanden heraus, dass diejenigen Teilnehmerinnen, nach deren Einschätzung die persönliche Belastung überwog, in dem Moment, in dem sie sich der Situation leicht entziehen konnten, viel weniger hilfsbereit waren, als wenn ihnen dies erschwert wurde. Dieses Muster würden wir bei einer egoistischen Motivation erwarten. Und die lag hier offenbar vor.

Wie sah es aber bei den Teilnehmerinnen aus, bei denen empathische Anteilnahme vorherrschte? Ob man es ihnen leicht oder schwer machte, sich der Situation zu entziehen, spielte bei ihnen kaum eine Rolle. Zu einem sehr hohen Prozentsatz beschlossen sie, im einen wie im anderen Fall, zu helfen (siehe Abb. 1.1). Dieses Muster steht mit der Empathie-Altruismus-Hypothese in Einklang. Sich zu entziehen bringt nichts, wenn Sie wollen, dass Ihr Gegenüber sich besser fühlt. Hier bleibt Ihnen dann nur eine Möglichkeit, für ein erhöhtes Wohlbefinden der betreffenden Person zu sorgen: ihren Platz einzunehmen.

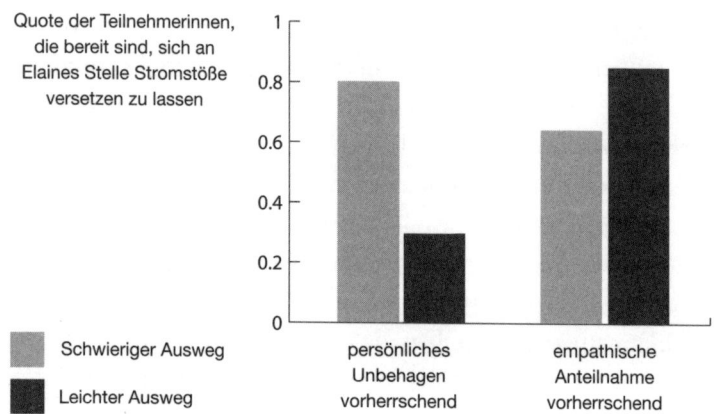

Abb. 1.1: Das Empathie-Altruismus-Experiment
Auf die Teilnehmerinnen, die dazu gebracht wurden, empathische Anteilnahme für Elaine zu empfinden, hatten die beiden Auswegsvarianten eine ganz andere Wirkung als auf diejenigen, die dazu gebracht wurden, persönliches Unbehagen zu empfinden. Überwog das persönliche Unbehagen, dann war es, wenn es den Betreffenden leicht gemacht wurde, sich der Situation zu entziehen, viel unwahrscheinlicher, dass sie bereit waren zu helfen. Das spricht für eine ichzentrierte, egoistische Motivation. Herrschte dagegen empathische Anteilnahme vor, dann waren die Probandinnen auch in der Situation, wo sie sich leicht hätten entziehen können, nicht weniger hilfsbereit. Das spricht für eine auf den anderen zentrierte, altruistische Motivation.

Allerdings könnte man für diese Daten noch weitere egoistische Erklärungen finden. Bestünde die Motivation der Teilnehmerinnen beispielsweise darin, kein schlechtes Gewissen haben zu wollen, würden wir genau dasselbe Muster vorfinden. Die Ergebnisse früherer Experimente deuten aber darauf hin, dass eine durch empathische Anteilnahme hervorgerufene Motivation letztlich nicht auf die Vermeidung eines schlechten Gewissens abzielt. Mittlerweile haben wir mehr als 35 Experimente zur Überprüfung unterschiedlicher egoistischer Alternativen durchgeführt. Durch ihre Ergebnisse ließ sich nicht eine einzige der egoistischen Alternativen, die denkbar sind, untermauern. Die Daten stützen durchgängig die Altruismus-Empathie-Hypothese. Unsere vorläufige Schlussfolgerung ist daher: Das menschliche Motivationsrepertoire beschränkt sich keineswegs auf Egoismus und Eigeninteresse. Empathische Anteilnahme bringt in der Tat eine altruistische Motivation hervor, und diese Motivation ist ganz schön wirkungsvoll. Nach meiner Überzeugung müssen wir daher den durch Empathie herbeigeführten Altruismus für unser Verständnis des menschlichen Verhaltens mit in Betracht ziehen, auch in Wirtschaftssystemen. Wie kommt es dazu, dass wir, durch Empathie herbeigeführt, eine altruistische Motivation spüren? Zwei Voraussetzungen sind dafür offenbar ganz entscheidend: das Wohl unseres Gegenübers wertzuschätzen und zu registrieren, dass der andere in Not ist. Wertschätzung für das Wohl des anderen steht meiner Meinung nach am Anfang des Prozesses. Falls Ihnen das Wohl des anderen nichts wert ist, werden Sie, selbst wenn Sie erkennen, dass der andere sich in Not befindet, keine empathische Anteilnahme spüren. Ist ihnen hingegen das Wohl des anderen wichtig, dann wird im Zusammenspiel dieser beiden Faktoren empathische Anteilnahme und somit eine altruistische Motivation entstehen. Meine Frage lautet jetzt: Inwieweit entspricht diese Sicht der buddhistischen Auffassung von Mitgefühl?

Thupten Jinpa: In der buddhistischen Meditationspraxis hat man von dem Prozess zur Kultivierung von Mitgefühl ein weitgehend vergleichbares Verständnis. Ein Element beispielsweise, das man auf jeden Fall benötigt, um Mitgefühl für jemanden zu empfinden, ist eine gewisse Wertschätzung füreinander, die zu einer Art Verbundenheit mit dem anderen führt. Und auf dieser Grundlage stellt sich das Gefühl ein, dass man es nicht ertragen kann, diesen Menschen leiden zu sehen. Beides zusammen bewirkt Mitgefühl.

Dalai Lama: Wenn wir Buddhisten andere empfindende Wesen beschreiben, dann bezeichnen wir sie gewöhnlich mit dem Ausdruck »*empfindende Wesen, unsere Mütter*«. Das heißt: Andere sind uns so lieb und teuer wie die eigene Mutter. Als Erstes versuchen wir also, eine derartige Wahrnehmung der anderen als Wesen, die uns lieb und teuer sind, zu entwickeln.

Dan Batson: Das entspricht der Wertschätzung für das Wohl der anderen. Nimmt man also wahr, dass der andere in Not ist, sollte das zu empathischer Anteilnahme führen.

Thupten Jinpa: Nach buddhistischem Verständnis verläuft der Prozess so, dass man zunächst einmal die Wahrnehmung des anderen als eines lieben und kostbaren, Ihre Anteilnahme verdienenden Wesens kultiviert. Daraufhin entwickeln Sie, indem Sie wahrnehmen, was die anderen benötigen, die Motivation zu helfen. Daraus würde dann wiederum echtes altruistisches Verhalten – oder Handeln – resultieren.

Dan Batson: Es klingt so, als sähen wir den Prozess weitgehend auf eine ähnliche Weise – wobei ich allerdings als *Altruismus* die Motivation bezeichne, die schließlich zum Handeln führt.

Joan Halifax: Dan, gilt diese Hypothese nur für jemanden aus der eigenen sozialen Gruppe, beispielsweise für ein Familienmitglied, für jemanden aus dem gleichen Dorf? Oder gilt sie ebenso für Menschen mit sozialer Stigmatisierung, für Angehörige einer Fremdgruppe oder einer Nation, gegen die man Krieg führt?

Dan Batson: Diesen Fragen ist die Forschung nachgegangen, und zweifellos neigen wir dazu, für das Wohl derer, die uns nahestehen und uns lieb sind, Wertschätzung aufzubringen und ihnen mit größerer empathischer Anteilnahme zu begegnen. Offenbar kann diese empathische Anteilnahme aber auch über die eigene soziale Bezugsgruppe hinausgehend geweckt werden, zumal wenn man die Betreffenden dazu bringen kann, sich innerlich zu sammeln und an das Leid der anderen zu denken. Das tun wir in der Forschung gewöhnlich mit den Mitteln der sogenannten *Perspektivübernahme:* Man versucht, sich vorzustellen, wie dem anderen Menschen zumute ist, wie die Situation sich auf ihn auswirkt. Ich weiß, das versucht man in der buddhistischen Meditationstradition eher über das Denken zu erreichen, über die Disziplinierung der Gedanken, indem man sein Gegenüber automatisch so betrachtet, als handele es sich um die eigene Mutter oder das eigene Kind. Wenn man Menschen dazu bringt, die Perspektive des anderen einzunehmen, wird dadurch offenbar empathische Anteilnahme hervorgerufen. Wir haben herausgefunden, dass wir dies auch in Bezug auf Mitglieder einer Fremdgruppe, auf Stigmatisierte wie beispielsweise Obdachlose bewirken können. Bei jedem, gegen den Sie keine Antipathie haben, scheint das möglich zu sein. Ich glaube aber, dass durch Antipathie die Wertschätzung für das Wohl des anderen auf der Strecke bleibt.

Dalai Lama: Ich stelle stets klar, dass es in unserer Diskussion lediglich um buddhistische Wissenschaft geht und bis zu einem gewissen Grad um buddhistische Vorstellungen. Beides könnte Allgemeingültigkeit haben. Die buddhistische Religion hingegen gilt in erster Linie für Buddhisten. Allerdings sollten praktizierende Buddhisten unbedingt herausfinden, ob ihre Liebe, ihr Mitgefühl, ihr Gefühl der Anteilnahme auf der sogenannten »Anhaftung« basiert. Solange Ihre Sympathie oder Ihre altruistische Einstellung darauf basiert, ist sie sehr eingeschränkt. Liebe, Freundlichkeit oder eine altruistische Einstellung, die auf Anhaftung basieren, können sich leicht wandeln. Heute empfinden Sie Anteilnahme, tags darauf wünschen Sie, dass der betreffenden Person etwas zustößt und sie leidet. Denn das liegt in der Natur des Anhaftens. Für diese Praxis kommt es daher darauf an, sich vom Anhaften zu lösen und nicht länger zwischen Freund und Feind zu unterscheiden. Ihre Freunde sind empfindende Wesen, die glücklich sein wollen und ein Anrecht darauf haben. Das Gleiche gilt für Ihren Feind. Ihr Gefühl der Anteilnahme sollte unbedingt auf diesem Verständnis beruhen. Das ist der buddhistische Weg.

Sie erwähnten, seiner Natur nach sei der Mensch eigennützig. Was genau ist hier mit »eigennützig« oder »egoistisch« gemeint? Egoismus in einem weit gefassten Sinn bezeichnet lediglich ein »Ich«-Empfinden. »Ich« als Mittelpunkt des gesamten Universums! Das ist in jedem von uns jederzeit gegenwärtig. Aus buddhistischer Sicht hat selbst Buddha solch einen Egoismus. Buddha hat von Natur aus das Gefühl: »Ich bin.« Dieses »Ich«-Gefühl weist allerdings viele Ebenen auf. Um Altruismus zu praktizieren, brauchen wir ein starkes »Ich«-Gefühl. Dieses bildet die Grundlage für die Willenskraft, die Grundlage für die Begeisterung, die Grundlage für das Selbstvertrauen. Auf einer anderen Ebene kommt mit diesem »Ich«-Gefühl allerdings das Anhaften mit ins Spiel. Und mit dem Anhaften ist zugleich auch Hass vorhanden. So entwickeln manche Menschen, manche empfindenden Wesen Anhaftung an dasjenige, was ihnen lieb und teuer zu sein scheint oder was sie für nützlich halten. Durch das Anhaften entsteht ein Gefühl der Nähe und daraufhin eine gewisse Anteilnahme, eine Art Altruismus. Da all dies aber auf Anhaftung basiert, sind Sie freilich nicht imstande, es auf Ihren Feind zu übertragen; oder auf Menschen, denen gegenüber Sie neutral empfinden.

Das betrifft, meine ich, die Buddhisten, nicht die breite Öffentlichkeit. In anderen Religionen wird Vergleichbares gelehrt. Bei den theistischen Religionen erfüllt nach meinem Verständnis die Vorstellung von einem Schöpfergott den gleichen Zweck: den Glauben an Gott zu entwickeln und alle Wesen als Gottes Geschöpfe anzusehen. Alle haben denselben Ursprung, und Sie selbst sind Gott vollständig ergeben. Das mindert also einen negativen Egoismus. Und sind alle übrigen Wesen aus demselben Ursprung hervorgegangen, dann gibt es außerdem keinen Grund, eine Unterscheidung zwischen »mein Freund« und »mein Feind« vorzunehmen. Geht man einen Schritt weiter, dann ist mein Feind ebenfalls ein Gottesgeschöpf.

Dan Batson: Lassen Sie mich an etwas anknüpfen, was Sie zu Beginn gesagt haben, nämlich dass wir alle egoistische, mit anderen Worten, eigennützige Motive haben. Ganz genau! Meiner Meinung nach ist das eine sehr hilfreiche Klarstellung. Denn die Forschung, die deutlich macht, dass wir altruistische Motive haben, besagt ja keineswegs, wir hätten keine eigennützigen Motive. Natürlich haben wir die. Und in den meisten Situationen werden beide Motive wirksam. Aber wir sollten auch anerkennen, dass die altruistische Motivation, also die Fähigkeit, uns um das Wohl eines anderen Menschen zu kümmern, offenbar in unserer Natur liegt.

Thupten Jinpa: Um ein Beispiel dafür zu geben: Im buddhistischen Kontext spricht man von der höchsten Form eines altruistischen Geisteszustands, die *Erleuchtungsgeist* genannt wird, *Bodhichitta*. Für Bodhichitta sind vor allem zwei Dinge kennzeichnend. Zum einen das Streben nach vollständigem Erwachen zum Wohl aller Wesen. Bei diesem steht also der andere im Mittelpunkt; es ist uneigennützig auf den anderen bezogen. Doch damit einhergehend strebt man zugleich die eigene Erleuchtung an. Selbst hier wird also das Vorhandensein eines Eigeninteresses anerkannt.

KAPITEL 2

Empathie und Mitgefühl aus der Perspektive der Sozialen Neurowissenschaften

Tania Singer[1]

Die Neurowissenschaftlerin und Psychologin Tania Singer ist seit 2010 Direktorin der Abteilung Soziale Neurowissenschaften am Max-Planck-Institut für Kognitions- und Neurowissenschaften in Leipzig. Sie untersucht die entwicklungspsychologischen, hormonellen und neuronalen Grundlagen menschlichen Sozialverhaltens und sozialer Emotionen wie Empathie, Mitgefühl und Fairness. Zudem untersucht sie im Rahmen ihrer neuroökonomischen Forschung, wie soziale Emotion und Kognition soziale und wirtschaftliche Entscheidungsfindung beeinflussen. Darüber hinaus beschäftigt sie sich mit den Auswirkungen von mentalem Training und Meditation auf das Gehirn und auf seine subjektive, durch unser Verhalten bedingte Veränderbarkeit. Tania Singer gehört dem Vorstand des Mind and Life Institute an.

Singer legt in ihrem Vortrag dar, welche Netzwerke im Gehirn die Basis für grundlegende Emotions- und Motivationssysteme, aber auch für soziale Emotionen wie Empathie und Mitgefühl bilden. Sie zeigt, wie das menschliche Gehirn uns in die Lage versetzt, an den Gefühlen unserer Mitmenschen teilzuhaben, und kartografiert die neuronalen und hormonellen Grundlagen, die menschlichem Sozialverhalten wie etwa dem Vertrauen zugrunde liegen. Tania Singer, Seine Heiligkeit, Matthieu Ricard und Thupten Jinpa erörtern, ob man durch Meditation die Fähigkeit erlangen kann, diese biologischen Prozesse zu beeinflussen.

Vorneweg möchte ich ein paar Begriffe definieren, die ich in meinem Vortrag mit dem Themenschwerpunkt neurowissenschaftliche Forschung zu sozialen Emotionen und Sozialverhalten verwenden werde. Wenn wir zum Beispiel über solche Phänomene wie Empathie, Mitgefühl und die mit ihnen verwandten Zustände sprechen, ist der Ausgangspunkt normalerweise ein Vorgang, der *emotionale Ansteckung* genannt wird. Ein Baby, das im Krankenhaus zu weinen beginnt und so alle anderen Kinder in der Klinik dazu bringt, dasselbe zu tun, ist ein Beispiel dafür. Das ist, als überkämen einen die Emotionen eines anderen und man könne sie nachfühlen, ohne zu bemerken, dass diese Emotionen von jemand anderem herrühren. Bei emotionaler Ansteckung mangelt es Ihnen an der Unterscheidung zwischen Ihnen selbst und den anderen, wie bei einem Baby, das noch nicht zwischen sich und seiner Mutter unterscheiden kann. Dieses Unterscheidungsvermögen zwischen dem Selbst und dem Anderen benötigt man, damit Einfühlung entstehen kann. Diese Unterscheidung steht auch im Zentrum der Debatte über die Frage, ob es bei Tieren Empathie und Mitgefühl gibt oder ob sich bei ihnen lediglich emotionale Ansteckung zeigt. Wenn ein im Käfig gehaltener Affe einen Alarmschrei ausstößt, werden alle Affen um ihn herum mit einstimmen. Das heißt aber nicht unbedingt, dass die Affen empathische Anteilnahme oder Mitgefühl empfinden. Möglicherweise ist es einfach nur emotionale Ansteckung.

Ich möchte noch einen weiteren wichtigen Begriff definieren: Empathie. Als Empathie bezeichne ich die Fähigkeit, mittelbar an dem Gefühl eines anderen Menschen teilzuhaben. Sie verspüren Schmerz, darum verspüre ich Schmerz. Ich habe teil an einem ähnlichen Gefühl wie Sie. Zugleich weiß ich aber, dass der Schmerz, den ich verspüre, nicht mein eigener ist. Mittelbar empfinde ich Ihren Schmerz. Das weiß ich. Hier liegt, anders als bei der emotionalen Ansteckung, eine klare Unterscheidung zwischen uns selbst und jemand anderem vor. Diese Eigenschaft, an Emotionen Anteil zu nehmen beziehungsweise sich in jemanden einzufühlen, geht nicht unbedingt mit einer durch Hilfsbereitschaft gekennzeichneten Motivation oder dem dazugehörigen Verhalten einher. Eine hilfsbereite Motivation erfordert, dass man Anteil nimmt und sich fürsorglich um das Wohl eines anderen Menschen kümmert. Und das wiederum führt zu prosozialem Verhalten, zu einem Verhalten, das dem anderen zugutekommt.

Empathie kann daher, muss aber nicht unbedingt zu einer hilfsbereiten Motivation und dem entsprechenden Verhalten führen.

Wenn ich beispielsweise auf Ihren Schmerz zu stark anspreche und die Situation infolgedessen als persönlich belastend empfinde, werde ich mich in erster Linie darum kümmern, nicht so sehr darunter zu leiden. Vielleicht werde ich mich sogar von Ihnen abwenden oder wütend auf Sie sein, weil Sie einen derart negativen Einfluss auf mich ausüben. Dies hätte also weder eine hilfsbereite Motivation noch ein prosoziales Verhalten zur Folge, sondern einen gegenteiligen Effekt.

An dem Punkt möchte ich eine Unterscheidung zwischen Empathie und Mitgefühl vornehmen. Im Fall des Mitgefühls – Dan Batson hat hier auch von *empathischer Anteilnahme* gesprochen, andere sprechen von *Sympathie* – erleben Sie echte Anteilnahme am anderen Menschen. Mit dem Leid der anderen konfrontiert, empfinden Sie nicht unbedingt genau dieses Gefühl mit, Sie verspüren stattdessen vielleicht ein Gefühl von Wärme und Liebe. Sie spüren also nicht einfach nur, *wie* jemand sich fühlt (wie bei der Empathie), vielmehr haben Sie ein Gefühl *für* jemanden, verbunden mit der Motivation, das Leid der betreffenden Person zu lindern. Das kommt, glaube ich, der buddhistischen Auffassung von Mitgefühl sehr nahe. Und diese Unterscheidung zwischen Empathie und Mitgefühl ist unbedingt notwendig. Allein durch Empathie entsteht noch keine Motivation zu helfen und sich prosozial zu verhalten. Vielmehr muss sie erst in Mitgefühl, in empathische Anteilnahme umgewandelt werden.

In der Sozialen Neurowissenschaft unterscheiden wir außerdem zwischen den verschiedenen neuronalen Routen, die unserer Fähigkeit, einerseits die Gefühle und andererseits die Gedanken unserer Mitmenschen zu verstehen, zugrunde liegen. Empathie und Mitgefühl beruhen auf einer affektiven neuronalen Route zum Verständnis der anderen. Aber es existiert noch ein weiteres Netzwerk im Gehirn, das zu einem kognitiven Verständnis der Gedanken und Überlegungen anderer Menschen beiträgt. Wir bezeichnen es als eine *kognitive Perspektivübernahme* oder als Theory of Mind. Es beinhaltet die Fähigkeit, kognitive Schlussfolgerungen im Hinblick auf den geistigen Zustand – wie zum Beispiel die Gedanken oder Glaubenssätze – der anderen zu ziehen.

Der Unterschied lässt sich vielleicht an einem Beispiel verdeutlichen: Psychopathen und bestimmte Typen von Kriminellen sind sehr wohl in der Lage, kognitive Schlussfolgerungen über die Wünsche und Intentionen anderer zu ziehen, obwohl es ihnen an Einfühlungsvermögen fehlt. Sie wissen, wie man andere Menschen manipulieren kann, indem man sich über ihre Bedürfnisse und Absichten Klarheit verschafft. Mitfühlend auf das Leid der anderen ansprechen können sie dagegen nicht. Infolgedessen legen sie anstelle eines prosozialen helfenden Verhaltens ein antisoziales oder aggressives Verhalten an den Tag. Dieses Beispiel führt uns zwei Dinge vor Augen: wie weit kognitive Perspektivübernahme und Empathie sowie Mitgefühl in der Psychopathologie auseinanderliegen können und dass diese wichtigen sozialen, kognitiven und emotionalen Fähigkeiten auf unterschiedlichen Netzwerken im Gehirn beruhen.

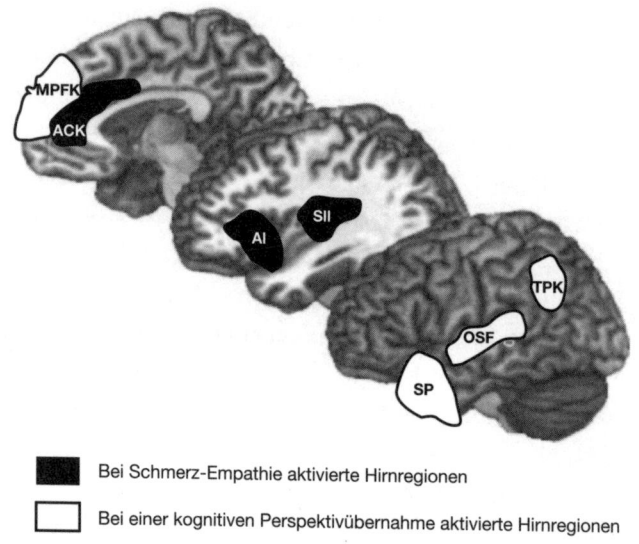

■ Bei Schmerz-Empathie aktivierte Hirnregionen

□ Bei einer kognitiven Perspektivübernahme aktivierte Hirnregionen

Abb. 2.1: Die Emotionen der anderen verstehen
Im Gehirn gibt es zwei verschiedene Routen, durch die wir einen anderen Menschen verstehen. Diese Abbildung stellt die für die empathische Anteilnahme am Leid der anderen wichtigsten Bereiche ACK, AI und SII dar. Sowie die Bereiche TPK, SP und MFK, die normalerweise bei der Theory of Mind beziehungsweise einer kognitiven Perspektivübernahme eine Rolle spielen.
MPFK: medialer präfrontaler Kortex; ACK: anteriorer cingulärer Kortex; AI: anteriore Insula; SII: sekundärer somatosensorischer Kortex; SP: Schläfenpole; OSF: obere Schläfenfurche; TPK: temporoparietaler Kortex.

An einem weiteren Beispiel möchte ich Ihnen jetzt zeigen, wie wir durch bildgebende Verfahren zur Darstellung des Gehirns, etwa die funktionelle Magnetresonanztomografie (fMRT), in der Neurowissenschaft Empathie messen. Bei diesem Experiment bitten wir ein Paar in den Scanner (wobei nur eine Person im Scanner liegt, während sich die andere in unmittelbarer Nähe befindet). Über Elektroden, die an den Händen befestigt sind, erhalten beide Partner in kurzen Intervallen schwache, leicht schmerzhafte Stromstöße. Beide haben einen Bildschirm im Blick, auf dem ein schnell sich bewegender Pfeil anzeigt, welcher Partner gerade den Schmerzreiz verspürt. So können wir zweierlei Gehirnreaktionen messen: während jemand realen Schmerz empfindet, aber auch wenn jemand selbst keinen schmerzhaften Reiz verspürt, jedoch weiß, die Partnerin oder der Partner ist ihm ausgesetzt.

Normalerweise stellen wir bei dem Experiment fest: Einige der Gehirnareale, die der emotionalen Verarbeitung des eigenen Schmerzes zugrunde liegen, werden ebenfalls aktiviert, wenn wir wissen, dass unser/e Partner/in Schmerz verspürt. Lokalisiert ist eines dieser zentralen Hirnareale in einem Bereich des Gehirns, den wir als den interozeptiven Kortex bezeichnen, weil er alles, was im Körper geschieht, wie auch die sich daraus ergebenden Empfindungen verarbeitet. Dieses Hirnareal empfängt Signale, wenn sich beispielsweise Ihr Herzschlag oder Ihr Atemmuster verändert. Dasselbe gilt, wenn Sie sich aufregen, weil Sie Angst haben oder wütend sind. Das Areal ist mit Gefühlszuständen aller Art verknüpft, inklusive Empfindungen von Schmerz und Ekel. Der interozeptive Kortex, oder Insula-Kortex, spielt für die Verarbeitung der eigenen Gefühlszustände eine entscheidende Rolle; aber auch für die Verarbeitung dessen, was ein anderer Mensch fühlt. Abbildung 2.2A veranschaulicht, wie beides zueinander in Beziehung steht.

Wenn Sie Abbildungen vom Gesicht leidender Menschen oder in einer Hand steckende Nadeln sehen, dann werden wieder Teile des Netzwerkes aktiviert, die der Verarbeitung des eigenen Schmerzes zugrunde liegen, auch wenn Ihnen das nicht bewusst ist. Diese Reaktionen laufen sehr schnell ab. Das bedeutet, dass wir alle viel stärker miteinander verbunden sind, als wir glauben. Ohne es selbst wahrzunehmen, spiegeln wir im Gehirn den jeweiligen emotionalen Zustand der anderen wider.

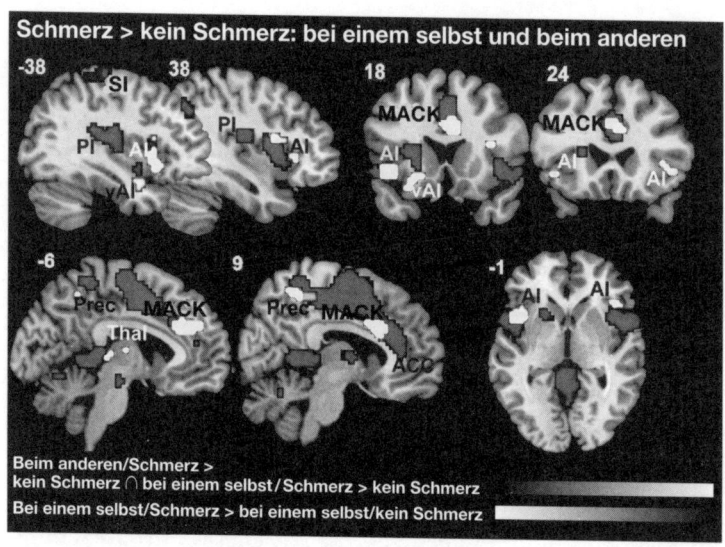

Abb. 2.2A: Schmerz und empathische Anteilnahme an Schmerz im Gehirn
Diese Abbildung zeigt die Befunde von Metaanalysen zu multiplen fMRT-Studien. Hier geht es hauptsächlich um die Netzwerke im Gehirn, die der Schmerz-Empathie zugrunde liegen (Lamm et al., 2011). Die grau eingefärbten Hirnareale werden aktiviert, wenn eine Versuchsperson schmerzhafte Reize verarbeitet. Zeigt die Versuchsperson empathische Anteilnahme am Schmerz einer anderen Person, die schmerzhaften Reizen ausgesetzt ist, dann werden die weiß dargestellten Areale aktiviert. Zu den in beiden Fällen aktivierten Arealen – also jenen, die aktiviert werden, wenn die Versuchsperson Schmerzen hat oder wenn sie oder er mittelbar den Schmerz von jemand anderem mitempfindet – zählen die anteriore Insula (AI), der mediale anteriore cinguläre Kortex (MACK), der Precuneus (Prec) und der Thalamus (Thal). Bereiche, die lediglich dann aktiviert werden, wenn man selbst Schmerz empfindet, sind die posteriore Insula (PI), der primäre somatosensorische Kortex (SI) und große Teile des anterioren cingulären Kortex (ACK).

Es stellt sich die Frage: Wenn unser Gehirn darauf ausgerichtet ist, mit anderen Wesen in affektive Resonanz zu treten und mit ihnen verbunden zu sein, warum wenden wir uns dann nicht permanent allen Menschen mit Empathie zu? Welche Umstände können einfühlsame Reaktionen blockieren? Oder sie sogar umkehren, indem sie bewirken, dass sich ein Gefühl von

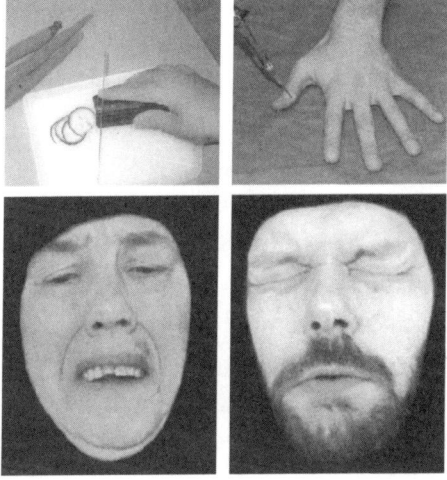

Abb. 2.2B: Typische Bilder, die Schmerz-Empathie bewirken sollen. Hier sehen wir zwei Menschen mit schmerzverzerrtem Gesicht und zweimal die Hand eines Unbekannten, in die sich in einem Fall ein scharfer Gegenstand bohrt und in die im anderen Fall ein Messer schneidet.

Schadenfreude einstellt? Schadenfreude bezieht sich in dem Zusammenhang auf das Gefühl, sich am Leid eines anderen zu erfreuen, anstatt Anteil daran zu nehmen wie bei der Empathie.

Ökonomische Spiele, bei denen Geld zum Einsatz kam, um Fairness zu manipulieren, waren bei Experimenten im Forschungslabor eine Methode, um Schadenfreude im Gehirn zu messen. Genaueres über diese Spiele werden wir später erfahren. Jedenfalls geht es im Kern darum, dass die Akteure ihren Mitspielern Geld zukommen lassen und dies auf eine faire oder auf eine unfaire Weise tun können. Nachdem die Beteiligten mehrere Runden lang mitgespielt hatten, maßen wir ihre empathische Gehirnreaktion, während sie dabei zuschauten, wie entweder faire oder unfaire Spieler leicht schmerzhafte Stromstöße erhielten. Das ähnelt dem zuvor mit Paaren beschriebenen Experiment zur Schmerz-Empathie. Nun maßen wir allerdings die Gehirnreaktionen der Teilnehmer, während sie miterlebten, wie ein sympathischer, fairer Spieler Schmerzen erlitt; und anschließend maßen wir die Reaktionen, wenn sie miterlebten, wie ein unsympathischer, unfairer Spieler solchen Schmerzen ausgesetzt war.

Die empathischen Gehirnreaktionen der Männer ließen bei dem Experiment ein anderes Muster erkennen als die der Frauen. Männer zeigten eine empathische Reaktion auf das Leid einer Person, die fair gespielt hatte. Sahen sie dagegen mit an, wie ein unfairer Spieler Schmerzreizen ausgesetzt wurde, war bei ihnen ein Signal in einem mit Gefühlen von Belohnung und Freude verknüpften Teil des Gehirns, dem Nucleus accumbens, zu verzeichnen. Beim Gedanken an ein leckeres Stück Schokolade, das Sie gleich essen werden, wird dieser Bereich des Gehirns ebenfalls aktiviert. Außerdem verteilten wir Fragebögen an die Probanden. Je deutlicher in den Fragebögen das Bedürfnis nach Vergeltung zum Ausdruck kam, umso stärker war das Belohnungssignal, wenn die Männer die unfaire Person leiden sahen.

Die Teilnehmerinnen zeigten im Unterschied dazu empathische Gehirnreaktionen, wenn die fairen *und* wenn die unfairen Spieler Schmerz verspürten. Den unfairen Spielern gegenüber drückten sie in den Fragebögen zwar eine ähnliche Abneigung aus, wie es die Männer taten, dennoch zeigten sie im Durchschnitt kein vergleichbar starkes, mit Empfindungen von Schadenfreude und Vergeltung einhergehendes Belohnungssignal.

Eine ähnliche Modulation des empathischen Gehirnsignals im interozeptiven Kortex konnten wir in einem anderen Experiment beobachten, bei dem es darum ging, wie man die Angehörigen der eigenen Gruppe im Unterschied zu jenen einer Fremdgruppe wahrnimmt. Hier haben wir die empathischen Gehirnreaktionen der Versuchsteilnehmer gemessen, während sie jemanden leiden sahen, den sie als Mitglied der eigenen Gruppe wahrnahmen (einen Fan *ihres* Fußballteams), im Vergleich zu einem Angehörigen der Fremdgruppe (einem Anhänger der rivalisierenden Mannschaft). Das Ergebnis war: Für Menschen, die man der eigenen Gruppe zurechnet, hat man mehr Empathie.

Empathie und Schadenfreude stehen im Grunde also für zwei gegensätzliche Motivationssysteme. Bei hoher Aktivität in dem einen System ist die Aktivität in dem anderen niedrig. Außerdem haben wir gezeigt: Bei einer stark empathiebezogenen Gehirnaktivierung steigt die Wahrscheinlichkeit, dass man einem Menschen, der Schmerzen hat, helfen wird. Bei hochgradiger Schadenfreude wird man dagegen nicht helfen. Anhand von empathiebezogenen Gehirnsignalen im interozeptiven Kortex lässt sich daher ein prosoziales Verhalten vorhersagen, während man anhand von Schadenfreude anzeigenden Gehirnsignalen prognostizieren kann, dass solch ein prosoziales Verhalten ausbleiben wird. Tatsächlich ist das Gehirnsignal hier ein besserer Indikator, als wenn die Betreffenden *sagen,* dass sie helfen beziehungsweise nicht helfen werden. Wer eingestehen müsste, zu Angehörigen der eigenen Gruppe eine andere Einstellung zu haben als zu denjenigen einer Fremdgruppe, wird dabei nicht immer ehrlich sein.

Außerdem zeigen diese Experimente, dass man von dem einen Gefühl leicht zum anderen wechseln kann, von Empathie zu Schadenfreude. Die Versuchspersonen bei all diesen Experimenten sind durchgängig nette, hochgebildete, gesunde Erwachsene. Dennoch reicht schon eine leichte Modifikation bei der Informationsübermittlung (die einen dazu bringt, jemanden entweder als Angehörigen der eigenen oder einer fremden Gruppe wahrzunehmen) oder eine bestimmte Erfahrung, die man zuvor gemacht hat (etwa die Erfahrung, dass jemand fair oder unfair war), um einen Wechsel von Empathie zu Schadenfreude zu bewirken. Daher stellt sich die Frage: Was können wir tun, um die Neigung zu überwinden, uns über Empathie so ohne Weiteres hinwegzusetzen, und könnte diese biologische Veranlagung des Menschen durch Kultivierung von Mitgefühl verändert werden?

Aus einer weiteren Empathieversuchsreihe wurde für uns

ersichtlich, dass Menschen, die ihre eigenen Emotionen und Gefühlszustände nicht begreifen – wir sprechen in diesem Fall von *Alexithymie,* Gefühlsblindheit –, in den empathiebezogenen Bereichen des Gehirns eine mangelnde Aktivierung aufweisen. Um sich in andere Menschen einfühlen zu können, muss man zunächst die eigenen Emotionen und Körperzustände begreifen. Ein Empathietraining sollte deshalb zuvorderst darauf ausgerichtet sein, dass die Menschen fähig werden, die eigenen körperlichen und emotionalen Zustände zu erkennen und zu verstehen.

Nachdem ich bisher vor allem über Empathieforschung gesprochen habe, möchte ich Ihnen nun einige wichtige Untersuchungen vorstellen, die das Mitgefühl in den Blickpunkt rücken. Empathie betrachten wir als eine Vorstufe von Mitgefühl. Aber können wir mit dem Mitgefühl einhergehende Gehirnreaktionen getrennt von der Empathie messen? Richard Davidson wird Ihnen später mehr darüber sagen (siehe Kapitel 3). Jedenfalls haben wir mit Buddhisten zu arbeiten begonnen, die seit vielen Jahren Meditation praktizieren, weil wir herausfinden wollten, welche Hirnareale mit dem Zustand von Mitgefühl und Güte in Zusammenhang stehen. Wir baten sie nicht nur, in diesen Zustand hinein- und dann wieder aus ihm herauszugehen, sondern darüber hinaus seine Intensität auf 30, 60 oder 100 Prozent zu regulieren – ähnlich wie man auf kleiner, mittlerer oder großer Flamme kochen kann. Aus buddhistischer Sicht mag das sonderbar klingen. Für uns ist es jedoch sehr wichtig zu messen, ob ein Mensch die Fähigkeit hat, eine Emotion zu steuern, ähnlich wie ein Thermostat.

Wir stellten fest, dass in Zuständen von Güte und Mitgefühl der interozeptive Kortex wie auch andere an Bindung und Belohnung beteiligte Areale sehr stark aktiviert sind, und ebenso konnten wir sehen, wie gut die Langzeitmeditierenden in der Lage sind, diesen Zustand und das ihm zugrunde liegende neuronale Netzwerk zu regulieren, von 30 auf 60 und auf 100 Prozent. Wir waren erstaunt: Was für eine wundervolle Fähigkeit, den Geist zu steuern!

Anschließend wollten wir wissen, ob wir auch Menschen, die in der Meditation völlig unerfahren waren und keineswegs jahrelang in Abgeschiedenheit meditiert hatten, beibringen könnten, Mitgefühl und Güte zu kultivieren. Würden wir bei untrainierten Probanden nach einem nur einwöchigen Training Veränderungen im Gehirn erkennen können – mit anderen Worten, einen Beweis für die Plastizität des Gehirns in jenen Netzwerken erhalten, die mit Mitgefühl in Verbindung stehen? Die gute Nachricht ist: Es gibt Grund zur Hoffnung! Mit den Nichtmeditierenden ohne Vorerfahrung haben wir eine Reihe unterschiedlicher Versuche durchgeführt. In unserem allerersten Experiment haben wir untersucht, ob wir mittels einer neuen Technik ihre Fähigkeit zur Aktivierung jener Netzwerke des Gehirns, die zum Mitgefühl in Beziehung stehen, verbessern könnten. Zu dieser Technik gehört die Arbeit mit der Echtzeit-fMRT, sodass die Teilnehmer/innen, während sie meditieren, eine Rückmeldung über die eigene Hirnaktivität bekommen.

Ein Neuling erreichte nach nur einem Tag, an dem er eine Einführung in die Meditation über liebende Güte erhalten, sie anschließend praktiziert und sich im Scanner einem intensiven Biofeedbacktraining unterzogen hatte, bereits eine ganz ähnliche Gehirnaktivierung wie die bei unseren Langzeitmeditierenden beobachtete. Eine andere Meditationsanfängerin mühte sich, während sie Gefühle der Güte entwickelte, am ersten Tag des Trainings im Scanner damit ab, die Aktivität des Gehirns zu regulieren. Nach einem ausgiebigen Biofeedbacktraining konnte sie aber schon am zweiten Tag die mit Zuständen von Güte verbundenen Gehirnnetzwerke auf viel kontrolliertere Art aktivieren. Spätere Studien mit naiven Probanden, die noch nie meditiert hatten, haben dann gezeigt, dass diese unerfahrenen

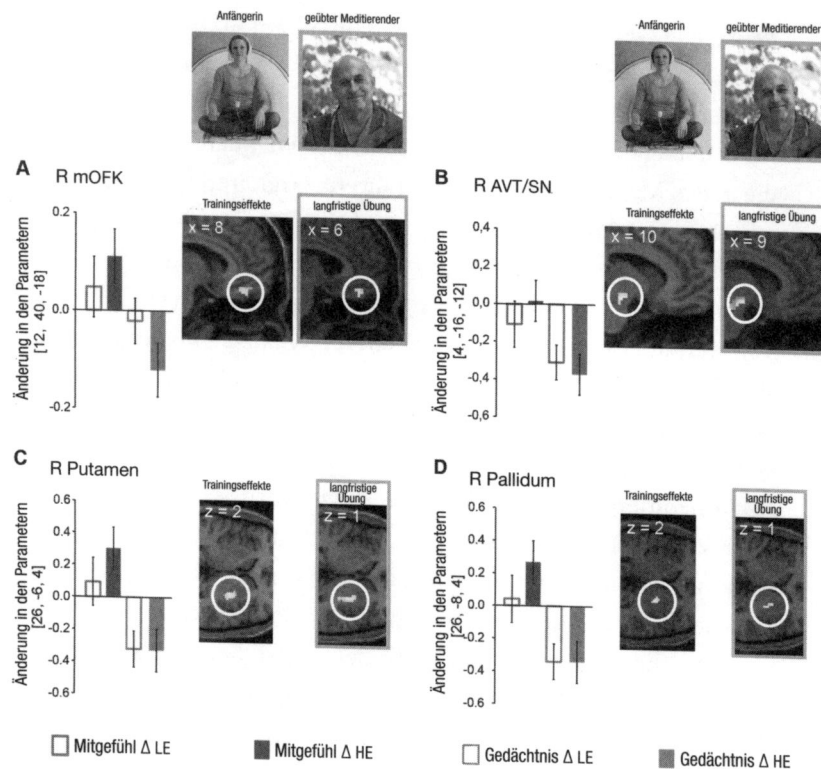

Abb. 2.3: Die Plastizität des mitfühlenden Gehirns
Hier werden die Auswirkungen eines einwöchigen Mitgefühlstrainings auf das Gehirn gezeigt. Bei der Kontrollgruppe wurde die Steigerung der Gedächtnisleistung trainiert. Den unerfahrenen, untrainierten Versuchspersonen wurden vor und nach dem einwöchigen Training im Scanner hochemotionale Videoclips mit Darstellungen menschlichen Leids vorgeführt. Nach dem Training zeigte sich bei Versuchspersonen, die das Mitgefühlstraining durchlaufen hatten, gegenüber denjenigen, die am Gedächtnistraining teilgenommen hatten, eine höhere Aktivierung in (A) dem rechten medialen orbifrontalen Kortex (mOFK), (B) der rechten Area ventralis tegmentalis und der Substantia nigra (AVT/SN), (C) dem rechten Putamen und (D) dem rechten Pallidum. Jeweils der linke der beiden Gehirnscans gibt diese Resultate wieder. Die Gehirnscans auf der rechten Seite zeigen die neuronale Aktivierung, die bei einem Praktizierenden mit langjähriger Meditationserfahrung hervorgerufen wird, wenn er sich in ähnliche Mitgefühlszustände versetzt.

Probanden – auch ohne Biofeedback im Scanner – nach einem einwöchigen Training im Gehirn einen Zuwachs im Netzwerk aufweisen konnten, wie wir es zuvor nur bei den Langzeitmeditierenden sehen konnten.[2] Zudem konnten wir auch zeigen, dass ein solches Mitgefühlstraining mit einer Steigerung prosozialen Helferverhaltens einhergeht.[3]

Außerdem hat es uns ziemlich erstaunt zu sehen, dass die Menschen sich in der relativen Befähigung, Mitgefühl und Güte zu kultivieren, enorm unterscheiden. Manchen gelingt das sehr gut, anderen fällt es viel schwerer. Für uns wäre es sehr interessant zu erfahren, warum das so ist.

Thupten Jinpa: Über die Versuchsanordnung, bei der man die Mitgefühlsintensität zu 30, 60 und 100 Prozent regulieren soll, bin ich ziemlich verwundert. Dieses Mitgefühl ist ein Trainingserfolg. Hat man aber einen gewissen Punkt erreicht, dann ist es eigentlich ein spontanes, natürliches Gefühl. Von Abstufungen kann dann keine Rede mehr sein.

Matthieu Ricard: Selbstverständlich ist das so nicht natürlich. Aber der Zweck des Experiments war zu sehen, ob man die Intensität regulieren könnte, mit der man sich auf das Leid der anderen konzentriert und Mitgefühl erzeugt. Stellt man sich vor, wie jemand leidet, kommt Mitgefühl auf. Ein Prozess setzt ein, in dessen Verlauf Mitgefühl entsteht, zunimmt und schließlich seinen Höhepunkt erreicht. Falls man im Verlauf des Prozesses abgelenkt ist, wird das Mitgefühl vielleicht abnehmen und später wieder voll da sein. Insofern gibt es Abstufungen und Variationen. Absichtlich zu bewirken, dass das Mitgefühl zunimmt oder schwächer wird, hat selbstverständlich etwas Künstliches, und im richtigen Leben würde man das Mitgefühl nicht abschwächen wollen. Aber hier haben wir dies getan, um es zu messen.

Tania Singer: Mit dieser frühen Studie wollten wir einerseits herausfinden, wie die neuronalen Netzwerke von Mitgefühl überhaupt aussehen. Andererseits wollten wir auch die menschliche Lernfähigkeit bei der Regulierung sozialer Emotionen untersuchen. Für die psychologische Forschung ist es sehr wichtig zu verstehen, wie Menschen lernen können, ihre Emotionen zu regulieren. Es ist immer derselbe »Muskel« im Gehirn, der eine Emotion reguliert, ganz gleich um welche Emotion es sich handelt. Ob man also jemanden trainiert, Mitgefühl hochzuregeln, oder aber Wut oder Angst herunterzuregeln, durch die Nutzung jenes »Muskels« wird die betreffende Person in die Lage versetzt, all ihre Emotionen besser zu regulieren.

Ich möchte Ihnen jetzt eine andere Forschungsrichtung vorstellen, die sich ebenfalls mit Emotions- und Motivationssystemen und mit ihrer Regulierung im Interesse von größerer emotionaler Ausgeglichenheit und einer besseren Gesundheit befasst. Diese Forschung sieht sich nicht nur die Gehirnreaktionen an, sondern untersucht auch, wie Hormone und Neuropeptide soziale Emotionen und soziales Verhalten, beispielsweise Vertrauen, beeinflussen können. Neuere Arbeiten haben gezeigt, dass sich bei Verabreichung bestimmter Hormone und Neuropeptide, die zum Beispiel das Angstgefühl mindern oder jemanden in seinem Vertrauen bestärken, das Sozialverhalten der Menschen ändern kann. Zu guter Letzt möchte ich zeigen, wo es zwischen dieser Forschungsrichtung und der Mitgefühlsforschung, über die ich vorher gesprochen habe, Anknüpfungspunkte geben könnte.

Bei den Motivationssystemen können wir im Großen und Ganzen zwischen drei Grundtypen unterscheiden. Den einen Typ werden wir als ein *Leistungs-* beziehungsweise *konsumorientiertes System* bezeichnen. Dieses System ist mit Wollen, Anstreben, Erreichen, Konsumieren, mit Tatkraft, Aufregung und Ungeduld verknüpft. Viele der mit diesem System verbundenen Emotionen sind positive Gefühle der Euphorie und des Mehr-erreichen-Wollens.

Ein weiteres, für unser Überleben ebenfalls sehr wichtiges Motivationssystem ist das sogenannte *Bedrohungssystem*. Es wird bei uns im Gehirn aktiv, sobald wir Gefahr wahrnehmen. Ich habe zum Beispiel Angst vor Spinnen. Sehe ich also eine Spinne, dann tritt das System in Aktion, und ich weiche der Spinne aus oder renne weg. Dieses System hängt mit Emotionen von Wut, Angst, Besorgnis, Ekel oder Panik zusammen. Es kann im Körper eine Stressreaktion auslösen, einhergehend mit einem Anstieg des Cortisolspiegels. Daher kann, wer chronisch unter zu viel Aktivierung dieses Systems leidet, krank werden. Normalerweise ist das System jedoch adaptiv, es macht uns bereit für Selbstschutzgefühle und sorgt dafür, dass wir uns bei drohender Gefahr in Sicherheit bringen.

Das dritte System, in unserer westlichen Gesellschaft neigen wir ein wenig dazu, es unter den Tisch fallen zu lassen, ist das Bindungssystem, ein auf Fürsorglichkeit und zwischenmenschliche Bindung eingestelltes System. Es ist bei jedem Lebewesen vorhanden und hat große Bedeutung für die Mutter-Kind-Bindung, für Verbundenheit, Liebe und Vertrauen. Genau wie das auf Anreiz eingestellte Leistungssystem ist das Bindungssystem mit positiven Gefühlen verknüpft, das erstgenannte mit hoher Erregtheit, das letztgenannte eher mit Entspannung. Wodurch wird nun das Bindungssystem aktiviert? Bei Primaten hat man festgestellt, dass die Körper- beziehungsweise Fellpflege zum Beispiel ein Auslöser für dieses System ist. Zugleich geht damit die Freisetzung eines Hormons und Neuropeptids namens *Oxytocin* einher. Studien zeigen, dass auch Massage Oxytocin aktiviert. Darum hat eine Massage etwas so Beruhigendes, Angenehmes.

Interessanterweise kann kooperatives Verhalten durch die Aktivierung jedes der drei Systeme motiviert sein. Zu Hilfsbereitschaft kann man durch den eigenen Status, durch Angst oder durch Fürsorglichkeit motiviert werden. Ich möchte Ihnen ein Beispiel dafür geben, wie Forscher die Wechselwirkung zwischen dem Fürsorgesystem und dem Angstsystem untersucht haben, um Ihnen auf diese Weise kurz zu zeigen, wie die Systeme einander beeinflussen.

Der als *Amygdala* bezeichnete Teil des Gehirns spielt für unser Angst- und Alarmsystem eine entscheidende Rolle. Eine starke Aktivierung der Amygdala kann im Körper zu Stress führen, aber Oxytocin kann die Aktivität der Amygdala herunterregeln. Bei Tieren ist Oxytocin sehr wichtig für die Bindung zwischen Mutter und Kind und zu späteren Partnern, für Fürsorglichkeit und Anhänglichkeit. Blockiert man Oxytocinrezeptoren im Gehirn von Präriewölfen, bauen sie keine Langzeitbeziehung mehr zu anderen Wölfen auf. Oxytocin ist also ein sehr wichtiger Neurotransmitter für die Vermittlung von sozialen Bindungen und Anhänglichkeit. Gibt man Menschen Oxytocin in Form eines Nasensprays, zeigt sich bei Untersuchungen des Gehirns mit bildgebenden Verfahren, dass es die angstbezogene Aktivierung der Amygdala verringert. Würde ich zum Beispiel nach Verabreichung von Oxytocin eine Spinne sehen, dann würde ich mich deutlich besser fühlen, als es normalerweise beim Anblick von etwas, wovor ich Angst habe, der Fall ist. Ein paar ähnliche Experimente haben Forscher mit Vertrauensspielen durchgeführt. Ernst Fehr wird später im Einzelnen auf sie zu sprechen kommen (siehe Kapitel 6), aber im Kern hat man Folgendes herausgefunden: Gibt man Menschen Oxytocin, bevor sie eine mit Vertrauen zusammenhängende Entscheidung zu treffen haben – in dem Fall, ob sie darauf vertrauen, dass ein Fremder einen Akt des Teilens, des ökonomischen Austauschs, erwidern wird –, verstärkt das ihr vertrauensvolles Verhalten signifikant.

Dalai Lama: Das zeigt, dass die verschiedenen Emotionen vollständig von biochemischen Prozessen im Gehirn abhängen. Im Buddhismus ist es *ein* Ziel der Meditationspraxis, diese Abhängigkeit zu verringern. Indem der Geist an Kraft gewinnt, ist er nicht mehr völlig von physischen Elementen oder biochemischen Prozessen abhängig. Ich glaube, es lohnt sich wirklich, dieses Oxytocin bei Matthieu auszuprobieren. Zuerst aber sollten Sie ihm eines garantieren: dass es seine Praxis nicht beeinträchtigt. Das ist wichtig. Ansonsten ist er aber ein prima Versuchskaninchen! (*Lachen*)

Tania Singer: Das ist eine ganz entscheidende Frage: Kann man denselben Prozess auch allein durch mentale Übung in Gang bringen?

Dalai Lama: Geschieht da etwas Ähnliches wie bei Hypnose? Hypnose beinhaltet keinerlei Einsatz von Hormonen ...

Tania Singer: Eine gute Frage. Ich weiß es nicht. Jedenfalls wissen wir, dass sich durch Hypnose das Schmerzempfinden vermindern lässt. Hypnose kann durch die Aktivierung des Opiatsystems, das auch mit dem Bindungssystem zusammenhängt, Schmerzen reduzieren.

Meine Frage an Sie, Eure Heiligkeit – und durch unsere Forschungseinrichtung werden wir sie ebenfalls zu beantworten versuchen –, lautet, ob das Hervorrufen und die Kultivierung von Mitgefühl ein wirkungsvolleres Mittel ist als das Einnehmen von Oxytocin. Denn im Alltag haben wir natürlich nicht immer ein Fläschchen Oxytocin in der Tasche. Wenn Mitgefühl dieses System aktiviert, verringert es dann das subjektive Schmerzempfinden oder auch Angst und Besorgnis? Ist das plausibel?

Dalai Lama: Auf jeden Fall, ja. Nach meinem Verständnis wirkt sich die buddhistische Schulung auf solche Prozesse nicht so aus, dass sie die Intensität der eigentlichen Empfindung und der Emotionen mindert. Eher öffnet und weitet sie unser Bewusstsein und rückt so alles in einen umfassenderen Verständnishorizont. Angesichts eines bedeutenderen Ziels spüren wir in uns die Neigung, eine Bereitschaft, etwas weniger Wichtiges aufzugeben. Darum ist in der Meditation das Schmerzempfinden reduziert. Vom buddhistischen Standpunkt aus würden wir das nicht dahingehend verstehen, dass der Schmerz tatsächlich an Intensität verliert. Vielmehr stehen der Schmerz und seine Wahrnehmung für den Geist nicht mehr so sehr im Mittelpunkt. Denn der schenkt stattdessen dem Meditationsobjekt seine volle Aufmerksamkeit. Aus dem Grund kann man auch erleben, dass ein Mensch, der Sorgen oder körperliche Schmerzen hat und ein Picknick unternimmt oder schöner Musik lauscht, in dem Moment weniger Schmerz empfindet. Das ist eine Art Umorientierung oder Neuausrichtung.

Tania Singer: Sehr interessant. Demnächst werden wir die entsprechenden Experimente durchführen und Ihnen dann hoffentlich bei einer der künftigen Tagungen mehr darüber berichten können.

KAPITEL 3

Die neuronalen Grundlagen des Mitgefühls
Richard Davidson

Richard Davidson ist Professor für Psychologie und Psychiatrie, Direktor des Waisman Laboratory for Brain Imaging and Behavior und Gründer und Vorsitzender des Center for Investigating Healthy Minds an der University of Wisconsin-Madison. Seit 1991 gehört er dem Vorstand des Mind and Life Institute an. Wir verdanken ihm wegweisende wissenschaftliche Studien über die Auswirkungen von Meditation auf das Gehirn.

Richard Davidson macht uns in seinem Vortrag mit Sachverhalten bekannt, die aus neurologischer Sicht für die Unterschiede in puncto Empathie, Altruismus und prosozialem Verhalten bei Kindern, Praktizierenden mit langjähriger Übung in Mitgefühlsmeditation und Menschen, die ein Mitgefühlstraining durchlaufen haben, von Bedeutung sind. Seine Forschung zeigt einen eindeutigen Zusammenhang zwischen dem jeweiligen Niveau der Insula- beziehungsweise der Amygdala-Aktivierung und einer Neigung zu prosozialem Verhalten.

Eure Heiligkeit, wie schön, heute wieder mit Ihnen zusammen zu sein. Ich möchte Sie gern ein wenig an der Arbeit mit Empathie und Mitgefühl teilhaben lassen, die wir unter verschiedenen Rahmenbedingungen durchgeführt haben. Dabei werfen wir erst einmal einen Blick auf die Beziehung zwischen dem, was wir im menschlichen Gehirn sehen können, und den Entscheidungen, die Menschen angesichts bestimmter ökonomischer Aufgabenstellungen treffen.

Lassen Sie mich zunächst mit zwei wichtigen Punkten beginnen. Um diese beiden Punkte wird sich im Grunde der gesamte Vortrag drehen. Punkt eins: Menschen unterscheiden sich in dem, was Psychologen als *Eigenschaftsniveaus* der Empathie und des Mitgefühls bezeichnen. Mit »Eigenschaft« sind hier diejenigen Unterschiede zwischen Menschen gemeint, die auf lange Sicht unverändert bestehen bleiben. Sie hängen mit grundlegenden biologischen Unterschieden zusammen. Punkt zwei: Der modernen Neurowissenschaft zufolge können wir Empathie und Mitgefühl als das Ergebnis von Fertigkeiten ansehen, die sich durch Training verbessern und verfeinern lassen; durch dieses Training wird im Gehirn wie im Körper das in Gang gesetzt, was wir *plastische Veränderungen* nennen.

Zwischen drei Arten von Empathie möchte ich hier unterscheiden. Zum einen gibt es Empathie mit negativer Wertigkeit (Valenz), also die Neigung, auf das Leid eines anderen Menschen mit Gefühlen von Besorgnis oder Schmerz zu reagieren. Empathie mit positiver Wertigkeit beinhaltet demgegenüber die Neigung, in Reaktion auf das Leid eines anderen Menschen positive Emotionen zum Ausdruck zu bringen, um ihm so sein Leid zu erleichtern und ihm wieder zu einem positiven emotionalen Zustand zu verhelfen. Über die dritte Variante sprechen wir in der wissenschaftlichen Empathie-Literatur im Allgemeinen überhaupt nicht. Im Buddhismus würde man sie als eine der vier inneren Qualitäten *(Brahmavihāras)*[1] betrachten: als Mitfreude, d.h. als die Neigung, mit Freude und Wohlwollen auf die Glücksgefühle eines anderen Menschen zu reagieren und sich mit ihm zu freuen.

Ich möchte auf eine Arbeit zu sprechen kommen, von der wir Eurer Heiligkeit bislang noch nicht berichtet haben – Studien mit kleinen Kindern. Kleine Kinder, das ist das Schöne an solchen Studien, sind weniger stark sozialisiert als die Erwachsenen, weshalb die Kinder normalerweise vieles direkter zum Ausdruck bringen. An ihrem Verhalten kann man tatsächlich Dinge sehen, die bei Erwachsenen schwerer erkennbar sind, und kann dadurch eindeutig herausfinden, wie sie reagieren.

Bei diesen Experimenten lassen wir den Kindern erst einmal ein wenig Zeit, spielerisch nachzustellen, wie sie sich die Haare kämmen. Die Person, die das Experiment durchführt, tut im nächsten Schritt so, als habe sie sich an ihrer Schreibunterlage, einem Klemmbrett, den Finger eingequetscht. Mit einem Aufschrei beklagt sie, wie sehr der Finger verletzt sei: Er werde knallrot und tue wirklich weh. Ein paar Sekunden später sagt der/die Experimentator/in dann, allmählich gehe es dem Finger wieder besser. Währenddessen beobachten wir, wie die Kinder reagieren. Diesen Test haben wir bei über dreihundert Kindern im Alter zwischen vier und fünf Jahren gemacht. Manche Kinder reagieren ganz klassisch mit besorgter Miene. Elemente eines vor Schrecken verzerrten Gesichts sind zu erkennen, doch bringen sie keinerlei positive Emotion zum Ausdruck. Der Experimentator bekundet also Schmerz, und das Kind zeigt lediglich Gefühle von Besorgnis und negativer Emotion, was wir als Empathie mit negativer Wertigkeit ansehen.

Ein anderes Kind hört, dass es dem Experimentator wieder besser geht, und sagt mit begeistertem Lachen: »Wie gut!« Oder: »Toll!« Hier haben wir ein Beispiel für Empathie mit positiver Wertigkeit.

Dies spreche ich an, um die Frage aufzuwerfen, welche Elemente möglicherweise in einer frühen Lebensphase die Keimzelle für Mitgefühl legen. Zwei Elemente sind ganz offenkundig vorhanden. Das eine ist die Erfahrung von Besorgnis, das andere der Wunsch, etwas zur Linderung des Leids zu tun, also bei demjenigen, der die leidvolle Erfahrung macht, mehr positive Emotion zu entwickeln. Manche Kinder bringen diesen

Wunsch spontan zum Ausdruck. Wenn man dreihundert Kinder testet, sieht man viele verschiedene Verhaltensmuster, und diese Muster, diese Unterschiede zwischen den Kindern, hängen mit unterschiedlich stark ausgeprägten Gehirnfunktionen zusammen, die eine direkte Aussage über das Muster ihrer empathischen Reaktion zulassen.

Ich möchte jetzt zu den Netzwerken im Gehirn kommen, die von Langzeitmeditierenden für die Kultivierung des Mitgefühls in Anspruch genommen werden. Matthieu hat, als einer der daran beteiligten Praktizierenden, über das Experiment Folgendes gesagt: »Wir haben für dieses Experiment versucht, einen Zustand hervorzurufen, in dem der Geist ganz von Liebe und Mitgefühl durchdrungen ist, ohne andere Überlegungen, Begründungen oder diskursive Gedanken. Das wird manchmal als *reines Mitgefühl* (nicht-referenzielles Mitgefühl) bezeichnet, als *Mitgefühl ohne Bezugspunkt* (in dem Sinn, dass man zum Hervorrufen von Liebe und Mitgefühl beim Meditieren die Aufmerksamkeit nicht auf bestimmte Objekte richtet) oder als *alles durchdringendes Mitgefühl*.«

Das durch die ovale Markierung hervorgehobene Hirnareal in Abbildung 3.1 ist die Insula, der interozeptive Kortex, ein Schlüsselbereich, der bei Langzeitpraktizierenden moduliert wird, wenn sie im Forschungslabor während der Meditation Mitgefühl kultivieren. Damit wir den Zustand ihres Gehirns einschätzen können, werden ihnen Geräusche vorgespielt, die ein emotionales Geschehen wiedergeben, darunter auch negative Geräusche, beispielsweise das Schreien einer Frau oder das Weinen eines Babys. So klingt menschliches Leid. Und bei den Langzeitpraktizierenden sehen wir nun, wenn sie diese Geräusche zu hören bekommen, eine stark erhöhte Aktivität in diesem Hirnareal. Bei Meditationsanfängern, die diese Praxis gerade erst erlernt haben, ist lediglich ein leichter Anstieg der

Aktivität zu verzeichnen; und auch das nur, wenn sie ihre Meditation als ausgesprochen gut einstufen beziehungsweise wenn sie nicht abgelenkt sind und sich voll und ganz auf das Mitgefühl konzentrieren.

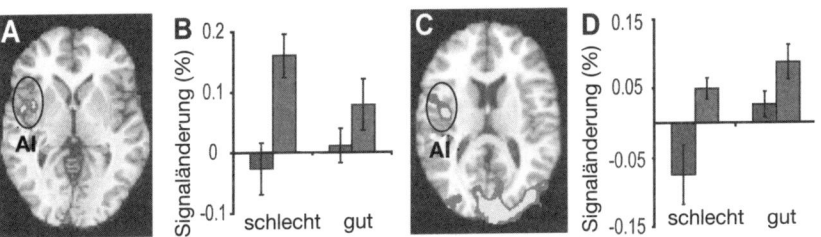

Abb. 3.1: Voxelweise berechnete dreifache Interaktion: Gruppe/Zustand/ emotionale Wertigkeit (Abbildung des Gehirns)
Die Abbildung des Gehirns zeigt die höhere Aktivierung der Insula, eines für die Interozeption wichtigen Areals, bei Praktizierenden mit langjähriger Übung in Mitgefühlsmeditation, wenn sie bei Geräuschen, die von Schmerz und Leid zeugen, etwa einer schreienden Frau oder einem weinenden Baby, Mitgefühl entwickeln.

Auch die Amygdala ist ein Teil des hier betroffenen Netzwerks. Man hat die Amygdala mit vielen unterschiedlichen Aspekten des emotionalen Verarbeitungsprozesses in Verbindung gebracht, häufig allerdings bei negativen Emotionen. Dessen ungeachtet wird die Amygdala stark aktiviert, wenn Langzeitpraktizierende sich der Mitgefühlsmeditation widmen. Es kann sein – und das ist eine der Fragen, über die ich gern im Gespräch mit Ihnen etwas in Erfahrung bringen würde, Eure Heiligkeit –, dass fortgeschrittene Praktizierende durch die Kultivierung von Gleichmut in die Lage versetzt werden, auf die negativen akustischen Reize einerseits zwar intensiv zu reagieren (das zeigt die stark ansprechende Amygdala), sich davon aber auch schneller zu erholen: In einigen neueren Untersuchungen mit Langzeitmeditierenden haben wir festgestellt, dass sich ihre Amygdala bei der Reaktion auf negative Reize schneller erholt, als es bei Anfängern der Fall ist. Die Anzahl der Stunden, die ein Langzeitmeditierender im Lauf seines Lebens in Meditation verbracht hat, entspricht im Grunde dem Ausmaß dieser im Gehirn erkennbaren Veränderungen. Bei Meditationsanfängern sehen wir das nicht. Tatsächlich ist die Amygdala-Reaktion bei Meditationsanfängern nicht stärker, sondern schwächer.

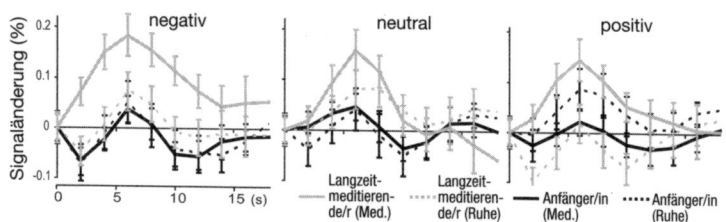

Abb. 3.2: Voxelweise berechnete dreifache Interaktion: Gruppe/Zustand/ emotionale Wertigkeit

An dem Experiment haben 15 Langzeitmeditierende und 15 gleichaltrige Kontrollpersonen teilgenommen. Die untere Reihe der Abbildungen zeigt die Insula-Signale für die Reaktion der Langzeitmeditierenden (grau) und der Meditationsanfänger (schwarz) auf negative (links), neutrale (Mitte) und positive (rechts) akustische Reize. Die durchgezogenen Linien geben das Signal in den Phasen der Mitgefühlsmeditation wieder, die punktierten Linien zeigen das Signal während einer Ruhephase. Beachten Sie: Lediglich bei den Langzeitmeditierenden ist das Signal in der Insula während der Mitgefühlsmeditation stärker als in der Ruhephase, zumal in Reaktion auf negative Geräusche.

Thupten Jinpa: Im Fall der Langzeitmeditierenden ist es ein Bestandteil des Prozesses, dass sie das Anhaften verringern. Das könnte eine Erklärung sein.

Dalai Lama: Mitgefühl und Anteilnahme kann es in einem parteiischen und in einem unparteiischen Sinn geben. Das liegt auf der Hand. Bei der parteiischen Anteilnahme geht es hochgradig um »mich«: Das hier ist etwas Angenehmes für »mich«. Die unparteiische Anteilnahme ist sehr objektiv.

Thupten Jinpa: Denn zur Kultivierung von Gleichmut gehört auch die einleitende Phase der Praxis, in der man sich von jener Art des Anhaftens, wie wir es verspüren, löst.

Dalai Lama: Das mindert die Parteilichkeit.

Richard Davidson: Eure Heiligkeit, ich möchte nun auf einige neue Befunde bei Meditationsanfängern zu sprechen kommen, wobei wir sie lediglich zwei Wochen lang trainieren. Diese Menschen haben nie zuvor praktiziert. Sie melden sich zu einer Studie an, und dabei erklärt man ihnen, im Rahmen der Studie werde etwas zur Steigerung ihres Wohlbefindens unternommen. Nach dem Zufallsprinzip teilt man sie dann entweder einer Gruppe zu, die in Mitgefühl und Güte trainiert wird; oder sie kommen in eine Gruppe, die ein auf kognitiver Verhaltenstherapie beruhendes Training erhält, bei dem die Betreffenden beispielsweise lernen, eine negative Situation neu zu bewerten und sich vorzustellen, dass diese negative Situation letztlich zu etwas Positivem führen wird.

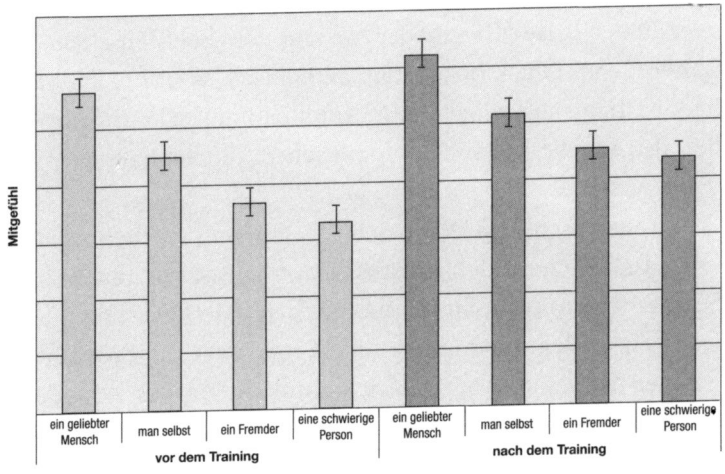

Abb. 3.3: Ändert sich bei den Teilnehmern des Tests das Mitgefühl? Die Teilnehmer/innen wurden gebeten, die Stärke des Mitgefühls, das sie empfanden, auf einer Skala von 0–7 Punkten einzustufen. Dabei steht 0 für gar kein Mitgefühl und 7 für einen Höchstgrad an Mitgefühl innerhalb ihres persönlichen Erfahrungshorizonts.

Außerdem stellen wir ihnen eine Aufgabe – ein ökonomisches Spiel. Mit Rücksicht auf die Zeit gebe ich Ihnen lediglich eine kurz gefasste Beschreibung. Zentral ist dabei, dass einer der Beteiligten eine geschäftliche Interaktion zwischen zwei anderen Teilnehmern beobachtet. Ihr Handel kann fair oder unfair sein. Im Fall von Unfairness hat der erstgenannte Teilnehmer die Möglichkeit, etwas Geld, das er von uns erhalten hat, zu einer Umverteilung von Reichtum zu verwenden, sodass die Geschäftsbeziehung letztlich zu einem eher altruistischen Resultat führt. Das ist der Grundgedanke bei dieser Aufgabe.

Wenn wir dieses Spiel für einen großen Teilnehmerkreis organisieren, stellen wir fest, dass diejenigen Menschen, die mehr Reichtum umverteilen, von stärkerer empathischer Anteilnahme berichten. Auf dem anschließend auszufüllenden Fragebogen geben sie an, mit Blick auf das Leid der anderen mehr Herzenswärme, Mitgefühl und Anteilnahme zu empfinden. Und sie stimmen beispielsweise der Aussage zu: »Bei Menschen, die weniger vom Glück begünstigt sind als ich, verspüre ich häufig eine tiefgehende liebevolle Anteilnahme.« Diese Aufgabe hat also für die Messung empathischer Anteilnahme eine gewisse Aussagekraft.

Vor und nach dem zweiwöchigen Training machen wir bei allen Teilnehmern Gehirnscans. Dann geben wir ihnen zum Schluss ihre Aufgabe im ökonomischen Spiel (Diktatorspiel). Und wir stellen anhand des Spiels fest, dass die Probanden aus der Mitgefühlsgruppe sich signifikant stärker verändern als die Leute in derjenigen Gruppe, die auf der Grundlage einer kognitiven Verhaltenstherapie trainiert wurde. Nach dem nur zweiwöchigen Training zeigen sie bei dieser ökonomischen Entscheidung mehr Altruismus.

Das Umverteilungsspiel

A. Schritt 1: Der Diktator kann sein Geld mit dem Empfänger teilen.

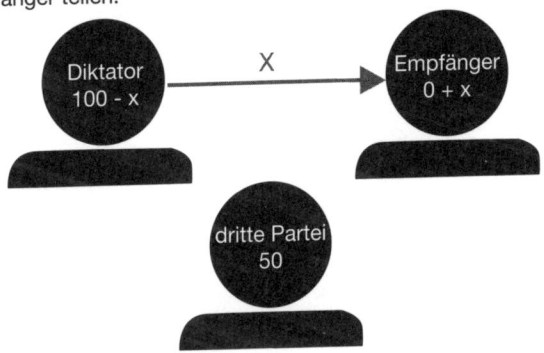

B. Schritt 2: Die dritte Partei kann ihre 50 Dollar dafür nutzen, Geld vom Diktator an den Empfänger umzuverteilen.

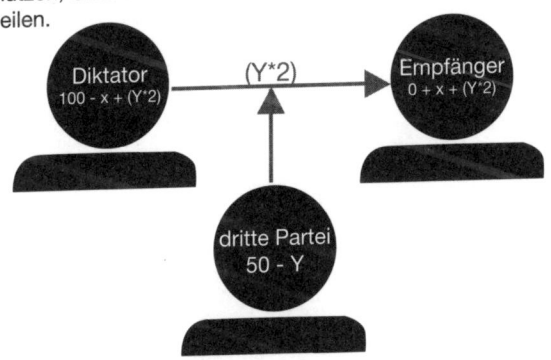

Abb. 3.4: Das Umverteilungsspiel

Der eine Teilnehmer, der »Diktator«, erhält beim Umverteilungsspiel 100 Dollar. Der Diktator kann jetzt dem zweiten Teilnehmer, dem »Empfänger«, Geld zukommen lassen. Was er nicht an ihn weitergibt, darf der Diktator für sich behalten. Eine dritte Partei, die vorher mit 50 Dollar ausgestattet wurde, beobachtet diese Interaktion. Nun kann sie einen beliebigen Teil des Geldes, oder auch alles, dafür verwenden, die eingangs ins Spiel gebrachten 100 Dollar des Diktators zwischen ihm und dem Empfänger gerechter aufzuteilen. Egal wie viel sie gibt, genau der gleiche Betrag wird dem Diktator von seinem Geld abgezogen, dadurch die Zuwendung verdoppelt und dann dem Empfänger ausgehändigt. Die dritte Partei kann aber auch beschließen, die 50 Dollar vollständig für sich zu behalten.

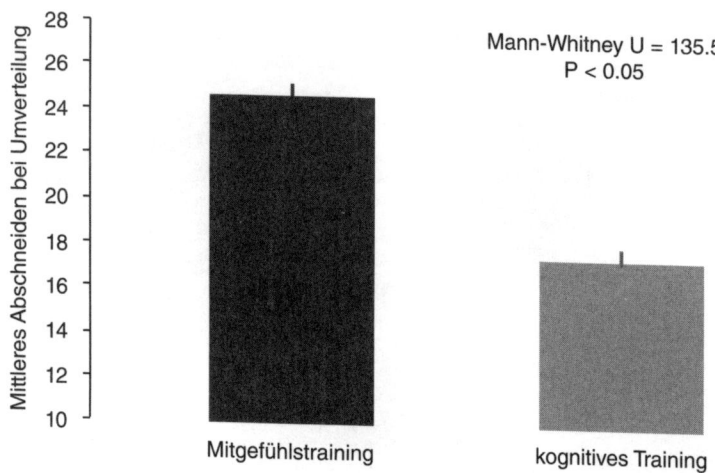

Abb. 3.5: Die Auswirkungen des Mitgefühlstrainings im Umverteilungsspiel

Nach dem zweiwöchigen Training zeigt sich auch eine Veränderung im Gehirn. Bei den Teilnehmern in der Mitgefühlsgruppe geht eine Veränderung in bestimmten Hirnarealen, insbesondere jenem der Amygdala und der Insula, mit einer entsprechend großen Veränderung im altruistischen Verhalten bei der Aufgabe im Wirtschaftsspiel einher. Durch das Mitgefühlstraining wird die Amygdala heruntergeregelt. Anhand eines schwächeren Amygdala-Signals beim zweiten Gehirnscan lässt sich eine größere Umverteilung von Reichtum vorhersagen. Zusammengenommen kommt der Amygdala und der Insula große prognostische Aussagekraft zu. Je mehr Veränderung es also nach dem zweiwöchigen Training im Gehirn gibt, umso altruistischer verhalten sich die Menschen. Das geschieht aber nur in derjenigen Gruppe, die am Mitgefühlstraining teilnimmt. Bei der Kontrollgruppe, die auf der Grundlage einer kognitiven Verhaltenstherapie trainiert wurde, zeigt sich keiner dieser Zusammenhänge. Dort fallen die Ergebnisse völlig anders aus.

Ich möchte kurz zusammenfassen. Wir haben gezeigt, dass es bei kleinen Kindern unterschiedliche Formen von Mitgefühl gibt. Und wir glauben, einige davon könnten gleichbedeutend sein mit dem, was ich vorhin als die frühe Keimzelle empathischer Anteilnahme und altruistischen Verhaltens bezeichnet habe. Bei Langzeitpraktizierenden hat die Mitgefühlsmeditation dramatische Auswirkungen auf die Fähigkeit des Gehirns, auf Reize anzusprechen, die in der einen oder anderen Weise Leid zum Ausdruck bringen. Bei Meditationsanfängern verändert sich das Gehirn bereits durch ein zweiwöchiges Training, und altruistisches Verhalten nimmt bei ihnen zu. Wer die größeren Veränderungen im Gehirn aufweist, zeigt zugleich eine stärkere Veränderung im altruistischen Verhalten. Die Muster von Langzeitmeditierenden und Meditationsanfängern unterscheiden sich. Die Langzeitmeditierenden können bei der Erfahrung von Leid verweilen und weisen eine starke Amygdala-Aktivierung auf, während das Training bei den Meditationsanfängern zu einer geringeren Amygdala-Aktivierung führt. Ersteres könnte auf die erhöhte Fähigkeit, sich in Gleichmut zu üben, oder aber auf das Fehlen von Anhaftung zurückzuführen sein, das Eure Heiligkeit beschrieben hat.

Alles in allem führen uns diese Befunde vor Augen, dass die Biologie und die Erfahrung unser altruistisches Verhalten maßgeblich prägen. Welche Stufe unser Altruismus und unser Mitgefühl erreichen, ist keineswegs fest vorgegeben. Die mit dem Mitgefühl verknüpften neuronalen Netzwerke sind plastisch. Durch ein richtiges Training, das früh im Leben beginnt, kann Mitgefühl nach unserer Überzeugung bei einem Großteil der Bevölkerung gefördert werden.

KAPITEL 4

Altruismus aus der Sicht eines Buddhisten
Matthieu Ricard

Matthieu Ricard lebt als buddhistischer Mönch des Klosters Shechen in Kathmandu. Am Pariser Institut Pasteur hat er in Zellulargenetik promoviert. Danach war er Schüler der beiden herausragenden tibetischen Lehrer Kangyur Rinpoche und Dilgo Khyentse Rinpoche. Seit 1989 arbeitet er für Seine Heiligkeit den Dalai Lama als Französischübersetzer und ist ein erfolgreicher Buchautor und Fotograf. Den Erlös seiner Bücher und einen großen Teil seiner Zeit widmet er humanitären Projekten in Tibet, Nepal und Indien.

Ricards Vortrag wirft ein Licht auf das buddhistische Verständnis von Mitgefühl, Unwissenheit, Leid und Glück. Unter anderem beschreibt er hier den emotionalen Burn-out bei Krankenschwestern, die ständig dem Leid anderer Menschen ausgesetzt sind. Seine persönlichen Erfahrungen als Meditierender und als Teilnehmer an Tania Singers Forschungsprojekten belegen, dass Mitgefühlsmeditation und altruistische Liebe hier ein Gegenmittel sein können.

In Gegenwart des zuhöchst respektierten Lehrers einen Vortrag über ein buddhistisches Thema zu halten, ist eigentlich ziemlich fehl am Platz. Da sich solche Situationen im modernen Leben aber nun einmal ergeben, tue ich das – auch wenn es so ist, als würde man im strahlend hellen Sonnenlicht ein Streichholz anzünden. Dafür bitte ich um Vergebung.

Ich möchte mit einigen Definitionen aus buddhistischer Sicht beginnen. *Altruistische Liebe* definiert man im Buddhismus als den Wunsch, dass alle empfindenden Wesen Glück und die Ursachen für das Glück finden. Mit Leid konfrontiert, wird dieses unbedingte Wohlwollen auf ganz natürliche Weise zu *Mitgefühl*. Letzteres besteht in dem Wunsch, dass alle empfindenden Wesen vom Leid und dessen Ursachen frei sein mögen. Selbstlose Liebe und Mitgefühl sollte man nicht als Belohnung für gutes Benehmen verstehen, und ihr Nichtvorhandensein ist auch keineswegs die Strafe für schlechtes Benehmen. Vielmehr bezeichnet Mitgefühl den Wunsch, Leid in all seinen Formen zu beseitigen; welches Leid und wem es widerfährt, spielt dabei keine Rolle. Altruistische Liebe und Mitgefühl hängen also nicht davon ab, wie sich jemand benimmt oder andere Menschen behandelt. Aus diesem Blickwinkel wird verständlich, weshalb Mitgefühl sich auch auf solche Menschen erstrecken kann, die nicht nur *Ihr* persönlicher Feind sind, sondern sogar ein Feind der Menschheit – sie bereiten anderen unermesslich großes Leid, und so will ein mitfühlendes Wesen dieses Leid mit allen erdenklichen Mitteln beseitigen.

Was bedeutet es, selbstlose Liebe oder Mitgefühl für einen Tyrannen zu haben? Es bedeutet nicht, dass wir den betreffenden Menschen mögen, sein Verhalten gut finden oder ihm Erfolg wünschen, indem wir sagen: »Eigentlich ist er ja gar kein so übler Bursche. Schicken wir ihn auf die Bahamas in den Urlaub.« Mitgefühl für einen Tyrannen zu haben äußert sich in dem Wunsch, die eigentlichen Ursachen zu beseitigen, die ihn zu einem so unangenehmen Zeitgenossen gemacht haben, indem wir denken: »Mögen Hass, Gier, Grausamkeit und Gleichgültigkeit vollständig aus dem Geist dieses Menschen verschwinden.« Etwas Besseres können wir der Menschheit gar nicht wünschen. Und dasselbe gilt für die betreffende Person selbst. In diesem System geht es bei Mitgefühl und Altruismus also nicht um ein moralisches Urteil, sondern lediglich darum, Leid zu beseitigen und Glück nach Kräften zu fördern. Moralische Urteile dürfen – und sollen – selbstverständlich abgegeben werden, aber sie sollten das Mitgefühl keinesfalls beeinträchtigen beziehungsweise schmälern.

Aus diesem Grund darf Altruismus nicht parteiisch sein. Er darf nicht auf die beschränkt bleiben, die wir lieben, beziehungsweise auf diejenigen, die uns und andere gut behandeln. Vielmehr gilt er allen empfindenden Wesen ohne Ausnahme. Er setzt eine hohe Wertschätzung für das Wohl der anderen, für das Wohl aller empfindenden Wesen, voraus. Erneut geht es hier nicht allein um diejenigen, die wir lieben, noch nicht mal nur um Menschen.

Unser Umgang mit Tieren beispielsweise zeigt häufig, wie wenig wir imstande sind, uns das Leid der anderen vorzustellen. Wer einen Fisch aus dem Wasser holt, vergegenwärtigt sich nicht, dass dies ebenso ist, als würde man selbst im Wasser mit einem Eisenhaken gefangen. Man kann sich nicht in die Situation eines Fischs hineinversetzen und sich vorstellen, wie es sich anfühlen würde, das durchzumachen, was der Fisch durchmacht. Die Perspektive des anderen zu übernehmen bildet die Grundlage, von der aus man erst die Gleichheit aller empfindenden Wesen wertschätzen kann. Ich will nicht leiden. Niemand wacht morgens mit dem Gedanken auf: »Ich will den ganzen Tag, und nach Möglichkeit mein ganzes Leben lang, leiden.« Nicht zu leiden ist das elementarste Recht aller empfindenden Wesen. Das erkennen wir erst bei uns selbst, und dann erkennen wir es im Hinblick auf die anderen. So entsteht in uns ein fürsorgliches Gefühl für alle empfindenden Wesen. Das ist von entscheidender Bedeutung.

Wenn wir sagen, dass es beim Mitgefühl darum geht, das Leid und seine Ursachen zu beseitigen, sollten wir darüber hinaus verstehen, was die Ursachen des Leids sind. Bei Leid im buddhistischen Sinn geht es nicht nur um so etwas wie Kopfschmerzen oder sogar ein Massaker. Viel tiefer reichende Ursachen für das Leid sind dem Buddhismus zufolge in unserer verzerrten Wirklichkeitswahrnehmung zu finden, darin, dass wir die Dinge nicht so wahrnehmen, wie sie sind. Zu so einer Verzerrung kommt es, wenn wir der Wirklichkeit unseren Hass, unsere Gier und Sinnestäuschungen überstülpen. Ursache all dessen, was wir Leid nennen, ist im Grunde also *Unwissenheit*. Diese Art von Unwissenheit besteht nicht einfach nur in einem Informationsmangel, etwa wenn wir nicht das gesamte Telefonbuch auswendig wissen. Es ist eine weit umfassendere Unwissenheit: Sie betrifft die Natur der Wirklichkeit. Wir verkennen die Vergänglichkeit aller Phänomene oder halten daran fest, das Selbst als etwas Eigenständiges, Einheitliches und Dauerhaftes zu betrachten. Diese Täuschungen führen letzten Endes zu Leid.

Lässt sich Altruismus trainieren? Kann man Mitgefühl trainieren? Ja, das geht, weil unserem Geist ein Potenzial zur Veränderung innewohnt, das wir völlig unterschätzen. Zu lesen, zu schreiben, Klavier zu spielen und vieles mehr beherrschen wir nicht bereits von Geburt an. Das wissen wir. Und wir akzeptieren, dass wir 15 Jahre oder länger mit unserer Ausbildung verbringen müssen. Trotzdem haben wir irgendwie die Vorstellung, menschliche Qualitäten wie Mitgefühl und Altruismus seien angeboren. »So bin ich nun mal«, heißt es dann. Aber genau wie die moderne Neurowissenschaft zeigt die meditative Erfahrung, dass wir uns verändern können. Selbstverständlich wird solch eine Veränderung nicht allein deshalb zustande kommen, weil wir uns das wünschen. Etwas dafür tun müssen wir schon. Wie jede andere Fertigkeit müssen auch selbstlose Liebe und Mitgefühl erst kultiviert werden.

In Gegenwart Seiner Heiligkeit allzu viele Erläuterungen darüber zu geben, macht keinen Sinn. Darum möchte ich diese Vorstellungen einfach mit Wissenschaft und Forschung verknüpfen, um einen Dialog zwischen den Bereichen zu fördern.

Häufig hören wir, dass davon gesprochen wird, Pflegekräfte wie zum Beispiel Krankenschwestern oder diejenigen, die sich der Bedürftigen annehmen, seien von einem Mitgefühlserschöpfungssyndrom betroffen. Solche Menschen verspüren unter Umständen eine emotionale Verausgabung, nachdem sie andauernd und immer wieder aufs Neue dem Leid der anderen ausgesetzt waren. Wenn wir das Leid der anderen wahrnehmen, werden bei uns im Gehirn – das hat Tanias Forschung und die von anderen Wissenschaftlern gezeigt – ähnliche Bereiche aktiviert wie bei unserem leidenden Gegenüber. Und das spielt sich nicht allein in unserer Vorstellung ab. Wir leiden tatsächlich!

Versetzen Sie sich also in die Situation einer Krankenschwester oder eines Krankenpflegers. Ihre leidenden Patienten werden hoffentlich geheilt. Oder vielleicht werden sie sterben. Glücklicherweise kommt es selten vor, dass Patienten jahrelang unablässig furchtbares Leid ertragen müssen. Wer aber in einem Pflegeberuf arbeitet und Tag für Tag bei jedem Patienten dem Leid der anderen ausgesetzt ist, wird jeden Tag zusammen mit jedem Patienten leiden. Indem die betreffende Person empathisch darauf anspricht, leidet sie die ganze Zeit, und das führt mitunter zum Burn-out, zur kompletten emotionalen Verausgabung im Sinne eines Mitgefühlserschöpfungssyndroms.

Und was machen die Pflegekräfte dann? Entweder kündigen sie ihre Arbeitsstelle: »Mir ist es zu viel.« Oder sie kommen zu dem Schluss: »Ich darf nicht so emotional sein«, und schaffen zwischen sich und dem Patienten eine emotionale Distanz, die nicht gut ist. Gibt es also eine andere Möglichkeit?

Dieser Frage sind wir in unserer Forschung mit Tania nachgegangen. Tania gab uns folgende Aufgabe: Wir sollten uns allein darauf konzentrieren, das Leid der anderen zu visualisieren und es zu fühlen, ohne zuzulassen, dass sich altruistische Liebe und Mitgefühl entfalten. Selbstverständlich entsteht, wie Seine

74

Heiligkeit gesagt hat, Mitgefühl normalerweise auf vollkommen spontane und natürliche Weise. Doch um des Experiments willen haben wir versucht, uns immer wieder auf das Leiden selbst zu konzentrieren. Wie fiel das Ergebnis aus? Nach nur ein oder zwei Stunden habe ich mich vollkommen ausgebrannt, überlastet und ohnmächtig gefühlt: Je mehr man, ohne die Dimension der altruistischen Liebe mit einzubeziehen, durch Empathie das Leid der anderen direkt fühlt, umso mutloser wird man, und schließlich kann man einfach nicht mehr. Für mich kam das ziemlich überraschend, hat mir aber zugleich zu der wichtigen persönlichen Einsicht verholfen, was für einen entscheidenden Unterschied Liebe und Mitgefühl machen können.

Nach einiger Zeit gab Tania mir die Anweisung, statt meine Aufmerksamkeit nur auf das Leid zu richten, solle ich nun zur Mitgefühlsmeditation übergehen. Für mich war das wie ein Dammbruch, der eine Flut altruistischer Liebe freisetzt. Dabei hatte ich das Bild im Kopf, dass jedes Atom des Leids durch ein Atom aus Liebe und Mitgefühl ersetzt wurde. Das ergab eine völlig veränderte Erfahrung. Das Leid ist nach wie vor vorhanden, und man fühlt es. Doch ist es jetzt vollkommen in diese weit umfassendere Perspektive der positiven, konstruktiven und unerschrockenen altruistischen Liebe eingebettet.

Was wir bei dem Experiment als *isolierte Empathie* bezeichnet haben, das bloße Eingehen auf Leid, kann zu einer unerträglichen Belastung führen. Ähnlich wie bei einer elektrischen Pumpe, die einfach immer weiterläuft, ohne dass auch nur ein Tropfen Wasser durch sie hindurchfließt: Sie läuft schnell heiß und geht durch Überhitzung kaputt. Manche Krankenschwestern oder Krankenpfleger sind von Natur aus ganz besonders liebevoll und mitfühlend, darum tritt diese vollständige Erschöpfung bei ihnen nicht ein. Aber für andere Menschen könnte solch ein Training, über das Tania und Richie gesprochen haben – bei dem sich zeigt, dass man in nur wenigen Wochen deutlich mehr empathische Anteilnahme und eine aufrichtigere Fürsorglichkeit entwickeln kann –, einen großen Unterschied machen. Diese Art von Training in altruistischer Liebe und Mitgefühl könnte für das Gesundheitswesen enorm viel Gutes bringen und den Menschen in Pflegeberufen helfen, den Patienten und sich selbst besser gerecht zu werden.

Biologische Notwendigkeiten für das Überleben: weitere Überlegungen zum Thema Altruismus
Joan Silk

Joan Silk ist Professorin an der School of Human Evolution and Social Change der Arizona State University und frühere Lehrstuhlinhaberin am Institut für Anthropologie der University of California, Los Angeles. Ihr Interesse gilt der Frage, inwiefern natürliche Auslese die evolutionäre Entwicklung des Sozialverhaltens bei nichtmenschlichen Primaten beeinflusst, sowie den evolutionären Grundlagen von Fähigkeiten, die in der menschlichen Gesellschaft eine wesentliche Rolle spielen – der Vergebung beispielsweise, der Zusammenarbeit und Freundschaft, des Elterninvestments (seitens des Vaters), der Bereitschaft zu helfen und sich prosozial zu verhalten.

Verschiedene Tiere, etwa Menschenaffen und Bienen, zeigen altruistische und prosoziale Verhaltensmuster. Aber verweisen diese Muster auf eine Motivation und auf eine Entscheidung? Oder müssen sie dies schlicht und einfach tun, um zu überleben? Zunächst verschafft Joan uns einen Überblick über die Forschungsergebnisse zur Frage von Entscheidungsmöglichkeiten und Altruismus bei Affen. In der Gruppendiskussion geht es dann um Vergleiche zwischen Mensch und Tier, insbesondere um die Fähigkeit, Dankbarkeit zu empfinden und die langfristigen Auswirkungen der eigenen Handlungen zu erfassen.

Wie drückt sich Altruismus bei Tieren aus? Ich möchte Ihnen einige Daten zeigen, die Zoologen diesbezüglich gesammelt haben, und sie dann mit dem vergleichen, was wir beim Menschen feststellen. Wie wir bereits sehen konnten, haben viele der hier vertretenen Wissenschaftsdisziplinen unterschiedliche Definitionen von Altruismus. Als Erstes möchte ich darum erläutern, was Biologen meinen, wenn sie das Wort *Altruismus* verwenden.

Unser Wissen darüber, was andere Lebewesen zu altruistischem Verhalten motiviert, ist momentan noch ziemlich lückenhaft. Es gibt Hinweise darauf, dass es zwischen dem Menschen und anderen Lebewesen bedeutende Unterschiede geben könnte. Die biologische Definition von Altruismus ist von unserem Verständnis der Evolutionstheorie beeinflusst. Wer als Biologe von Altruismus spricht, denkt an ein Verhalten, das dem Adressaten Vorteile bringt und zu Lasten des Handelnden geht. Dieses Verständnis des Begriffs ähnelt demjenigen im allgemeinen Sprachgebrauch. Nur ist in dem Fall nicht von Geld die Rede, sondern von einer »Währung«, die wir *genetische Fitness* nennen: von der Fähigkeit des einzelnen Lebewesens zu überleben und sich fortzupflanzen.

Bei anderen Lebewesen ist Altruismus ziemlich verbreitet. Beispiele für Altruismus können wir bei vielen verschiedenen Tieren beobachten. Mein Forschungsgebiet sind die Primaten, und die gängigste Form von Altruismus bei Primaten ist die Fellpflege.

Warum genau tun sie das? Was geht ihnen durch den Kopf? Welche Motive die Tiere haben, wissen wir zwar nicht, allerdings wissen wir viel über die Struktur dieses Verhaltens. Wir wissen, wie verbreitet es ist, und wir wissen etwas darüber, wer es bei wem tut. Außerdem wissen wir, dass dieses Verhalten für die Tiere wirklich vorteilhaft ist. Wenn wir messen, wie gesellig die einzelnen Tiere sind, zeigen Langzeitdaten, dass die besonders kontaktfreudigen Weibchen die höchste genetische Fitness aufweisen. Ihre Jungen haben die höchste Überlebenswahrscheinlichkeit.

Abb. 5.1: Kooperatives Verhalten bei Primaten
Ein erwachsenes Schimpansenmännchen pflegt das Fell eines anderen
Männchens. Bei Primaten ist Fellpflege die gängigste Form kooperativen
Verhaltens. Futter zu teilen, sich zu kleinen Gruppen zusammenzuschlie-
ßen und das Revier gemeinsam zu verteidigen sind weitere Beispiele für
kooperatives Verhalten.

Diese Indizien sprechen dafür, dass es für die Weibchen in
verschiedener Hinsicht Vorteile bringt, gesellig zu sein. Trotzdem ist Altruismus bei Primaten deutlich beschränkter als
beim Menschen. Altruistisches Verhalten erstreckt sich ten-
denziell auf Verwandte und auf Partner, die sich ihrerseits
altruistisch verhalten. Es beschränkt sich auf Mitglieder der
eigenen Gruppe, und die Anzahl der Tiere, die kooperieren können, ist bei Primaten, verglichen mit dem Menschen,
ziemlich klein.

Über die Muster des Altruismus beim Menschen wissen wir
viel, und wir haben begonnen zu fragen, was andere Lebewesen
zu dieser Art von Altruismus motiviert. Das Motiv könnte Mitgefühl sein oder ein Gerechtigkeitsempfinden. Vielleicht geht
es um Fairness, oder ihnen liegt etwas an den anderen Tieren.

Oder es könnte um etwas völlig anderes gehen. Sie könnten sich auch altruistisch verhalten, obwohl keines der genannten Motive vorliegt. Wenn wir etwas über die Motive herausfinden wollen, dann müssen wir über unsere persönlichen Deutungen von dem, was die Tiere tun, hinausgehen.

In einem Zoo nahe Chicago fiel 1996 ein Kind in ein Gorillagehege.[1] Ein Gorillaweibchen nahm das Kind in die Arme und trug es in den hinteren Teil des Geheges – dorthin, wo die Tierpfleger arbeiten. Was hat das Gorillaweibchen dazu veranlasst? Vielleicht hat es gesehen, dass das Kind in Gefahr war, und wollte ihm helfen. So interpretieren das die meisten Leute. Durch Gespräche mit den Mitarbeitern des Zoos habe ich allerdings herausgefunden, dass das Gorillaweibchen, als es noch ganz jung war, von den Tierpflegern ein Mutterschaftstraining erhalten hatte. (Anders können in Zoos aufgewachsene Gorillas mitunter nicht lernen, wie man sich um ein Junges kümmert.) Die Tierpfleger haben Binti beigebracht, ihr Kleines so zu tragen und es zu ihnen zu bringen, damit sie sehen konnten, ob mit dem Jungen alles in Ordnung war.

Wie finden wir heraus, was die Gorilladame sich dabei gedacht hat? Wir haben versucht, der Frage auf eine systematischere Art und Weise nachzugehen, und deshalb Experimente durchgeführt, die zeigen sollten, ob ihre Hilfsbereitschaft darauf beruht, dass ihr etwas am Wohlergehen der anderen liegt. Zu dem Zweck haben wir hier und da eine Anleihe bei Wirtschaftsexperimenten vorgenommen. Wir lassen einem Tier die Wahl zwischen zwei Möglichkeiten, und je nachdem, wie es sich entscheidet, fällt die Belohnung anders aus. Die Entscheidungen verraten uns etwas über die Vorlieben des Tieres, seine Präferenzen. Bietet mir jemand Möhren oder Sellerie an und ich entscheide mich für Sellerie, dann denken Sie, dass ich Sellerie lieber mag als Möhren. Genau so machen wir es bei den Affen.

Das folgende Experiment haben wir mit einem Schimpansenpaar durchgeführt. Dabei gibt es zwei Rollen: Akteur und Partner. Dem Akteur stehen zwei Möglichkeiten zur Wahl. Bei der einen Option bekommt der Akteur eine Banane und der Partner ebenfalls. Bei der anderen Option erhält der Akteur eine Banane, während der Partner leer ausgeht. Die Schimpansen wählten – einigermaßen überraschend – unterschiedslos *beide* Möglichkeiten zu gleichen Teilen.

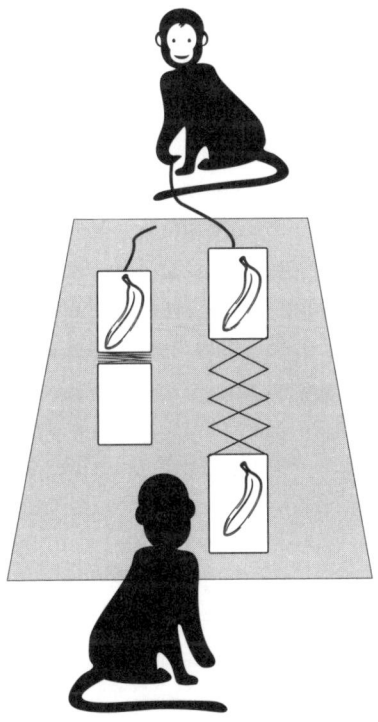

Abb. 5.2: Bevorzugen Schimpansen Optionen, die gut für andere sind? Die Schimpansen haben zwei Möglichkeiten. (#1) Entweder können sie wählen, eine Banane für sich selbst und keine Banane für den anderen Schimpansen zu bekommen. (#2) Oder sie können wählen, eine Banane für sich selbst und eine Banane für den anderen Schimpansen zu bekommen. Die Forschung zeigt, dass die Schimpansen die Großzügigkeitsoption (#2) nicht bevorzugen.

Wir haben Grund zu der Annahme, dass Schimpansen verstehen, wie das Spiel funktioniert. Das ist natürlich sehr wichtig. Denn sonst bringt uns das Experiment nicht besonders viel. Wir haben dieses Experiment wiederholt durchgeführt, mittlerweile auch mit zahlreichen Schimpansen aus vielen verschiedenen Gruppen, es handelte sich also nicht nur um einen Einzelfall.

Durch so ein Experiment bekommen wir eine Vorstellung von Präferenzen. Obgleich Schimpansen sich im Alltag sehr altruistisch verhalten können, sind ihre Motive dafür offensichtlich anders geartet als unsere. Um zu sehen, wie sich Menschen und Schimpansen voneinander unterscheiden, haben wir eine Reihe von Experimenten mit Kindern durchgeführt. Ungefähr im Alter von vier Jahren zeigen Kinder allmählich eine Vorliebe für die Option, sich prosozial zu verhalten. Manchmal verzichten Kinder sogar zugunsten anderer darauf, selbst eine Belohnung zu bekommen, sogar wenn sie noch ganz klein sind. Und einiges spricht dafür, dass ihnen eine gerechte Verteilung lieber ist als eine ungerechte.

Die Erforschung von Motiven bei den übrigen Lebewesen steht noch ganz am Anfang. Und auch bei den Primaten haben wir diese Fragen längst noch nicht vollständig beantwortet. Immerhin wissen wir, dass am Ausgangspunkt *unserer* Primaten-Entwicklung ein ausgesprochen sozialer Vorfahre steht. Er entwickelt sehr starke Bindungen, insbesondere zu Verwandten, und ist ziemlich kooperativ. Altruismus bleibt bei ihm jedoch auf einen sehr eng umgrenzten Bereich beschränkt. Und wir wissen, dass die Menschenaffen klüger sind als die anderen Affen und sogar Beziehungen entwickeln können, die auf Handel basieren. Aber trotzdem zeigen sie nicht so viel Anteilnahme am Wohlergehen der anderen, wie Kinder und Erwachsene dies tun.

Beim Menschen sehen wir zahlreiche Merkmale, die wir bei

anderen Menschenaffen nicht finden: Sprache, Kultur, moralische Normen, Mitgefühl und so weiter. Wir sind immer noch dabei zu verstehen, inwieweit wir anderen Primaten ähnlich sind oder uns von ihnen unterscheiden. Jedenfalls spricht einiges dafür, dass diese Befähigung zu Mitgefühl beim Menschen viel höher entwickelt ist als selbst bei unseren nächsten Verwandten.

Dalai Lama: Ermutigend. Vielversprechende Hinweise.

Matthieu Ricard: Eure Heiligkeit, häufig erwähnen Sie, dass ein allumfassender Altruismus auf biologischem Altruismus beruht. Mit »biologischem« oder »natürlichem« Altruismus meine ich jenen Altruismus, der unser evolutionäres Erbteil ausmacht. Bestes Beispiel dafür ist die elterliche Liebe, insbesondere die Mutterliebe. Wie Sie oft gesagt haben, ist dies eine wundervolle, von Natur aus gegebene Liebe, die nicht erst trainiert werden muss. Aber sie bleibt parteiisch, weil sie an erster Stelle unseren Nachkommen gilt, sich dann bis zu einem gewissen Grad auf unsere anderen Verwandten erstreckt und danach vielleicht auf diejenigen, die uns gut behandeln.

Solch eine altruistische Liebe kann Fremde nur sehr schwer mit einbeziehen. Erst recht gilt das für schwierige Menschen, die uns oder anderen Leid zufügen. Aber ein auf rationalem Denken und Weisheit basierendes kognitives Training, so haben Sie bei zahlreichen Gelegenheiten dargelegt, kann uns dazu bringen zu verstehen, dass alle Wesen von Leid frei sein wollen und dass jedes von ihnen unsere Anteilnahme verdient. Auf diese Weise kann eine weit umfassendere Form altruistischer Liebe entstehen. Ein solcher Altruismus erfordert Training, ist jedoch unparteiisch und beruht auf Einsicht in die tiefergehenden Ursachen des Leids, über die wir bereits an anderer Stelle gesprochen haben. Können Sie ein paar Worte dazu sagen, wie man von einem begrenzten, parteiischen Altruismus zu einem allumfassenden Altruismus gelangt?

Dalai Lama: In erster Linie hängt Mitgefühl mit Intelligenz zusammen. Daher können wir es vielleicht so ausdrücken: Weniger intelligenten Säugetieren und selbst Vögeln fehlt die Fähigkeit zu einer ganzheitlichen Sicht, die beinhaltet, nicht nur die Gegenwart, sondern auch mögliche Konsequenzen für die Zukunft zu erfassen. Intelligenz befähigt uns zu einer ganzheitlicheren Sicht.

Eine Blume, eine Pflanze ist sehr schön, aber sie hat weder Gefühl noch Erkenntnis und verfügt daher über keinerlei Möglichkeit, Mitgefühl zu entwickeln. Nur empfindende Wesen erleben Freude und Leid. Das ist der Ausgangspunkt für Mitgefühl. Und mithilfe von Intelligenz lässt sich das Mitgefühl vertiefen. Ob uns nun Gott erschaffen hat oder die Natur – wir sind soziale Lebewesen. Haben Sie jemals die Biene als ein soziales Lebewesen untersucht?

Joan Silk: Nun, wir wissen, Bienen sind unglaublich sozial und können nur innerhalb dieser sozialen Welt überleben.

Dalai Lama: Hat man experimentelle Untersuchungen vorgenommen, in denen einerseits das Verhalten der Bienen innerhalb des eigenen Bienenvolks und andererseits ihr Verhalten gegenüber Bienen, die nicht demselben Volk angehören, beobachtet wurde?

Joan Silk: Bei vielen Tieren gibt es innerhalb des eigenen Volks einen weitreichenden Altruismus, falls aber ein nicht dazugehöriges Tier eindringt, sind sie sehr feindselig.

Dalai Lama: Wenn man ein paar Bienen aus dem einen und ein paar Bienen aus dem anderen Volk über längere Zeit am selben Ort unterbringt, können sie dann schließlich miteinander auskommen?

Joan Silk: Nein, das können sie nicht.

Dalai Lama: Ich frage mich, ob so eine Feindseligkeit und diese Art von Unterscheidung einfach nur von mangelnder Vertrautheit herrühren, vom fehlenden Umgang miteinander. Können sie allmählich in Kontakt treten und miteinander vertraut werden? Selbstverständlich hängt das Überleben des Bienenvolks nicht von Bienen ab, die außerhalb dieses Verbands leben. Daher betrachten sie solche Tiere als Feinde. Aber gibt es irgendwelche Voraussetzungen, unter denen zwei Bienenvölker, die man am gleichen Ort unterbringt, einen Bienenstock schaffen, ein neues Bienenvolk gründen können und eine neue Gruppe sich entwickeln kann? Kann sich im Geist dieser winzigen Insekten etwas wandeln, wenn das die Umstände erfordern?

Joan Silk: Das bezweifle ich.

Dalai Lama: Ja? Gibt es da biologisch eine ganz feste Vorgabe, die keine Veränderung zulässt?

Joan Silk: Bei einem Tier wie der Biene ist das, glaube ich, biologisch festgeschrieben. In ihrem Verhalten hat sie nicht viel Flexibilität. Was uns von Tieren mit einem derart kleinen Gehirn so deutlich unterscheidet, ist Flexibilität. Bienen sind genetisch determiniert, und in ihrem Verhaltensrepertoire gibt es nicht viel Spielraum.

Dalai Lama: Haben nicht manche Säugetiere eine Art Sprache, irgendeine Möglichkeit, einander etwas zu signalisieren? Inwiefern unterscheidet sich ihre Gehirnfunktion von der bei Tieren, die über keinerlei Sprache verfügen?

Joan Silk: Sie meinen den Unterschied in der Verhaltensflexibilität?

Dalai Lama: Ja.

Joan Silk: Solche Tiere haben ein sehr großes Gehirn, ein sehr flexibles Verhalten, eine hochgradige Befähigung zu sozialem Lernen und potenziell zu sehr komplexem Sozialverhalten. Manche Tiere würde man gern untersuchen, um herauszufinden, ob sie prosozial sind, weil etwas an der Art von Welt, in der sie leben, und an der Art von Gruppen, in denen sie leben, so ein Verhalten fördern könnte. Die Begrenzung für die Menschenaffen ergibt sich, glaube ich, nicht daraus, wie klug sie sind. Ich glaube, die Begrenzung resultiert aus der Welt, in der sie sich entwickelt haben.

Dalai Lama: Persönlich würde ich Folgendes gern wissen, wenn Sie mir gestatten, die Frage zu stellen: Welcher Zusammenhang besteht zwischen Wertschätzung und Altruismus? Gibt es aus Ihrer Sicht eine Verbindung zwischen der Wertschätzung für die Freundlichkeit eines anderen und altruistischem Verhalten?

Joan Silk: Meiner Meinung nach setzt Altruismus – etwas tun, was für jemand anderen gut ist – nicht viel Verständnis oder Wertschätzung für andere voraus.

Matthieu Ricard: Seine Heiligkeit fragt danach, ob der Adressat des altruistischen Verhaltens wertschätzt, was man für ihn tut, und eine Art Dankbarkeit empfindet.

Joan Silk: Oh! Eine wundervolle Frage! Ja, sie mögen es, wenn ihr Gegenüber sich so verhält. Das Schimpansenweibchen, dessen Fell gepflegt wird, genießt es eindeutig. Ob sie demjenigen gegenüber, der ihr Fell pflegt, Dankbarkeit oder Wertschätzung empfindet, können wir nicht sagen.

Dalai Lama: Aber wissen Sie, ich habe immer noch keine Antwort erhalten. Nehmen wir zum Beispiel die Stechmücke, sie scheint keinerlei Wertschätzung zu zeigen. Viele Tiere mögen es, wenn wir sie füttern, wenn wir aufrichtige Liebe zeigen. Aber bei der Mücke – wenn ich gute Laune habe und mir sicher bin, dass keine Malariagefahr besteht, überlasse ich der Mücke ein bisschen Blut – gibt es anschließend keinerlei Anzeichen von Wertschätzung! Bei zahlreichen Gelegenheiten habe ich Professoren und Wissenschaftler danach gefragt. Ich überlege, ob das prosoziale Verhalten, das wir bei den Bienen finden, überhaupt als altruistisches Verhalten bezeichnet werden sollte. Falls es fest vorgegeben ist, sind sie in ihrem Verhalten ja einfach nur biologisch gesteuert. Daher habe ich mich gefragt, ob es korrekt ist, ein solches Verhalten altruistisch zu nennen.

Nicht empfindende Lebewesen, die Pflanzen, haben ebenfalls eine gewisse Fähigkeit, sich an ihre Umwelt anzupassen, beispielsweise auf einen Standort mit dichtem Bewuchs zu reagieren und so weiter. Das ist ein ausschließlich chemischer, ein biologischer Vorgang. Bei einem sehr, sehr kleinen Lebewesen ist es daher vielleicht bloß etwas Biologisches, zum Zweck des Überlebens? Fast wie ein Verhaltensautomatismus.

Joan Silk: Sicher. Aber ich glaube, Sie können diese Frage besser beantworten als ich.

Dalai Lama: Eigentlich weiß ich darüber auch nichts. Ich stelle bloß Vermutungen an.

Vielleicht darf ich noch etwas hinzufügen. Ich glaube, eine ganzheitliche Sicht könnte der entscheidende Faktor sein. Mit mehr Intelligenz kann man zu einer umfassenderen Sicht gelangen, die dann Anteilnahme am Wohl der anderen, an ihrer Wertschätzung und Hilfsbereitschaft ermöglicht. Aufgrund unserer Intelligenz und unserer Fähigkeit, etwas auf lange Sicht – oder in einer ganzheitlichen Sicht – zu betrachten, können wir Menschen zugunsten eines langfristigen Nutzens momentan Opfer bringen und sind bereit, Entbehrungen auf uns zu nehmen. Tiere können vielleicht in manchen Fällen auch erkennen, was nächstes Jahr, nächsten Monat oder mit Blick auf die Nachkommen in ihrem Interesse liegt. Ansonsten glaube ich aber nicht, dass sie über die Fähigkeit verfügen, die Zukunft ganzheitlich zu sehen. Was das Mitgefühl angeht, halte ich es für eine unbedingte biologische Überlebensnotwendigkeit, dass wir Menschen uns umeinander kümmern. Damit ein Mensch dem Leben eines anderen zuliebe Energie und Mühe aufwendet, muss die oder der Betreffende den Willen dazu haben. Ausgangspunkt dafür sind Altruismus, Zuneigung, Liebe, ein Verantwortungsgefühl. Hier besteht natürlich eine enge Verbindung zum Anhaften, aber das ist in Ordnung.

TEIL II

Altruismus und prosoziales Verhalten – Forschungsergebnisse aus dem wirtschaftswissenschaftlichen Bereich

KAPITEL 6

Das Vertrauensexperiment
Ernst Fehr

*Ernst Fehr ist Professor für Mikroökonomik und experimentel-
le Wirtschaftsforschung sowie Direktor des Instituts für Volkswirtschaftslehre an der Universität Zürich. Um soziologische
und psychologische Aspekte der modernen Wirtschaftslehre zu
erhellen, verknüpft er in seiner Forschung Einsichten aus den
Wirtschaftswissenschaften, der Sozialpsychologie, der Soziologie, Biologie und Neurowissenschaft.*

*Fehrs Vertrauensexperiment, das der Frage nachgeht, inwie-
weit Menschen auf Altruismus vertrauen beziehungsweise tatsächlich altruistisch handeln, widerlegt die lange aufrechter-
haltene Annahme, allein Eigennutz motiviere die Menschen.
In seinem Vortrag macht er uns außerdem mit der Vorstellung
der altruistischen Sanktionierung bekannt und liefert Belege
für den Wert von Verantwortlichkeit im Kontext gesellschaft-
licher Verpflichtungen.*

Vielen Dank für die Möglichkeit, Seiner Heiligkeit meine Arbeit vorzustellen. Als Erstes möchte ich ansprechen, worin den
Wirtschaftswissenschaftlern zufolge Altruismus besteht. Meine Definition ist wie folgt: Handelt ein Mensch so, dass die
Handlung kostspielig für ihn ist, aber jemand anderem Nutzen bringt, dann verhält sich die oder der Betreffende altruistisch. Die handelnde Person wird hier nicht durch einen später
unmittelbar oder mittelbar aus der Handlung sich ergebenden
Vorteil motiviert, trotzdem wird sie die Handlung psycholo-

gisch vielleicht als gewinnbringend erleben. Möglicherweise fühlt sie sich wohler, weil sie altruistisch agiert hat. Das ändert aber nichts daran, dass wir es gemäß dieser Definition mit einer altruistischen Handlung zu tun haben.

Ich will Ihnen ein Beispiel geben: Wenn ich wirtschaftliche Kosten übernehme, um für meine Kinder, meine Freunde oder die Opfer einer Katastrophe zu sorgen, dann verhalte ich mich altruistisch, sofern ich dies ungeachtet eines vielleicht in Zukunft sich ergebenden materiellen Vorteils tue, eines Steuernachlasses beispielsweise. Auch wenn ich ein gutes Gefühl dabei habe, einer karitativen Einrichtung Geld zu spenden, ist dies trotzdem eine altruistische Handlung.

Existiert Altruismus also gemäß dieser Definition tatsächlich? Ich möchte zwei Wirtschaftsnobelpreisträger zitieren. Zum einen George Stigler, der den Nobelpreis 1982 erhielt. Bei ihm heißt es: »Wenn das Eigeninteresse und ethische Werte, zu denen sich viele gern bekennen, in Widerstreit zueinander stehen, wird vielfach, ja meistens, das Eigeninteresse die Oberhand behalten.«[1] Oliver Williamson, dem der Preis 2009 verliehen wurde, hat das noch drastischer formuliert: Zum menschlichen Opportunismus gehört, so schreibt er, »die Verfolgung des Eigeninteresses unter Zuhilfenahme von List. Das schließt krassere Formen ein, wie Lügen, Stehlen und Betrügen, beschränkt sich allerdings keineswegs auf diese. Häufiger bedient sich der Opportunismus raffinierterer Formen der Täuschung.«[2]

Dalai Lama: Wie pessimistisch!

Ernst Fehr: Man sollte unbedingt hervorheben, dass es sich hier nicht nur um persönliche Überzeugungen handelt. Ein ganzer Berufsstand hat sich von derartigen Überzeugungen abhängig gemacht! Jedoch sind sie nicht durch Fakten belegt. Als die Betreffenden diese Worte schrieben, haben sie also keineswegs gewusst, dass es sich so verhält, sondern es nur *geglaubt*. Als ich vor 20 oder 25 Jahren meine Forschung aufnahm, war das die vorherrschende Haltung in den Wirtschaftswissenschaften. Lange haben daher nur einige wenige Wirtschaftswissenschaftler eine eingehende Untersuchung des Altruismus überhaupt in Betracht gezogen. Bestenfalls hat man ihn als eine selten vorkommende Anomalie inmitten eines ansonsten eigennützigen Standardverhaltens angesehen.

Meine Mitarbeiter/innen und ich waren da seit Langem anderer Auffassung, und so haben wir jahrelang zu Altruismus in wirtschaftlichen Interaktionen geforscht. Altruismus empirisch zu untersuchen kann schwierig sein. Darauf haben bereits andere Referenten hingewiesen. Aber ich möchte Ihnen die interessanten Resultate eines typischen Experiments vorstellen, das wir durchgeführt haben. Bei diesem Experiment geht es um ein *soziales Dilemma*. Manchmal wird es auch das *Vertrauensspiel* oder das *Vertrauensexperiment* genannt, und Sie werden gleich sehen, warum.

Das Experiment läuft folgendermaßen ab: Unter Wahrung vollständiger Anonymität wird aus zwei fremden Personen eine Versuchsgruppe gebildet. Jeder wird mit 10 € ausgestattet. Person A kann Person B nun einen beliebigen Betrag zwischen 0 € und 10 € zukommen lassen. Der Experimentator verdoppelt dann den Betrag. Falls ich in diesem Experiment also Seiner Heiligkeit 1 € schicke, bekommt Seine Heiligkeit 2 €. Sende ich 10 €, dann erhält er 20 €. Person B kann jetzt Geld zurücksenden, ebenfalls zwischen 0 € und 10 €, und erneut verdoppelt der Experimentator den Betrag.

Dieses Experiment mag konstruiert wirken. Tatsächlich erfassen wir hier jedoch ein Tauschgeschäft. Ich habe ein Gut, das Ihnen mehr wert ist, und Sie haben ein Gut, das mir mehr wert ist. Wenn wir die Güter tauschen, stehen wir beide besser da. Das Besondere daran ist, dass dies nacheinander erfolgt: Ich muss den ersten Schritt tun, und danach können Sie in Aktion treten. Im Prinzip können Sie, falls ich Ihnen all mein Geld überlasse, Dankeschön sagen, es behalten und brauchen mir nichts zurückzuschicken. Wir werden uns nie mehr begegnen. Ich kenne Sie nicht, und Sie kennen mich nicht. Nett zu mir zu sein, bringt Ihnen für die Zukunft keinen Vorteil. Es besteht keine Möglichkeit, materiell davon zu profitieren, dass Sie mir Ihr Geld geben, denn mein Geld haben Sie ja bereits erhalten. Darum können wir Ihren Transfer an mich als altruistische Handlung bewerten. Nur Altruismus, nichts sonst, kann Sie dazu bewegen, diesen Transfer durchzuführen.

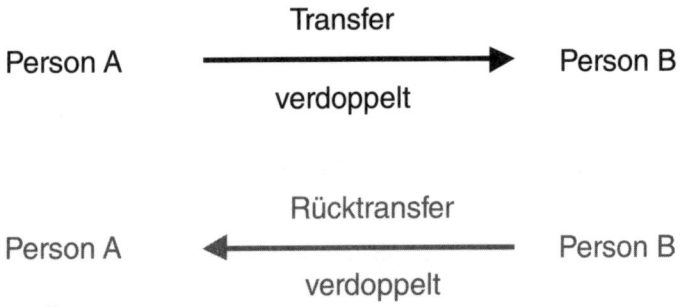

Abb. 6.1: Das Vertrauensexperiment
Ohne sich je getroffen zu haben, bilden zwei Fremde eine Versuchsgruppe. Jeder erhält 10 €. Person A kann Person B bis zu 10 € zukommen lassen. Der Experimentator verdoppelt den weitergegebenen Betrag. Person B hat nun die Chance, Person A Geld zurückzugeben. Dieser freiwillige, nacheinander vollzogene Geldtransfer findet nur ein einziges Mal statt, und die Fremden begegnen sich nie persönlich.

Falls Person B etwas zurückgibt, ist das ein schöner Maßstab für Altruismus. Zugleich können wir dieser Transaktion allerdings noch etwas anderes entnehmen. Glaubt Person A, dass Person B altruistisch ist, dann hat Person A einen Grund, den Transfer vorzunehmen, da sich der Geldbetrag im Verlauf des Tauschgeschäfts verdoppelt. Insofern misst der Transfer von Person A ihr Vertrauen in den Altruismus anderer Menschen.

Wir messen hier also gleich zwei wichtige Dinge: das Vertrauen in den Altruismus der anderen und den tatsächlichen Altruismus. Sehen wir uns mal an, was die Menschen bei diesem Experiment machen.

Dalai Lama: Wenn die erste Person 5 € gibt, verfügt die andere Person nun über 20 €, da sie 10 € plus 5 € hat, und dann kommen noch 5 € seitens des Experimentators hinzu.

Ernst Fehr: Ja.

Dalai Lama: Nun könnte die betreffende Person sich also mit den 20 € einfach davonmachen. Dabei hat sie nichts zu verlieren.

Ernst Fehr: Ja. Ganz wichtig ist, sich darüber im Klaren zu sein, dass die beiden einander nicht kennen und sich nie begegnen werden. Wir haben das Experiment in Deutschland mit einem repräsentativen Bevölkerungsdurchschnitt von rund tausend Menschen durchgeführt. Schauen wir also, was sie tun.

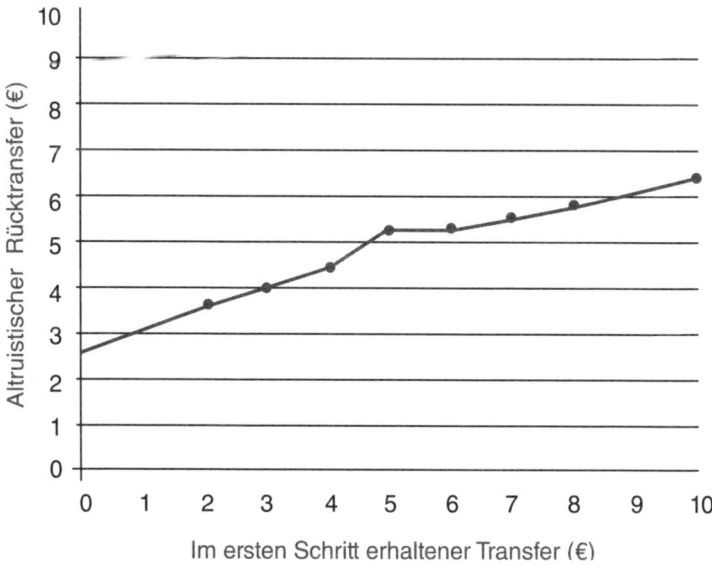

Abb. 6.2: Nehmen die Versuchsteilnehmer einen altruistischen Rücktransfer vor?

Falls Person A den Betrag von 2 € schickt, kommen von Person B durchschnittlich 3,50 € zurück. Sendet Person A hingegen 10 €, dann sendet Person B im Schnitt 6,50 € zurück. Der entscheidende Punkt dabei: Das ist Altruismus, auch wenn hier eine Ungleichheit besteht.

Nun könnte man sagen: »Ja gut, 10 €, was sind schon 10 €? Nicht gerade viel. Vielleicht fällt es hier leicht, altruistisch zu sein, weil es bloß um 10 € geht.« Aber machen wir das Experiment mit 100 €, dann geschieht das Gleiche. Wenn wir diese Experimente mit maximal drei Monatseinkommen durchführen, verhalten die Menschen sich ebenso. Wir konnten dieses Experiment nicht in der Schweiz machen. Das wäre zu teuer gewesen. Wir mussten in ein armes Land gehen, wo 100 Schweizer Franken viel Geld sind. Unsere Daten zeigen ganz klar, dass Altruismus nichts mit niedrigen Kosten zu tun hat. Er ist real vorhanden, selbst wenn es sich um erhebliche Beträge handelt. Wir können ihn beobachten, wir können ihn messen, und wir können das Vertrauen in den Altruismus der anderen messen.

Abschließend möchte ich auf einen weiteren Aspekt altruistischen Verhaltens hinweisen, der Ihnen eher neu sein wird. Wir nennen ihn *altruistische Sanktionierung* oder *altruistische Bestrafung*: ein interessanter Begriff, denn er klingt nach einem Widerspruch. Wie kann ich altruistisch sein, wenn ich jemanden bestrafe? In einer erweiterten Form des Vertrauensexperiments wird deutlich, worum es hier geht. Das Experiment hat folgenden Ablauf: Nun gibt es eine dritte Person, einen Beobachter, der Matthieu und mir beim Vertrauensspiel zuschaut. Wir Spieler kennen einander nicht, aber der Beobachter, nehmen wir an, es sei Tania, kann uns beiden zusehen. Tania beobachtet, dass Matthieu mir 10 € zukommen lässt und ich ihm nichts zurückschicke. In einem gewissen Sinn habe ich ihn also übervorteilt. Matthieu hat auf meinen Altruismus vertraut und von mir nichts zurückerhalten. Tania hat nun die Möglichkeit, mich zu bestrafen. Das ist das Interessante an diesem erweiterten Experiment. Wie wir das bewerkstelligen? Tania hat etwas Geld, und sie kann 1 € aufwenden, damit von meinem Geldbetrag 3 € getilgt werden.

Warum sollte sie mich bestrafen? Zwischen Matthieu und mir besteht eine unausgesprochene Verpflichtung: Wenn Matthieu mir Geld zukommen lässt, sollte ich ihm etwas zurückschicken. Tania könnte mich also bestrafen wollen, weil ich gegen eine soziale Verpflichtung verstoßen habe. Und das ist wichtig, denn bestraft sie mich heute, werde ich möglicherweise morgen nicht jemand anderen übervorteilen, weil ich weiß, dass es da draußen Menschen gibt, die unter Umständen mein eigennütziges Verhalten sanktionieren werden. Auf solch eine subtile Art und Weise hat diese Sanktion eine altruistische Auswirkung, da sie bewirkt, dass ich mich in Zukunft prosozialer verhalte.

Richie hat in seinem Vortrag ein ähnliches Experiment beschrieben, allerdings gibt es einige wichtige Unterschiede. In seinem Umverteilungsspiel findet der Transfer bloß in eine Richtung statt – Person A gibt Person B Geld, Person B kann jedoch nichts zurückgeben. Hier hingegen ist das Potenzial für Wechselseitigkeit angelegt. Außerdem kommt beim Vertrauensexperiment eine Vertrauensdimension hinzu, die im Umverteilungsexperiment nicht vorhanden ist. Und schließlich kann im erweiterten Vertrauensexperiment die dritte Partei kein Geld zwischen den beiden anderen Parteien umverteilen. Vielmehr kann die dritte Partei lediglich Person B sanktionieren.

Dalai Lama: Hier wird der Wert der Bestrafung, ähnlich wie im Buddhismus – innerhalb der klösterlichen Disziplin beispielsweise – in dem Sinn aufgefasst, dass die betreffende Person sich nicht daran gewöhnt, etwas Bestimmtes in Zukunft erneut zu tun.

Ernst Fehr: Da bin ich voll und ganz Ihrer Meinung. Auch bei unseren Kindern verfahren wir gelegentlich so. Wir bestrafen sie aus altruistischen Motiven, weil wir verhindern wollen, dass schlechte Gewohnheiten entstehen.

Dalai Lama: Öfters gebe ich ein Beispiel aus meiner Kindheit: Als ich Schüler war, pflegte mein Lehrer eine Peitsche in Reichweite zu halten. Das ist gestrenger Altruismus!

Ernst Fehr: Nun stellt sich die Frage, ob Tania in dem Experiment Geld dafür ausgibt, mich prosozialer zu machen. Bei unseren Untersuchungen finden wir heraus, dass die Menschen dies tun. Tatsächlich haben sich rund 50% der Probanden so verhalten. Sie haben zum Mittel der altruistischen Bestrafung gegriffen. Diese Befunde haben für das wirtschaftliche und soziale Leben wichtige Konsequenzen, die wir später eingehender beschreiben werden. Für den Moment kommt es darauf an, dass viele Menschen auf den Altruismus der anderen vertrauen und viele sich tatsächlich altruistisch verhalten.

Eine ganz entscheidende, noch ungelöste Frage – aber Tania, Richie und andere werden sie vielleicht in Teilen lösen – lautet: Inwieweit können wir die Motivation und die Persönlichkeit der Menschen verändern? Wir haben fast alle die Beobachtung gemacht, dass viele Menschen sich eigennützig verhalten, ihr Verhalten also keineswegs altruistisch ist. Ein sehr wichtiger Punkt, denn er bringt uns dazu, darüber nachzudenken, wie wir das Verhalten von eigennützigen Menschen in Bahnen lenken können, die zu prosozialen Zielen hinführen.

Lassen Sie mich zum Schluss noch sagen, warum das wichtig ist. Altruismus verschafft uns gewissermaßen eine Sozialversicherung. Altruisten helfen, wenn Hilfe benötigt wird. Das ist von großer Bedeutung. Wenn es keinen Wohlfahrtsstaat gibt, bleibt nur Altruismus. Ja der Wohlfahrtsstaat, könnte man sagen, ist seinerseits, in Teilen zumindest, das Ergebnis altruistischer Bestrebungen.

Zugleich sorgt Altruismus für ein höheres Maß an wirtschaftlichen Transaktionen zum wechselseitigen Nutzen. Warum?

Wenn es in der Gesellschaft Menschen gibt, die sich altruistisch verhalten oder altruistisch bestrafen, dann nimmt unsere Bereitschaft zu, Verpflichtungen einzuhalten. Altruismus hilft, den Kooperationsnormen, die die Grundlage der menschlichen Kultur, der modernen Demokratie und der individuellen Freiheiten bilden, Geltung zu verschaffen.

KAPITEL 7

Erste Überlegungen in Richtung einer buddhistischen Ökonomie

John Dunne

John Dunne ist außerordentlicher Professor am theologischen Institut der Emory University und Mitbegründer der dortigen Emory Collaborative for Contemplative Studies (ECCS). Schwerpunkt seiner Arbeit sind verschiedene Aspekte der buddhistischen Philosophie, die Kognitionswissenschaft und die Meditationspraxis, vielfach fungiert er außerdem als Übersetzer für tibetische Gelehrte.

Dem tibetischen Buddhismus zufolge beruht wahres Glück auf inneren Ressourcen, die – mit dem richtigen Wissen, der richtigen Sichtweise und Praxis – uneingeschränkt immer weiter kultiviert werden können. Dunne erläutert, wie man diese Ressourcen auch durch ein säkulares Training weiterentwickeln kann, und macht uns mit einem ersten Modell für eine Art buddhistischer Ökonomie bekannt, einem Denkansatz, der auf eine Aussage von Tara Tulku Rinpoche zurückgeht. John Dunne, Seine Heiligkeit und Ernst Fehr diskutieren darüber, ob man Altruismus wirkungsvoller fördert, indem man den einzelnen Menschen oder indem man Systeme und Regeln verändert.

Im Angesicht Seiner Heiligkeit einen Vortrag über Buddhismus zu halten ist, wie Matthieu schon gesagt hat, immer eine ziemlich heikle Aufgabe. Matthieu hat das mit dem Anzünden eines Streichholzes im strahlend hellen Sonnenlicht verglichen. Bei mir wird es, fürchte ich, lediglich ein feuchtes Streichholz sein. Aber ich werde mein Bestes tun.

Wir haben den Gedanken der »Kosten« im Zusammenhang mit Altruismus und Mitgefühl angesprochen. Wenn Ernst und ich das erweiterte Vertrauensspiel aus der Wirtschaftswissenschaft spielen, Ernst mir 10 € gibt und ich ihm 5 € zurückgebe, dann würde dies gemäß der Definition, zu der wir bisher gelangt waren, als altruistische Handlung gelten. Aber warum gebe ich Ernst 5 € zurück? Weil ich befürchte, dass mich ansonsten ein anderer Spielteilnehmer für mein eigennütziges Verhalten bestrafen wird. Mein Beweggrund ist hier also nicht der, dass ich Ernst etwas Gutes tun will. Vielmehr geht es mir darum, *mich* zu schützen.

Aus buddhistischer Sicht ist es sehr wichtig für uns, solche Handlungen, die tatsächlich durch das Bestreben motiviert sind, dem anderen zu nützen, von denjenigen Aktivitäten unterscheiden zu können, die zwar mit Kosten für uns verbunden sind, jedoch von einer anderen Motivation herrühren. Im Tibetischen ist *kun long*[1] der Oberbegriff für Motivation. Momentan sprechen wir hier also von *shen pen ge kun long*,[2] »einer Motivation mit dem Bestreben, dem anderen von Nutzen zu sein«.

Im Hinblick auf Altruismus – oder altruistisches Handeln – heißt das unter anderem Folgendes: Wenn wir jemand anderem nutzen wollen, dann könnte das auch im Kontext des Bestrafens geschehen. Wenn mich zum Beispiel im erweiterten Vertrauensexperiment andere Spieler dafür bestrafen, dass ich Ernst kein Geld zurückgebe, tun sie das womöglich, weil sie wütend auf mich sind. Das wäre aus buddhistischer Sicht kein Altruismus. Bestrafen sie mich hingegen, weil sie mir helfen wollen, diese schlechte Gewohnheit abzulegen, und wollen sie, dass ich Ernst etwas Gutes tue und ihn künftig nicht mehr so behandle, dann wäre es Altruismus. Die Motivation, *kun long*, spielt hier also eine ganz entscheidende Rolle.

Daran schließt sich gleich die nächste Frage an: Kann es eine vollkommen altruistische Handlung geben? Das ist nicht bloß eine Frage der Kosten. Wenn wir die Kosten in die Gleichung mit einbeziehen, wird es mit reinem Altruismus schwierig. Nehmen wir hingegen den Kostenaspekt aus der Gleichung heraus und blicken lediglich auf die Motivation, dann scheint reiner Altruismus möglich. Auf eine ganz kurze Formel gebracht, kommt Altruismus, weil er ein positiver und gesunder Geisteszustand ist, aus buddhistischer Sicht dem altruistisch Handelnden immer zugute. Eine altruistische Handlung, die der handelnden Person keinen Nutzen bringt, ist daher schlicht und einfach ein Ding der Unmöglichkeit – ein Widerspruch in sich. Definieren wir Altruismus als ein Handeln, bei dem man ausschließlich beabsichtigt, dem anderen von Nutzen zu sein, dann ist reiner Altruismus möglich, auch wenn es sich vielleicht so ergibt, dass die altruistische Person ungewollt gleichfalls einen Vorteil davon hat. Lassen Sie uns, damit Sie von alldem eine möglichst klare Vorstellung erhalten, eingehender betrachten, wie man in einem buddhistischen Kontext Altruismus und Mitgefühl kultiviert.

Ein Hauptziel der buddhistischen Meditationspraxis besteht darin, eine Motivation zu entwickeln, die uns durch veränderte Einstellungen, Neigungen und Gewohnheiten zu mehr Mitgefühl und größerem Altruismus führt. Sobald wir von einer dahingehend ausgerichteten Meditationspraxis reden, bewegen wir uns wirklich in einem buddhistischen Kontext. Zugleich gibt es momentan eine Reihe unterschiedlicher Bestrebungen und Initiativen, säkulare Trainingsformen zur Kultivierung von Altruismus und Mitgefühl zu entwickeln. Am Center for Compassion and Altruism Research der Stanford University befasst sich Thupten Jinpa mit so einem Projekt, und an der Emory University wird unter Mitwirkung meines Kollegen Geshe Lobsang Tenzin eine säkulare Methode für ein Mitgefühlstraining entwickelt. Ich weiß, dass Tania Singer an ihrer Forschungseinrichtung an etwas Ähnlichem arbeitet, Richard Davidson ebenfalls. Es besteht also ein starkes Interesse an der Frage, welche Schlüsselelemente ein säkulares Training aufweisen muss, damit wir Mitgefühl und die altruistischen Verhaltensweisen, die sich aus Mitgefühl ergeben, auf effektive Art ausbilden können.

Ein solches Schlüsselelement ist die Anerkennung unserer fundamentalen Gleichwertigkeit. Grundlage dieser Vorstellung ist eine Art buddhistisches Axiom. Man könnte sich, um menschliches Verhalten zu verstehen, auf die Existenz eines Fortpflanzungstriebs beziehen. Davon wäre in einem biologischen Kontext die Rede. In einem buddhistischen Kontext hingegen ist für die empfindenden Wesen das Streben nach Glück die eigentliche Triebkraft. Ein solches Axiom versetzt uns in die Lage, jedermann als uns gleichgestellt anzusehen. Mit anderen Worten: Jede/r von uns strebt nach Glück und versucht, Leid zu vermeiden; und diese gemeinsame Grundmotivation stellt uns alle gleich.

Alle Wesen in dem Sinn als fundamental gleich anzusehen, kann unseren parteiischen und voreingenommenen Altruismus und ein Mitgefühl, das zwischen Gruppenzugehörigkeit und -nichtzugehörigkeit unterscheidet, aus dem Weg räumen. Wir sollten in der Lage sein, diese Gruppenzugehörigkeitsunterscheidung außer Kraft zu setzen – sie, im Neurowissenschaftsjargon gesprochen, in den Offline-Modus zu schalten – und unparteiisches, allumfassendes Mitgefühl zu entfalten. Darüber hinaus sollten wir nicht nur auf kurzfristige, sondern auch auf langfristige Ziele schauen. Dafür sollten wir unsere Intelligenz gebrauchen und uns einige mentale Kunstgriffe, ein mentales Training, zunutze machen. All das findet man in einem Text aus dem 7. Jh. wunderbar zusammengefasst. Geschrieben hat ihn der große buddhistische Dichter und Heilige Shāntideva. Auf Tibetisch heißt der Text *chyun jug*,[3] auf Sanskrit *Bodhicaryāvatāra* und auf Deutsch *Eintritt in die Bodhisattva-Praxis*. Dort liest man: »Da wir doch beide – ich und die anderen –

gleich sind, weil wir nach Freude streben, was ist so einzigartig an mir, dass ich nach meinem alleinigen Glück trachte?«[4] Von so einem mentalen Training, im Grunde einer Art kognitiver Verhaltenstherapie, macht man als Vorstufe zur eigentlichen Entwicklung von Mitgefühl in der buddhistischen Meditationspraxis ausgiebig Gebrauch.

Sobald wir das Gefühl haben, zwischen uns und anderen bestehe Gleichheit – sobald wir uns also davon gelöst haben, zwischen Gruppenzugehörigkeit und -nichtzugehörigkeit zu unterscheiden –, und unser langfristiges Ziel in einer offeneren und weiteren Perspektive sehen, können wir mit dem Ausbau unserer Meditationspraxis beginnen. Eine dafür geeignete Methode hat Seine Heiligkeit bereits an anderer Stelle kurz erwähnt: In einer buddhistisch ausgerichteten Meditation könnte man die eigene Mutter als *das* Beispiel eines uns wahrhaft liebenden Menschen visualisieren, als diejenige Person, die das von Tania Singer angesprochene Fürsorgesystem aktivieren wird – jenes neurobiologische System also, das dem natürlichen Gefühl der Verbundenheit und Empathie für die eigene soziale Gruppe entspricht. Bei Primaten ist das Fürsorgesystem offenbar zwischen Eltern und Kindern besonders stark. Im Buddhismus nutzt man das natürliche Gefühl von Verbundenheit und Empathie, indem man in der Meditationspraxis die eigene Mutter visualisiert, um das Fürsorgesystem wirkungsvoll zu aktivieren. Durch eine spezielle Methode werden in die so entstandenen Empfindungen anschließend alle empfindenden Wesen mit einbezogen. Wohl jeder Tibeter kennt die Redewendung *ma gyur sem chen tamché*,[5] was bedeutet: »Alle empfindenden Wesen, unsere Mütter.«

Das ist eine sehr wirkungsvolle Methode, von unserer natürlichen Neigung zu Mitgefühl in der Mutter-Kind-Beziehung Gebrauch zu machen und sie auf alle Wesen auszudehnen.

Für diese Praxis ist Intelligenz ausgesprochen wichtig. Ein

klein wenig hängt sie auch von kulturellen Faktoren ab. Bei verschiedenen Gelegenheiten habe ich übersetzt, als diese Methode gelehrt wurde. Und in den USA gibt es natürlich immer jemanden im Publikum, der dann aufsteht und erklärt:»Aber eigentlich mag ich meine Mutter gar nicht.«

Dalai Lama: Unter den Tibetern werden wir solche Menschen wahrscheinlich ebenfalls finden. Selbstverständlich kommt es dabei auf die Mutter an. Manche Mütter sind wirklich schreckliche Mütter.

John Dunne: Glücklicherweise habe ich eine sehr gute Mutter.

Dalai Lama: O wie schön! Ich auch!

John Dunne: Aber ob's nun die eigene Mutter ist oder jemand anderes, immer gibt es jemanden, der diese Gefühle auslösen, sie»online«bringen kann.

Warum wir aus buddhistischer Sicht überhaupt Mitgefühl kultivieren, darüber haben wir bisher noch gar nicht gesprochen. Der Buddhismus behauptet – und das ist eine empirisch nachprüfbare Behauptung –, die angeborene Selbstbezogenheit beeinträchtige unsere Wahrnehmung derart, dass sie unser Streben nach Glück vereitelt. Unsere Selbstbezogenheit kann also zu einer dermaßen gestörten Wahrnehmung der Welt führen, dass wir sie nicht mehr klar erkennen. Und da wir kein klares Verständnis der Welt haben, schlagen unsere Versuche, glücklich zu werden, fehl, weil sie eben von voreingenommenen Informationen ausgehen.

Indem man Fürsorglichkeit für den anderen kultiviert, indem man den Schritt zu dem Punkt hin vollzieht, an dem sich nicht mehr alles um einen selbst dreht, es vielmehr um den anderen geht, gibt man der Weisheit eine Chance. Man gibt sich selbst eine größere Chance, die Welt klar zu sehen. Und als Nebenprodukt des Wunsches, den anderen Gutes zu tun, kultiviert man so letzten Endes Glück. Versucht man aber das eigene Glück auf direktem Weg zu kultivieren – indem ich beispielsweise sage: »Ich werde Ernst etwas Gutes tun, damit ich glücklich sein kann« –, dann funktioniert das ironischerweise nicht. Will ich Ernst hingegen wahrhaft von Nutzen sein, ergibt sich daraus zugleich mein Glück. Diese Auffassung wird im Buddhismus vertreten.

Ich möchte einen weiteren sehr schönen Shāntideva-Vierzeiler zitieren: »Was immer es an Freude gibt auf der Welt, alles entsteht aus dem Wunsch nach dem Wohl der anderen. Was immer es an Leid gibt auf der Welt, alles entsteht aus dem Wunsch nach dem eigenen Wohl.«[6] Eine erstaunliche Strophe. Und gleichzeitig eine ziemlich große Herausforderung, jedenfalls verweist sie auf die Vorstellung, dass diejenigen Menschen, deren Augenmerk mehr dem Wohl der anderen gilt, am glücklichsten sind.

Das sind die beiden für die Mitgefühlsmeditationen im buddhistischen Kontext grundlegenden Aspekte: zum einen die Bedeutung der Intelligenz, der Öffnung zu jener umfassenden Perspektive, die Sie angesprochen haben, Eure Heiligkeit, indem man sich von der Unterscheidung zwischen Gruppenzugehörigkeit und -nichtzugehörigkeit löst; zum anderen eine Visualisierungstechnik, durch die man sich bestimmte Geschehnisse oder Menschen in Erinnerung ruft, um besagtes Fürsorgesystem online zu schalten, sich gewissermaßen selbst eine kleine Dosis Oxytocin zu verabreichen. Bleibt die Frage, ob diese beiden Zutaten schon der Schlüssel zu einem wirkungsvollen Mitgefühlstraining säkularer Art und auch in einem weltlichen Kontext einsetzbar sind?

Dalai Lama: Offenkundig sind wir heutzutage auf der ganzen Welt hochgradig voneinander abhängig. Ich glaube, das macht im Grunde die neue Realität aus. Die ganze Welt ist ein Teil von mir; das mag uns gefallen oder nicht, es ist geschehen. Die Schweiz kann nicht abgeschottet bleiben, völlig unabhängig von der ganzen Welt. Oder? Sie haben eine direkte Verbindung, zumindest zur Europäischen Union. Das ist die neue Realität, nicht wahr? Angesichts dieser neuen Realität muss ich mit einer altruistischen Haltung die gesamte übrige Menschheit als einen Teil von mir ansehen. Von ihnen allen hängt meine Zukunft ab. Dasselbe gilt aus meiner Sicht für die Notwendigkeit einer universellen säkularen Ethik.

Hier spreche ich nicht von meinem Wohlergehen im nächsten Leben oder im Himmel, sondern nur von diesem Leben. Ich denke, bereits an anderer Stelle habe ich erwähnt, dass es sich hier nicht bloß um eine buddhistische Vorstellung handelt. Wer an Gott glaubt, für den hat alles ein und denselben Ursprung. Das beinhaltet Gleichheit. Ich glaube, diese Vorstellung können wir uns zunutze machen.

John Dunne: Ich finde es spannend zu sehen, dass in den säkularen Trainingsprogrammen, die man entwickelt hat, solche Vorstellungen auf ganz natürliche Weise auftauchen. Offenbar tun sie ihre Wirkung, auch ohne in einem religiösen Kontext zu stehen.

Dalai Lama: Stimmt.

John Dunne: Für die Entwicklung von Mitgefühl und altruistischen Verhaltensweisen leisten sie gute Dienste. Allerdings haben wir es im buddhistischen Kontext noch mit einem weiteren Problem zu tun: Vielfach missverstehen wir, wie das Glück und die Ursachen des Glücks tatsächlich beschaffen sind. Das ist unser grundlegendes Problem. Oft jagen wir äußeren Quellen des Glücks hinterher, anstatt jene inneren Quellen zu kultivieren, die man unbedingt benötigt, um glücklich zu sein. Das soll nicht heißen, die äußeren Quellen seien überflüssig. Für sich genommen werden sie jedoch nicht die Ursachen des Glücks sein.

Ich möchte kurz auf eine Vorstellung von einer Art buddhistischen Ökonomie zu sprechen kommen, die mir vor einigen

Jahren Tara Tulku Rinpoche vermittelt hat. Wir gehen von folgender Voraussetzung aus: »Weil wir danach streben, glücklich zu sein, sind für uns gerade diejenigen Ressourcen, die zu diesem Ziel hinführen, von größtem Wert.« Behauptet wird hier – und abermals haben wir es mit einer empirisch nachprüfbaren Behauptung zu tun –, dass solche Ressourcen vor allem *in* uns zu finden sind. Und darum haben diese inneren Quellen des Glücks den höchsten Wert für uns. Welch ein glücklicher Umstand! Denn durch eine Haltung, die den anderen in den Mittelpunkt stellt, lassen sich solche Ressourcen immer weiter kultivieren, unbegrenzt.

Die Ökonomie kann demnach in der Weise andere Akzente setzen, dass die inneren Ressourcen zum Hauptbezugspunkt unserer Berechnungen werden. Anders ausgedrückt: Von einer Art buddhistischen Ökonomie aus betrachtet sind diese inneren Ressourcen für unsere äußeren ökonomischen Tauschgeschäfte, für unsere Kosten-Nutzen-Analysen, von Belang. Mit Blick auf derartige Kosten-Nutzen-Rechnungen ließe sich somit sagen: Ein Gewinn an äußeren Ressourcen könnte bedeuten, dass wir dafür innerlich draufzahlen. Heute Morgen habe ich mich mit William George unterhalten. Irgendwann galt wohl mal die Vorstellung, meinte William, wenn man im Verlauf eines Geschäftsabschlusses wütend werde, könne das ein wirkungsvolles Mittel zur Gewinnmaximierung sein. Das Problem dabei ist nur: Wut verursacht erhebliche innere Kosten. Sobald man diese inneren Ressourcen mit in Betracht zieht, fällt die Kosten-Nutzen-Analyse anders aus. Aber auch unter äußeren Gesichtspunkten können wir darüber sprechen: Emotionen wie Wut können auf unsere Gesundheit Einfluss nehmen. Falls wir nicht darauf achten, wie sich unsere äußeren Handlungen auf die inneren Ressourcen auswirken, kann das also schlimme Konsequenzen haben.

Und selbstverständlich kann ein Verlust an äußeren Ressourcen innerlich einen beträchtlichen Gewinn bedeuten. Bestes Beispiel dafür in einem buddhistischen Kontext ist Großzügigkeit. Jemandem ein Geschenk zu machen, bedeutet einen Verlust an äußeren Ressourcen. Doch genau diese Großzügigkeit gilt als eine Handlung, die innere Ressourcen von der Art hervorbringt, durch die wir dann letzten Endes glücklich werden. Großzügigkeit schafft immer eine Win-win-Situation. Äußerlich gewinnt, wer das Geschenk erhält, und innerlich gewinnt die/der Schenkende. Ich denke, das ist wohl die wichtigste Botschaft der buddhistischen Ökonomie: Es ist möglich, unsere wirtschaftlichen Tauschgeschäfte in der Weise neu zu konfigurieren, dass wir viel mehr Win-win-Situationen haben.

Dalai Lama: Wenn Sie den Ausdruck *buddhistische Ökonomie* verwenden, werden die Menschen möglicherweise gleich den Eindruck gewinnen, dass wir über so etwas wie ein geldorientiertes Wirtschaftssystem nach buddhistischen Maßgaben sprechen. Sprächen Sie hingegen von einer *inneren Ökonomie*, käme es nicht zu einer solchen Verwechslung. Natürlich frage ich mich, ob das wirklich ein zulässiger Gebrauch des Begriffs *Ökonomie* wäre. In der buddhistischen Vorstellungswelt gibt es die sogenannten sieben edlen Schätze, *phak pai nor dün*.[7] Aber zu ihnen zählen Vertrauen, Weisheit, Großzügigkeit, ein heilsamer Lebenswandel und so weiter. Dürfen wir dafür wirklich den Ausdruck *Ökonomie* verwenden?

John Dunne: Eine sehr gute Frage, Eure Heiligkeit. Einige Gelehrte haben diesen Gedanken aufgegriffen. Dazu werde ich kurz zwei Buchempfehlungen geben, denn diese Arbeiten zu lesen und mit den Autoren zu sprechen war für mich sehr hilfreich. Maria Heim hat ein hervorragendes Buch über das Schenken im Kontext des Buddhismus geschrieben.[8] Und Andy Rotman macht darauf aufmerksam, dass zur Bezeichnung der inneren Ressourcen in sehr vielen Fällen auf eine Wirtschaftsmetaphorik zurückgegriffen wird.[9] Daher können wir sie meiner Ansicht nach zwar sicherlich nicht im buchstäblichen Sinn als Reichtum bezeichnen, aber vielleicht im übertragenen Sinn.

Wenn wir von einer *inneren Ökonomie* sprechen, ergibt sich das Problem, dass wir dann tatsächlich über Innen und Außen sprechen. Auf keinen Fall will ich damit sagen, dass die äußeren Tauschgeschäfte ohne Belang sind – tatsächlich sind sie ja für die Praxis zur Kultivierung der inneren Ressourcen im Buddhismus sehr wichtig.

Dalai Lama: Genau.

John Dunne: Jemandem etwas zu schenken, der Akt der Großzügigkeit (*jin-pa thong-ba*[10]), ist eine ganz wichtige Möglichkeit, diese inneren Ressourcen zu kultivieren. Also geht es thematisch bei uns vielleicht um eine Art ganzheitlicher Ökonomie, die Innen wie Außen umfasst.

Dalai Lama: Ganzheitlich. Das ist sehr gut.

Ernst Fehr: Als Wirtschaftswissenschaftler habe ich eine Frage: Uns Ökonomen bringt man bei, die Präferenzen der Menschen als etwas Gegebenes anzusehen. Man möchte sie nicht von oben herab behandeln. Und mit »Präferenzen« meine ich ihre Begierden und Ziele. Wenn wir Wirtschaftswissenschaftler also darüber nachdenken, wie sich die Gesellschaft zum Vorteil verändern und die Welt verbessern lässt, dann denken wir vor allem daran, die Gesetze zu verändern, die Institutionen zu verändern, die Vorschriften zu ändern, und nicht daran, den einzelnen Menschen zu verändern.

Zum Beispiel sagen viele Leute, Gier habe die Wirtschaftskrise vorangetrieben. Sicherlich war sie für das Zustandekommen der Krise *ein* Faktor. Selbstverständlich ist das Teil der Geschichte. Aber wie kann ich das Problem lösen? Sollte ich die gierigen Menschen in ein Umerziehungslager schicken und ihnen beibringen, altruistisch zu werden? Oder sollte ich die Gesetze und Vorschriften dahingehend ändern, dass ihre unersättlichen Begierden in prosoziale Bahnen gelenkt werden? Als Sozialwissenschaftler würde ich mich normalerweise für die zweite Option entscheiden. Ich will die Gesetze ändern, die sozialen Normen, die Vorschriften. Ich will eine kollektive, keine individuell angepasste Problemlösung liefern.

Nun meine Frage an Sie: Wie sehen Sie das aus einem buddhistischen Blickwinkel? Welchen Stellenwert hat in Ihren Augen die persönliche Veränderung der Menschen gegenüber dem Wandel der Gesellschaft, indem man ihre Institutionen und gesetzlichen Ordnungselemente verändert?

Dalai Lama: Auf beides kommt es zu gleichen Teilen an. Sofern sich die Menschen im Allgemeinen nicht ändern, in ihrer Lebensführung, in ihrer Denkweise – sofern das nicht geschieht, wird auf die eine oder andere Art ein verderblicher Einfluss da sein. Als ich mich kürzlich mit einem meiner indischen Freunde unterhielt, hat er davon gesprochen, bestimmte Vorschriften auf der Ebene der Bundesstaaten wie auch auf der Landesebene seien sehr gut – bloß ihre Umsetzung nicht. Die Menschen, die diese Aufgaben eigentlich erfüllen müssten, tun das nicht in angemessener Weise. Mag sein, dass wir zwar wunderschöne Beschlüsse auf dem Papier stehen haben, doch wenn die realen Menschen vor Ort, die sie umzusetzen haben, sich nicht so verhalten, wie sie es sollten, dann ist es sehr schwierig.

Aber wir dürfen nicht allein diesen Menschen die Verantwortung dafür geben; sie entstammen einer Gesellschaft, in der es keinen hohen Stellenwert hat, altruistisch zu sein oder sich ernsthaft um das Wohl der anderen zu kümmern. Wer aus einer solchen Gesellschaft kommt, macht sich die entsprechenden Gewohnheiten zu eigen. Darum müssen wir wirklich auf beiden Ebenen arbeiten; und ganz besonders an der Basis, dem Bildungsbereich. Über das Bildungssystem wird viel diskutiert. Wenn wir gleich von Anfang an, schon im Kindergarten, dafür sorgen, dass die Kinder Gewahrsein entwickeln, wird ihnen

Altruismus schließlich zur Gewohnheit werden. Dann besteht eine reale Möglichkeit, die Gesellschaft zu verändern, eines Tages weltweit.

In einigen entlegenen Landstrichen Indiens – und früher war es in Tibet ebenso – gibt es Dorfgemeinschaften, deren Mitglieder die Haustür niemals zuschließen, da die Menschen wirklich selbstdiszipliniert und ehrlich sind. Diebe gibt es nicht! Wer hungrig ist, kann kommen und sich etwas zu essen nehmen. Niemand wird sich darüber beklagen. In manchen Fällen sind die Leute vielleicht derart arm, dass sie nichts zu verlieren haben. Aber sie sind offen und vertrauensvoll, jeder Fremde ist willkommen. Von dem, was sie besitzen, erhält jeder seinen gebührenden Anteil. Das sind selbstverständlich sehr kleine Bevölkerungsgruppen mit einem ganz einfachen Lebensstandard. Im Zeichen des materiellen Fortschritts und eines komfortableren Lebensstils entwickelt sich manchmal auch bei diesen Menschen Gier. Je größer aber deine eigene Gier wird, umso größer wird sie auch bei deinem Gegenüber; und dann entsteht Misstrauen. Solche Gefühle stellen sich ganz von allein ein.

Noch ein tibetischer Fall: Einer meiner Freunde, ein sehr guter Mönch, ein sehr guter Praktizierender, ist jetzt Abt eines Klosters in Nordindien. Einmal habe ich ihn in seinem Zimmer aufgesucht und sah dort so eine Art Schrankkoffer, unverschlossen. »Du hast also nicht abgeschlossen?«, wollte ich wissen. »Da ist nichts drinnen!«, antwortete er.

Das erinnert mich an eine Geschichte über den bekannten tibetischen Yogi Milarepa. Eines Nachts kam ein Dieb in seine Höhle. Milarepa konnte vor Lachen kaum noch an sich halten und sagte zu dem Dieb: »Wie willst du bei Dunkelheit etwas finden, wo ich bei Tageslicht nichts finden kann?«

KAPITEL 8

Die Ökonomie des Glücks
Richard Layard

Lord Richard Layard ist emeritierter Professor für Wirtschafts-
wissenschaften an der London School of Economics. Er war
Gründer und Direktor des dortigen Centre for Economic Per-
formance und leitet am CEP heute den Themenbereich »Wohl-
ergehen«. Seine Studien zu Arbeitslosigkeit, Kindheit, seelischer
Gesundheit und Wohlergehen haben unter anderem Einfluss
auf die Politik genommen, in Großbritannien, aber auch weit
über die Landesgrenzen hinaus.

Zahlreiche Wirtschaftstheoretiker behaupten, dass wir den
Wettbewerb als Triebkraft für das Wirtschaftswachstum be-
nötigen. Und durch das Wirtschaftswachstum würden wir
gleichzeitig zu glücklicheren Menschen. Richard Layard zeigt
in seinem Vortrag, weshalb trotz eines beispiellosen Einkom-
menszuwachses und einer ebenso stark erhöhten Lebensqua-
lität das Glücksniveau stagniert. In der anschließenden Podi-
umsdiskussion erörtern William Harbaugh, Seine Heiligkeit
und weitere Teilnehmer mit Layard, inwieweit Alter, Vertrauen,
Lebenserwartung und sozialer Vergleich Auswirkungen auf un-
ser Glück und unsere Fähigkeit haben, auf einer gesellschaft-
lichen und biologischen Ebene andere Prioritäten zu setzen.

Eure Heiligkeit, es ist wunderbar, mit Ihnen über solche Themen sprechen zu können, ganz besonders in einer Zeit der ökonomischen Neubewertung. In dieser Sitzung werden wir den
größeren gesamtwirtschaftlichen und gesamtgesellschaftlichen
Zusammenhang betrachten. Wie sollte die Gesellschaft organi-

siert sein, damit sie die Voraussetzungen dafür schafft, dass die Bevölkerung größtmögliches Glück erfährt? Auf diese Kernfrage hat die Wirtschaftstheorie in den vergangenen 200 Jahren eine Antwort zu geben versucht.

Wenn wir darüber nachdenken, welche Rolle Wettbewerb und Kooperation bei der Schaffung erfolgreicher Wirtschaftssysteme spielen, müssen wir zwischen Einzelpersonen und Organisationen unterscheiden. Wir alle wissen, dass individuelle zwischenmenschliche Beziehungen sich vom Prinzip der Kooperation leiten lassen sollten. Wirtschaftswissenschaftler glauben allerdings, zwischen Organisationen, insbesondere wenn es sich dabei um Wirtschaftsunternehmen handelt, sei die beste Art von Beziehung diejenige des Wettbewerbs: Jede Organisation versucht, so gut abzuschneiden, wie sie kann, und nach Möglichkeit ihre Mitbewerber am Markt zu übertreffen; um zufriedenstellende Leistungen zu erbringen, braucht eine Organisation die äußere Herausforderung, weil ansonsten leicht Trägheit oder Korruption aufkommen können.

Wettbewerb und Kooperation sind die beiden grundverschiedenen Arten von Beziehung. Wie wichtig *beide* sind, hat Adam Smith, der Begründer der modernen Wirtschaftstheorie, seinerzeit hervorgehoben. Leider betonte der Großteil der Wirtschaftstheorie nach ihm die Rolle des Wettbewerbs – nicht nur zwischen Organisationen, sondern auch zwischen Einzelpersonen. Auf diese Weise haben sich, glaube ich, die Wirtschaftswissenschaften ihren Ruf als die »trostlose Wissenschaft« eingehandelt. Natürlich findet man in den Wirtschaftswissenschaften Vertreter ganz unterschiedlicher Positionen. Trotzdem hatten wir alle es während der letzten 30 Jahre mit Auffassungen zu tun, die den Gedanken in den Vordergrund gestellt haben, dass wir den persönlichen Wettbewerb am Arbeitsplatz ebenso benötigen wie den Wettbewerb zwischen den Unternehmen.

Die Wirtschaftstheorie ist keine Verschwörung, sondern ein idealistisches Gedankenspiel. Das sollten wir begreifen. Der wichtigste Lehrsatz der Wirtschaftstheorie besagt, dass freie und vom Wettbewerb bestimmte Märkte der Bevölkerung größtmögliches Glück bescheren werden. Und er beruht auf der Annahme, dass der Mensch sein Glück nur durch den Prozess des Tauschhandels auf dem freien Markt finden kann. Diese Theorie hat natürlich zahlreiche Schwachstellen.

Das Problem ist: So viele für das Glück überaus bedeutsame Dinge gehen aus Beziehungen hervor, die nicht mit dem Markt zusammenhängen – aus Beziehungen in der Familie oder am Arbeitsplatz zwischen Kollegen und Kolleginnen oder innerhalb des Gemeinwesens, mit Ihren Freunden oder mit Menschen, denen Sie auf der Straße begegnen. Diese Beziehungen

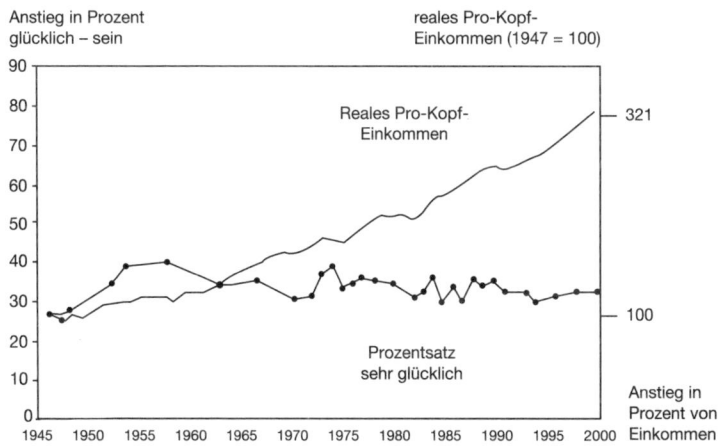

Abb. 8.1: Glück und Einkommen über einen längeren Zeitraum (in den USA)
Das reale Pro-Kopf-Einkommen wird ermittelt, indem z. B. des Bruttoinlandsprodukt (BIP), d. h. der Gesamtwert aller produzierten Güter, durch die Bevölkerungszahl des Landes geteilt wird und die Inflationsrate berücksichtigt wird. Der Ausgangswert ist der aus dem Jahr 1947.

unterliegen nicht den Gesetzmäßigkeiten des Marktes, sind aber für ein glückliches Leben sehr wichtig.

Die zwischenmenschlichen Beziehungen in unserem Leben haben wir zugunsten der Einkommenssteigerung und eines wettbewerbsorientierten Produktivitätszuwachses zu sehr vernachlässigt. Infolgedessen haben wir zwar eine völlig beispiellose Erhöhung des Lebensstandards und der finanziellen Erträge erlebt. Die hat ihrerseits jedoch nicht dazu geführt, dass wir glücklicher geworden sind. Über dieses Paradox möchte ich mit Ihnen sprechen.

Hier die grundlegenden Sachverhalte: In den USA sehen wir nach dem Zweiten Weltkrieg, in der Zeit zwischen 1945 und dem Jahr 2000, eine enorme Verbesserung des Lebensstandards. Trotzdem liegt der Prozentsatz derjenigen Menschen, die sagen, dass sie sehr glücklich sind, nicht höher als in den fünfziger Jahren. Der Anteil der Menschen, die nicht sonderlich glücklich sind, ist ebenfalls der gleiche.

Dalai Lama: Ab 1945 oder 1950, gleich nach dem Krieg, ist das Glücksniveau hoch, das Einkommen hingegen niedrig. Während des Krieges erlebt man viel Leid oder Angst; und unmittelbar danach mehr Glück. Da mag Erleichterung mit im Spiel sein. Ansonsten vermitteln diese Zahlen fälschlich den Eindruck, in wirtschaftlich schwierigen Zeiten ohne Aufschwung und Wachstum gehe die Glücksquote steil nach oben.

Richard Layard: *Ganz ähnliche Daten, die das Gleiche besagen, haben wir für Großbritannien und Westdeutschland. Daher wird gewöhnlich argumentiert, dass man selbst in Ländern, die so reich sind, wie Großbritannien und Westdeutschland es seit dem Ende des Krieges waren, auf der gesellschaftlichen Ebene trotzdem keineswegs in höherem Maß die Erfahrung von Glück macht.*

William Harbaugh: Für das Glück verzeichnet das Diagramm über den gesamten Zeitraum einen sehr flachen Kurvenverlauf. Im Großen und Ganzen gibt es in der fraglichen Zeit keinen Zuwachs an Glück, hingegen einen sehr großen Einkommenszuwachs, oder nicht? Das ist der Teil, den ich nicht verstehe. Lassen Sie das Einkommen fort, und nehmen Sie stattdessen die Überlebensrate bei Kleinkindern oder die Anzahl der Lebensjahre. Die Werte dafür gehen in dieser Zeitspanne gleichfalls dramatisch in die Höhe, und dennoch verzeichnet Ihr Diagramm keinen Zuwachs an Glück. Da stellt sich für mich doch die Frage, welches Glück hier eigentlich gemessen wird. Bei steigender Lebenserwartung und einer größer werdenden Chance, dass meine Kinder überleben, da bin ich doch ganz sicher glücklicher. Aber das zeigt sich in Ihren Daten nicht.

Richard Layard: Die Messung basiert darauf, dass wir die Menschen fragen, wie glücklich sie sind. In dem Zusammenhang werden verschiedene Fragen gestellt: Wie viel Freude bereitet Ihnen Ihr Leben derzeit? Wie zufrieden sind Sie in letzter Zeit mit Ihrem Leben? Nun werden Sie vielleicht dagegen einwenden: »Das ist ja bloß etwas, was jemand sagt. Hat es denn irgendwas zu bedeuten?« Eines macht uns da sehr zuversichtlich: Wenn wir sagen, wie glücklich wir sind, und jeder von uns eine Freundin benennt, die berichten soll, wie glücklich wir ihrer Meinung nach sind, besteht zwischen dem, was die Freundin sagt, und unserer eigenen Aussage eine sehr hohe Korrelation.

Das ist beruhigend. Denn die menschliche Gesellschaft könnte nur sehr schwer funktionieren, wären wir nicht imstande, Anzeichen dafür zu erkennen, wie glücklich sich ein anderer Mensch fühlt. Das sage ich, um einer Skepsis entgegenzuwirken, die infrage stellt, ob wir überhaupt wissen können, wie glücklich Menschen sind. Obendrein ist uns ja sogar bekannt, insbesondere aufgrund von Richie Davidsons Arbeit, dass wir – über eine gewisse Zeit und bei verschiedenen Menschen – diejenige Gehirnaktivität ermitteln können, die in Korrelation dazu steht, wie glücklich ein Mensch nach eigener Aussage ist. Was die Menschen hier über sich selbst sagen, müssen wir also sehr ernst nehmen.

Dann sagen Sie noch: »Wie kann es denn sein, dass die Leute solche Antworten geben, wo sich doch so viel zu ihrem Vorteil verändert hat?« Was die Lebenserwartung betrifft, möchte ich etwas Wichtiges anmerken. Wir haben hier bisher über die Lebens*qualität* gesprochen, ein zu einem bestimmten Zeitpunkt gelebtes Leben. Die Lebens*dauer* ist eine andere Geschichte. Viele Sozialwissenschaftler denken, der beste Maßstab für das Wohlergehen in einem Land sei die Lebensqualität pro Lebensjahr, multipliziert mit der Lebenserwartung.

Dalai Lama: Gibt es einen echten Zusammenhang zwischen Lebenserwartung und Glück? Selbstverständlich steht die körperliche Gesundheit in enger Beziehung zu den Emotionen, das ist ganz klar. Wenn wir andauernd Angst oder Wut aushalten, verkürzt das unser Leben. Zugleich aber stellt meiner Meinung nach ein langes Leben dank körperlicher Gesundheit und anderweitiger Veranlagungen nicht unbedingt sicher, dass ein Mensch von Herzen glücklich ist, allerdings kann ich das nicht beweisen. Diese Menschen hier sind Experten, die auf Forschungsergebnisse zurückgreifen können. Ich habe nichts dergleichen.

William Harbaugh: Richard weiß da besser Bescheid. Im Allgemeinen steigert sich das Glück im Lauf des Lebens. Ungefähr im Alter von 65 Jahren erreicht es seinen Höhepunkt, richtig?

Richard Layard: Ja. Nach der gängigen Auffassung nimmt es bis zum Alter von 45 Jahren ab, anschließend für die meisten Menschen wieder zu.

Dalai Lama: Einige meiner Freunde haben mir einmal gesagt, die moderne Welt sei derart an Jugendlichkeit orientiert, dass das Älterwerden einem das Gefühl verschafft, nutzlos zu sein. Auch das spielt möglicherweise eine Rolle. Im Fall einer sehr stark jugendorientierten Kultur hat, wer älter wird, vielleicht das Gefühl, für die Gesellschaft immer weniger von Bedeutung zu sein, und kommt sich unproduktiv vor.

In der Hauptsache stimme ich freilich zu. Im Alter von 30, 45, 50 macht man tiefergehende Erfahrungen, und solche Erfahrungen führen zu einer – vergleichsweise zumindest – ganzheitlicheren, umfassenderen Sichtweise. Beides hilft uns, in unseren Emotionen eine größere Ausgeglichenheit zu wahren. Ich denke, diesbezüglich bin ich ganz Ihrer Meinung.

Richard Layard: Ja, aber ich glaube, was Sie über Jugendlichkeit und das Altern sagen, ist richtig, vor allem in Bezug auf westliche Gesellschaften. Ungefähr von 75 Jahren an aufwärts verzeichne ich allmählich einen Rückgang des Glücks, da wir, wie Sie wissen, alte Menschen in der Familie vielfach so behandeln, dass sie keine wirkliche Nähe erfahren. Bei uns im Westen fehlt es da oft an Wärme, an einem herzlichen Umfeld.

Hier gibt es noch ein weiteres Paradox. Die meisten Menschen wären gern reicher, und tatsächlich stellen wir in einer gegebenen Gesellschaft zu einem gegebenen Zeitpunkt fest, dass reichere Menschen im Durchschnitt glücklicher sind als die ärmeren. Das ist traurig, aber zutreffend. Die in einem bestimmten Jahr für die Vereinigten Staaten erhobenen Daten zeigen, dass diejenigen Bevölkerungsgruppen, die über ein höheres Einkommen verfügen, im Durchschnitt glücklicher sind, auch wenn der Kurvenverlauf zur Spitze hin abflacht.

Eine Einzelperson wird also mit zunehmendem Reichtum glücklicher; trotzdem wird im Lauf der Zeit das ganze Land nicht glücklicher, während es reicher wird. Die Erklärung liegt darin, dass sich Menschen immer mit anderen Menschen vergleichen. Wenn der Einzelne reicher wird, ist es für ihn von Bedeutung, dass er in Relation zu allen anderen Menschen reicher wird. Auf diesen relativen Reichtum kommt es für das individuelle Glück an.

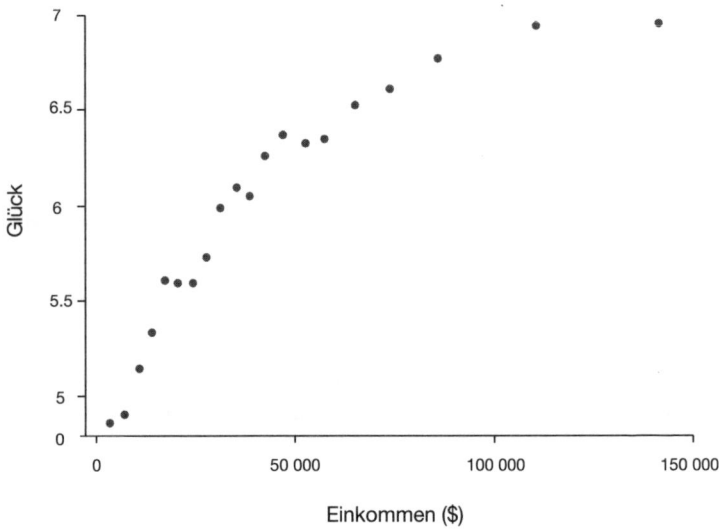

Abb. 8.2: Glück und Einkommen (in den USA)

Wann immer aber jemand ein relativ höheres Einkommensniveau erreicht, bedeutet das für jemand anderen zwangsläufig einen relativen Abstieg. Dies ist ein Punkt von sehr großer Tragweite, denn hier zeigt sich, dass dem Kampf um höhere Einkommen im Großen und Ganzen der Erfolg versagt bleibt. Auf diese Weise lässt sich kein höheres Maß an Glück produzieren. Wir sprechen hier von einem *Nullsummenspiel*. Bei einem Nullsummenspiel ist die für alle Beteiligten verfügbare Gesamtsumme festgeschrieben. Verändern können wir lediglich, wer von dem Gesamtbetrag wie viel abbekommt. Das ist alles. Die Einkommen zu erhöhen ist daher für eine Gesellschaft kein sinnvolles Gesamtziel. Viele Sozialwissenschaftler sind heute der Meinung, das Wirtschaftswachstum solle für die westlichen Gesellschaften nicht länger das wichtigste Ziel sein. Auch auf der politischen Ebene hat man begonnen, dies zum Thema zu machen: Frankreichs ehemaliger Staatspräsident Nicolas Sarkozy, die Organisation für Wirtschaftliche Zusammenarbeit und Entwicklung (OECD) und andere haben die Frage aufgeworfen, was »Fortschritt« eigentlich bedeutet.

Für den Versuch, dem nicht enden wollenden Konkurrenzkampf zu entgehen, bedarf es einer Neuorientierung. Wollen wir nicht, dass unsere Gesellschaften auf einem flach verlaufenden, ja platten Glücksniveau bleiben, sondern ein höheres Niveau erreichen, dann müssen wir unser Augenmerk auf solche Glücksquellen richten, die eine tatsächliche Zunahme unseres Glücks zulassen. Dafür kommen allein Aktivitäten im Sinn eines *Positivsummenspiels* infrage, bei dem Interaktionen für jede Partei gewinnbringend sind. Das heißt: Wir müssen den zwischenmenschlichen Beziehungen mehr, dem Wirtschaftswachstum hingegen weniger Aufmerksamkeit schenken.

Wirtschaftswachstum ist nach meiner Überzeugung einfach gleichbedeutend damit, die Dinge besser zu machen – dieses Engagement für den Fortschritt wird kein Ende nehmen. Mit dem Denkansatz eines Nullwachstums stimme ich nicht überein. Unseren Verbrauch an natürlichen Ressourcen müssen wir selbstverständlich enorm einschränken, werden die Dinge aber auf eine immer intelligentere Art und Weise handhaben. Und das wird zu wirtschaftlichem Wachstum führen. Anhaltendes Wirtschaftswachstum wird also von der schöpferischen Kraft des menschlichen Geistes herrühren. Gar keine schlechte Sache, aber auch nicht der entscheidende Punkt. Am allerwichtigsten ist die Qualität unserer zwischenmenschlichen Beziehungen, und diese Beziehungen sollten wir nicht, wie in den letzten Jahren geschehen, dafür opfern, dass die Wachstumsrate weiter in die Höhe getrieben wird.

Zum Beispiel haben Leute aus der Finanzwelt sich vehement für eine Deregulierung des Finanzsystems eingesetzt. Sie behaupteten, das würde zu einem schnelleren Wirtschaftswachstum führen. Vielleicht trifft das auf lange Sicht zu, vielleicht auch nicht. Aber um welchen Preis? Das war stets die entscheidende Frage. Wer immer sich Gedanken darüber gemacht hat, hätte auf jeden Fall wissen müssen: Der Preis könnte die geringere Stabilität des Wirtschaftssystems sein. Und was bedeutet geringe Stabilität? Mit größerer Wahrscheinlichkeit mehr Arbeitslosigkeit und damit den Verlust der Beziehungen am Arbeitsplatz, eine der wichtigsten Quellen menschlicher Zufriedenheit. Ganze Gruppen von Wirtschaftswissenschaftlern, insbesondere an der University of Chicago, haben jedoch versucht, den restlichen Berufsstand davon zu überzeugen, langfristiges Wachstum sei wichtiger als die Stabilität des Systems oder die Vermeidung von Arbeitslosigkeit. Ein ausgesprochen bestürzendes Argument, das weithin akzeptiert wurde.

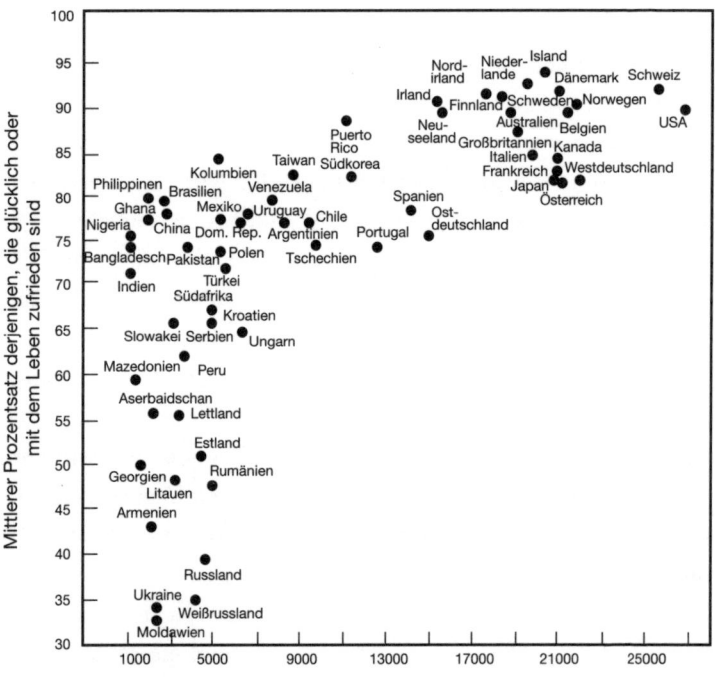

Abb. 8.3: Ist der Kapitalismus ein Fehler?

Natürlich könnte man fragen: Wenn der große wirtschaftliche Erfolg, der durch Wettbewerb zustande kommt, für das menschliche Glück gar nicht so wichtig ist, warum machen wir uns dann nicht über andere wirtschaftliche Organisationsformen Gedanken? Sollten wir beispielsweise ein Wirtschaftssystem in Betracht ziehen, das komplett auf Kooperation beruht? Das war ja in der Tat der kommunistische Gedanke, dass jeder Teil des Systems sich dafür einsetzen sollte, kooperativ seinen Beitrag zum öffentlichen Wohl zu leisten.

Wir haben festgestellt, wer den freien Markt nicht zulässt, lässt auch viele andere Freiheiten nicht zu. Darin liegt das Grundproblem bei diesem Gedankengang, durch das in der kommunistischen Welt eine sehr unglückliche Gesellschaft entstand. In der Endphase des Kommunismus zählten, wie das Diagramm zeigt, fast alle früher kommunistisch regierten Länder zu den unglücklichsten, die jemals dokumentiert worden sind. Nichtkommunistische Länder auf einer vergleichbaren Einkommensstufe – wir würden sie als Entwicklungsländer bezeichnen – hatten höhere Glücksniveaus. Noch glücklicher war man durchschnittlich in modernen Industrienationen. Zwischen den Glücksniveaus in den Entwicklungs- und den Industrieländern besteht ein Unterschied, der damit zusammenhängt, dass man der schlimmsten Armut entronnen ist. Kommen wir aber zu den Industrienationen, dann landen wir wieder an meinem Ausgangspunkt, dass bittere Armut hier nicht das Thema ist. Vielmehr geht es um relative Einkommensstufen innerhalb einer Gesellschaft. Aus diesem Grund führt Wirtschaftswachstum nicht zu einem Zuwachs an Glück und kann deshalb für eine moderne Gesellschaft nicht das Hauptziel sein.

Dalai Lama: Ich habe gehört, dass sich bei einem Vergleich zwischen dem Glücksniveau der britischen und der kubanischen Bevölkerung zeigt, dass Kuba ein höheres Glücksniveau hat. Warum ist das so?

Richard Layard: Kuba ist ein interessantes Land, weil es, verglichen mit einem typischen Land auf dieser Einkommensstufe, ein hohes Glücksniveau hat. Ich bin sicher, das liegt an der höheren Bereitschaft zusammenzuarbeiten, die sich dort entwickelt hat. Aber natürlich hat es in anderer Hinsicht aufgrund der mangelnden Freiheit zugleich Einschränkungen gegeben.

Glück ist zu einem politischen Thema geworden, dem viele Länder auf der ganzen Welt Beachtung schenken. In Großbritannien beispielsweise erwägt das staatliche Amt für Statistik, regelmäßig durch Befragung der Bevölkerung einen Glücksindex zu erstellen als Alternative zur Messung des Bruttoinlandsprodukts. Und auch in zahlreichen anderen Ländern geschieht das. Es handelt sich um eine internationale Bewegung.

Aber die Frage bleibt: Wenn wir ein höheres Glücksniveau erreichen wollen, wie machen wir das? Meines Erachtens gibt es da zwei wesentliche Elemente. Zum einen die Beziehungen zu unseren Mitmenschen, zum anderen unser inneres Dasein, unser Seelenleben. Beide Elemente müssen vorhanden und erfüllend für uns sein. Wenn wir über zwischenmenschliche Beziehungen sprechen, ist Vertrauen ein entscheidender Punkt. Jahr für Jahr hat man den Menschen in vielen Ländern eine sehr interessante Frage gestellt: »Glauben Sie, dass man anderen Menschen vertrauen kann?« In den Ländern mit dem stärksten Vertrauen, sie liegen in Skandinavien, antwortete die Bevölkerung zu fast 70 Prozent mit Ja. Aber schon innerhalb der befragten OECD-Länder, in Portugal beispielsweise, liegt die Quote gerade mal bei 10 Prozent. Da tun sich also große Unterschiede auf. In Großbritannien und den USA lag die Quote früher bei 60 Prozent und ist mittlerweile auf circa 35 Prozent gesunken.

Dalai Lama: Ich denke, das sollten wir sicherlich nicht verallgemeinern, weder auf Großbritannien bezogen noch mit Blick auf dieses oder jenes Land. Aus meiner Sicht besteht ein

Unterschied zwischen den Menschen in den Großstädten und denjenigen auf dem Land, wo die Einwohnerzahlen niedriger sind und man ein Leben näher an der Natur führt, beispielsweise indem die Menschen in der Landwirtschaft arbeiten. Hat man eine kleinere Nation, ein kleineres Gemeinwesen, eine geringere Zahl von Menschen, dann werden die persönlichen Beziehungen unter Umständen stärker sein als in einer Großstadt.

Richard Layard: Ein wichtiger Faktor! Aber Ideologie ist meines Erachtens ein ebenso wichtiger Faktor. In den letzten 30 Jahren war der Individualismus enorm auf dem Vormarsch, genau wie die Überzeugung, für den Einzelnen sei es richtig, im Vergleich zu anderen Menschen möglichst erfolgreich zu sein. Viele hat das dazu gebracht, in den anderen eher eine Bedrohung zu sehen und nicht einen möglichen Rückhalt. Die eigene Lebensführung in Verbindung mit Überzeugungen, die unsere

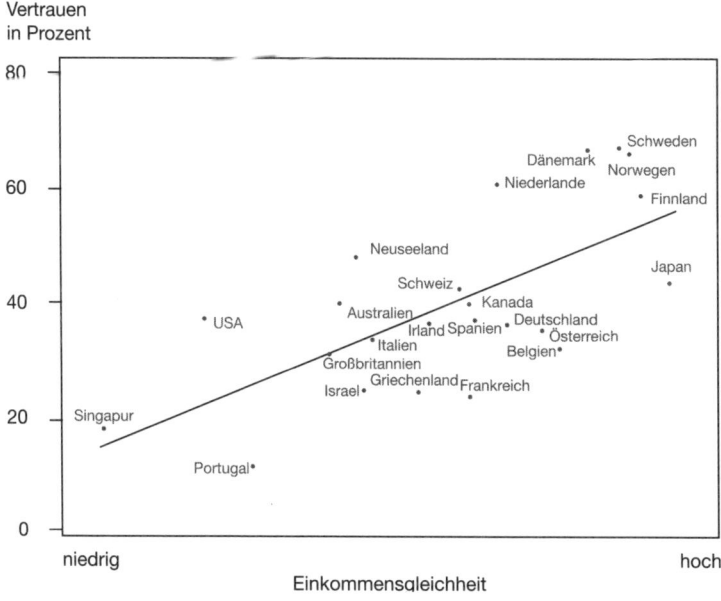

Abb. 8.4: Gleichheit und Vertrauen gehen Hand in Hand

Lebensziele betreffen, geben den Ausschlag für das unterschiedlich große Vertrauen.

Abschließend ein paar Gedanken darüber, wie wir das Vertrauen und das Seelenleben stärken können. Ein Faktor, der sehr eng mit Vertrauen in Zusammenhang steht, ist die Einkommensgleichheit. Ein Höchstmaß an Vertrauen, wie im Übrigen auch an Glück, findet man in Skandinavien und den Niederlanden. Das sind auch die Länder in der OECD mit der gleichmäßigsten Einkommensverteilung. Je geringer die Gleichheit im Land, umso niedriger das Vertrauensniveau.

Hier besteht offensichtlich ein Zusammenhang, allerdings glaube ich nicht, dass die Einkommensverteilung als solche sich auf das Vertrauen auswirkt. Vielmehr werden meiner Meinung nach beide Variablen durch den Sinn für Gleichheit beeinflusst, und davon, wie stark eine Gemeinschaft die Auffassung vertritt, dass die Menschen einander als gleichwertig mit gleichem Anrecht auf Glück respektieren sollten. Das ist in den skandinavischen Ländern stärker verankert als irgendwo sonst in der westlichen Welt und wirkt sich auf viele andere Lebensbereiche aus.

Die Frage ist: Wie können wir unsere Gesellschaften wieder auf ein starkes Fundament aus wechselseitigem Respekt und wechselseitiger Achtung vor dem gleichen Anspruch jedes Menschen auf Glück stellen? Ich glaube, dabei kommt in der Sozialpolitik den Schulen besondere Bedeutung zu. Wir sollten unsere Schulen unbedingt dafür nutzen, ein Ethos wechselseitigen Respekts zu schaffen. In England gibt es eine Gruppe von Schulen mit einem wertebezogenen Bildungsangebot, die dies versuchen, und wir haben gute, auf gesicherten Erkenntnissen beruhende Programme zur Verbesserung der sogenannten »Life Skills«. Am Arbeitsplatz müssen wir innerhalb der Teams einen Geist der Kooperation fördern, indem wir nicht länger versuchen, den Beitrag jedes einzelnen Teammitglieds einzeln zu werten, und nicht jedes Teammitglied anders bezahlen, sondern es danach entlohnen, was es zum Erfolg der Gruppe beiträgt.

Mit dem Seelenleben kenne ich mich nicht so gut aus, allerdings habe ich mich sehr darum bemüht, die für Menschen mit psychischen Erkrankungen verfügbaren Hilfsangebote zu verbessern. Diese Menschen sind meines Erachtens eine derjenigen Gruppen unserer Gesellschaft, die in besonders schockierender Weise stiefmütterlich behandelt werden. Teils werden sie vernachlässigt, weil ihre Mitmenschen sich über das Problem nicht im Klaren sind, und teils, weil Unwissen darüber vorherrscht, welche Lösungen möglich sind. Manches spricht dafür, dass in Großbritannien psychische Erkrankungen unter jungen Leuten zugenommen haben. Aber ebenso gibt es Belege für die Erfolgsquote neuerer psychologischer Therapien, die wissenschaftlich evaluiert sind und gleich auf einer ganzen Reihe von Vorstellungen beruhen, die ursprünglich im buddhistischen Denken beheimatet waren – Selbstbetrachtung aus einer Außenperspektive, Selbsterkenntnis, Stärkung der positiven Persönlichkeitsaspekte und so weiter.

Wenn ich darf, möchte ich ganz zum Schluss noch auf eine Initiative zu sprechen kommen, für die ich mich engagiere. Wir hoffen, durch eine Massenbewegung namens Action for Happiness, die wir seit Kurzem in England auf die Beine stellen, einen kulturellen Wandel in Gang zu bringen. Auch außerhalb von England werden hoffentlich viele Menschen mitmachen. Im Kern geht es um ein Manifest, in dem sich die Menschen dazu verpflichten – öffentlich und privat –, für eine Welt zu sorgen, in der es mehr Glück und weniger Elend gibt. Auf der Website können sie die entsprechende Erklärung unterzeichnen und dann mit Gleichgesinnten eigene Gruppen gründen. Selbstverständlich werden sie Unterstützung benötigen. Deshalb werden auf der Website Vorschläge mit Dutzenden Möglichkeiten zu finden sein, die eine Gruppe in die Tat umsetzen kann, um selbst mehr inneren Frieden zu erfahren oder den Frieden in der Gesellschaft, in der die Betreffenden leben, zu fördern. Außerdem wird dies alles in einen Rahmen mit Veranstaltungen und dergleichen eingebettet.

Dalai Lama: Das finde ich sehr, sehr vielversprechend. Bisher haben die Menschen schlicht und einfach die Bedeutung der wirtschaftlichen Entwicklung in den Vordergrund gestellt, und all ihre geistige und körperliche Energie hat sich darauf konzentriert. Als der indische Premierminister kürzlich in Washington war, sagte er, in wirtschaftlichen Belangen rangiere Indien hinter China. Aber Indien habe andere Werte: Demokratie, eine unabhängige Gerichtsbarkeit, Transparenz, freie Meinungsäußerung, Informationsfreiheit. Indien hat diese Werte, die in China fehlen. Als ich hörte, dass er die Aufmerksamkeit auf diese Faktoren lenkt, hat mich das sehr gefreut.

Ich denke, dass auch heute, beispielsweise in der G8, G7 oder G20, jeder sich auf Wirtschaftsfragen konzentriert. Niemand schenkt anderen Werten Aufmerksamkeit – Glück oder Zufriedenheit, persönlicher Freiheit, einer echten, auf Vertrauen und Respekt beruhenden Zusammenarbeit. Aus meiner Sicht beruht echte Zusammenarbeit in hohem Maß darauf, dass jeder die Rechte des anderen achtet und man einander liebt.

Einst habe ich einen Sufi-Praktizierenden kennengelernt, der im Verlauf unseres Treffens nur die folgenden Worte sprach: »Ich brauche Sie.« Meiner Meinung nach benötigt die ganze Welt jetzt diesen Ansatz. Oft sage ich den Menschen, dass wir die Vorstellung von »sie/die anderen« eigentlich aus unserem Wortschatz streichen sollten. »Wir« sollte uns reichen; die ganze Welt ist Bestandteil des »Wir«. Das ist nicht unbedingt eine altmodische Denkweise oder ein altruistisches Aufgeben der eigenen Interessen. Ich will glücklich sein, und damit dieser Wunsch in Erfüllung gehen kann, brauche ich »sie/die anderen«. Wirtschaftlich brauchen wir sie, auf jeder Ebene. Sobald wir ein solches Gefühl entwickeln, eine solche Sicht, wird sich Vertrauen einstellen. Erst strecken wir unsere Hand dem anderen entgegen. Gelegentlich wird die Reaktion vielleicht nicht sonderlich positiv ausfallen. Dann haben wir das Recht, dementsprechend zu reagieren. Es ist falsch, vom anderen zu erwarten, dass die/der andere Ihnen die Hand entgegenstreckt, ohne selbst den ersten Schritt zu tun. Wir sollten selbst die Initiative ergreifen, ich glaube dann besteht eher Aussicht auf eine positive Reaktion.

Ich weiß es wirklich sehr zu schätzen, dass all unsere Teilnehmer ihr Augenmerk auf die inneren Werte richten. Diesen Werten gilt mein besonderes Interesse. Mehr als das: Ich fühle wirklich, nichts ist wichtiger für den Aufbau einer glücklichen Welt. Wenn Sie Ihr Gegenüber achten und respektieren, bleibt kein Raum mehr für betrügerisches Verhalten, Ausbeutung, Schikanen. Vertrauen und Wettbewerb in einem positiven Sinn stellen sich dann ein. Wahrscheinlich möchte ich meinen Freunden, den Menschen, die mir lieb und teuer sind, ebenbürtig sein. Ein positiver Wettbewerb dieser Art geht in Ordnung. Versucht man hingegen, anderen Probleme zu bereiten oder ihnen Hindernisse in den Weg zu legen, um selbst als Erster ans Ziel zu gelangen, dann ist das negativer Wettbewerb, nicht wahr? Doch positiven Wettbewerb finde ich sehr gut.

Ernst Fehr: Ich denke, die von Richard Layard vorgelegten Daten über die Vergleiche, die wir zwischen uns selbst und anderen anstellen, sind von wirklich grundlegender Bedeutung. Wir vergleichen uns mit anderen, mit unseren Freunden, Kollegen, Nachbarn, und die Forschung hat gezeigt, dass unser Glück abnimmt, sobald ihr Einkommen steigt. Eine bestürzende Tatsache.

Ausgangspunkt für all dies ist der soziale Vergleich. Unser Glück hängt davon ab, um wie viel besser als die anderen wir in materiellen Belangen abschneiden. Die besondere Herausforderung besteht darin, dass dies sogar tief in unserer Biologie verwurzelt ist. Untersuchungsergebnisse zeigen: Wenn William Harbaugh und ich einen Auftrag erledigen, wir beide dies mit Erfolg tun, ich dafür jedoch aus irgendeinem Grund 100 Dollar erhalte und Bill 50 Dollar, sagt mein Gehirn mir, dass ich jetzt glücklicher bin, als wenn Bill dasselbe Gehalt bekommen hätte. Darin besteht der Prozess des sozialen Vergleichs.

Das reicht also tatsächlich bis in unsere Biologie hinein, woraus wir ableiten können, dass wir den Menschen tatsächlich verändern müssen, wenn wir hier weiterkommen wollen. Um diesen tief sitzenden Drang, besser als die anderen sein zu wollen, dieses Leiden unter dem Erfolg der anderen, zu verändern, benötigen wir Hilfsmittel. In meinen Augen bringt das eine ganz neue Dimension in das buddhistische Unterfangen und stellt zugleich unsere Schulen vor eine Herausforderung. Ergänzend zu den institutionellen Veränderungen sollten wir außerdem darüber nachdenken, wie wir unser Leben, gesellschaftlich und privat, neu organisieren können, damit es uns gelingt, uns von diesen sozialen Vergleichen mit ihren so nachteiligen Auswirkungen zu lösen. Und dafür müssen wir unsere Persönlichkeit ändern.

Gert Scobel: Aber Sie sagen nicht, dass wir unsere Biologie verändern können?

Ernst Fehr: Nicht alles in unserem Gehirn ist reine Biologie. Was wir im Gehirn sehen, ist sehr oft ein Ergebnis der Erfahrungen, die wir im sozialen Zusammenleben machen. Wenn ich »Biologie« sage, meine ich nicht, das sei unabänderlich, vielmehr meine ich etwas, das tief in unserem Gehirn angelegt ist. Falls er erfolgreicher ist als ich, dann habe ich in meinem Gehirn im Grunde einen kurzen Aussetzer; mein Belohnungssystem weist eine verringerte Aktivität auf. Das müssen wir durch Meditationspraxis, durch Bildung und Erziehung ändern.

Dalai Lama: Das macht Sinn. Denn die Art, wie Sie denken, würde sich auf der Ebene des Gehirns widerspiegeln. Aus meiner Sicht stellen wir zu sehr das Materielle, das Geld, in den Vordergrund und geben ihm eine zu große Bedeutung. Wir glauben, Geld sei die höchste Quelle des Glücks. Hat hingegen inneres Glück einen hohen Stellenwert für mich, dann wird mein Glück unter Umständen größer sein als das eines Milliardärs. Überall in unserer Gesellschaft findet man diese Einstellung, die dem Materiellen ein zu großes Gewicht beimisst und den inneren Werten nie genügend Aufmerksamkeit schenkt. Das halte ich für einen Fehler. Die eben vorgestellte Arbeit und eine weitergehende Erörterung dieser Dinge werden zur Entstehung von mehr Gewahrsein beitragen und unserem Verständnis des menschlichen Glücks weitere Dimensionen hinzufügen.

Gewöhnlich konzentrieren wir uns bloß auf Geld, Geld, Geld – und Macht. Allein darauf. Wenn die Menschen eine Idee davon bekommen, dass es andere Quellen des Glücks gibt, werden sie diesen Dingen mehr Aufmerksamkeit schenken. Ich denke, dann wird es wahrscheinlich eine Möglichkeit für Veränderung geben. Daher bin ich sehr beeindruckt, dass Sie es nicht bei Worten allein bewenden lassen, sondern darüber nachdenken, eine Bewegung zu initiieren, zur Tat zu schreiten. Das brauchen wir. Ich danke Ihnen.

KAPITEL 9

Woraus erwächst Spendenbereitschaft?
William Harbaugh

William Harbaugh, Professor für Wirtschaftswissenschaften an der University of Oregon, untersucht, warum Menschen für gemeinnützige Zwecke spenden. Um zu zeigen, dass der »Warm glow«[1] hierbei ein wichtiges Motiv und ein starker Anreiz für die Spendenbereitschaft ist, arbeitet er im Rahmen seiner Forschung mit Methoden, die von der Wirtschaftstheorie bis hin zur bildgebenden Untersuchung des Gehirns (dem Neuroimaging) mittels funktioneller Magnetresonanztomografie (fMRT) reichen.

In seinem Vortrag konzentriert Harbaugh sich auf die wirtschaftlichen Kosten und den psychologischen Nutzen wohltätiger Spenden. Selbst wenn das Spenden, so argumentiert man gewöhnlich in den Wirtschaftswissenschaften, durch reinen Altruismus motiviert ist, würden viele Menschen in der Hoffnung, jemand anderes werde etwas geben, einfach die Hände in den Schoß legen und nichts spenden. Harbaugh erklärt, der Warm-glow-Altruismus, bei dem es in erster Linie um einen Vorteil für den Spender geht, um einen inneren »Mehrwert«, könne als zusätzliches Motiv ein wichtiger Grund dafür sein, dass jemand dennoch spendet.

Moderne Wirtschaftssysteme sind darauf angelegt, einen Zuwachs an Glück zu erzielen – vielleicht nicht immer, wie Richard deutlich gemacht hat, aber in der Regel –, mehr Glück, vor allem für die Armen. Gesamtgesellschaftlich gesehen führt

Eigennutz in unserem gegenwärtigen System durchaus zu guten Resultaten, und das geschieht auf eine ganz einfache Art und Weise: Wer etwas herstellt, kann das Produkt an jemanden verkaufen, falls dieses der anderen Person mehr wert ist; wer hingegen etwas tut, was jemand anderem schadet, muss dafür zahlen. Das sind die Grundregeln des marktkapitalistischen Systems.

Ein zentrales Element in diesem System ist die Vorstellung vom Preis. Der Preis sorgt für zweierlei. Zunächst einmal setzt er Anreize. Wenn Sie Hersteller sind, ist der Preis gleichbedeutend mit dem Geldbetrag, den Sie vom Konsumenten erhalten werden; und Sie können dann den Erlös – den Preis, den der Käufer zahlt – nehmen und mit ihm machen, was Sie wollen. Der Preis gibt Ihnen einen Anreiz, hart zu arbeiten, sich Möglichkeiten auszudenken, wie Sie die Dinge preiswerter produzieren können, und den Menschen Dinge zu liefern, die sie haben wollen. Diesem Anreiz zu folgen ist keineswegs gemein, sondern ein für die Menschen vorteilhaftes Verhalten.

Information verfügbar zu machen ist die andere Rolle, die den Preisen innerhalb dieses Marktsystems zukommt. Sind Sie bereit, einen bestimmten Geldbetrag für etwas zu zahlen, dann weiß ich, wie viel Ihnen dieses Etwas wert ist. Diese Information ist für das Funktionieren einer Gesellschaft wichtig. Um das System so strukturieren zu können, dass alle glücklicher werden, müssen wir wissen, wie viel den Menschen gewisse Dinge wert sind. Das Zustandekommen von Preisen ist ein sehr interessanter und komplizierter, aber auch wunderschöner Prozess. Das System, das wir hervorgebracht haben, ist sehr subtil und zielgerichtet. Offenkundig gibt es an dem schönen System dennoch etwas auszusetzen, ein dickes »Aber«, und darum sind wir ja heute hier.

Tatsächlich darf man den Preis nicht isoliert betrachten. Mit ihm sind oft weiter reichende Auswirkungen verbunden. Angenommen, Sie stellen etwas her, und der Herstellungsprozess verursacht ein gewisses Maß an Umweltverschmutzung – zum Schaden anderer Menschen, die darunter leiden. Manchmal sehen die gesetzlichen Bestimmungen so aus, dass Sie den Betroffenen keine Entschädigung zahlen müssen. Wirtschaftswissenschaftler sprechen dann von einem *externen Effekt* oder von *Externalität*. Hinter dieser Bezeichnung steht eine ganz schlichte Logik: Brauche ich für den Schaden, den ich anrichte, nicht zu zahlen, dann kann ich ihn ignorieren; und falls ich eigennützig bin, neige ich sowieso dazu, mich nicht weiter darum zu kümmern. Der Preis gibt mir weder einen Anreiz noch die entsprechende Information. Ich weiß nicht, wie sehr ich Ihnen schade, solange sich das im Preis nicht niederschlägt.

Das funktioniert natürlich auch in umgekehrter Richtung. Einige für die Gesellschaft sehr wertvolle Dinge können nicht produziert werden, ohne dass bestimmte Menschen, die dafür nicht unbedingt bezahlen, davon profitieren. Dafür gibt es viele Beispiele. Ich werde hier jedoch lediglich über einen speziellen Fall sprechen, der Ihnen zeigt, worauf ich hinauswill.

Das Beispiel ist die Fürsorge, Unterstützung, Hilfe für die Bedürftigen unserer Gesellschaft. Die meisten von uns berührt das. Das Wohlergehen dieser Menschen ist allerdings keine Ware, die den Regeln des Marktes unterliegt und einen Preis hat, sondern ein öffentliches Gut. Wenn mir die Armen am Herzen liegen und ich sehe, dass es ihnen besser geht, fühle ich mich glücklicher, selbst wenn ich persönlich keinen Beitrag dazu geleistet habe. Dieses Gefühl des Wohlbefindens kann ich also erlangen, ohne etwas dafür zu bezahlen. Ich kann hoffen, dass jemand anderes zahlt, und mich trotzdem an den positiven Auswirkungen erfreuen.

Dieser Umstand hat zur Folge, dass es nicht genug Spenden, nicht genug Unterstützung, nicht genug Hilfe für einkommensschwache Menschen in unseren Gesellschaften gibt. Und ebenso wenig für die armen Länder. Die reichen Länder tun nicht genug, den armen Ländern zu helfen; sie hoffen auf die anderen. Wir brauchen dafür eine Lösung und haben zwei Möglichkeiten: Entweder wir verlassen uns auf die Bereitstellung gemeinnütziger Spenden, oder wir führen Steuern als einen Zwangsbeitrag zugunsten der Armen ein.

Von Land zu Land gibt es diesbezüglich große Unterschiede. In den USA spenden 68 Prozent der Familien für gemeinnützige Zwecke, sie helfen nicht nur den Armen, sondern unterstützen auch kulturelle Einrichtungen, Bildungsträger und andere Organisationen. Dafür wenden sie durchschnittlich 2 Prozent ihres Einkommens auf. Diese Quote fällt von Land zu Land ebenfalls sehr unterschiedlich aus. Im Vereinigten Königreich spendet man circa 1 Prozent, in Frankreich 0,3 Prozent und in Italien 0,1 Prozent.

Der Umstand, dass der Staat, anders als etwa im Vereinigten Königreich oder in der Schweiz, für die Armen nicht viel tut, ist einer der Gründe, weshalb wir in den USA so spendenfreudig sind. Ich will hier nicht darauf hinaus, dass dieses oder jenes Land großzügiger ist, sondern dass die Großzügigkeit unterschiedliche Formen annimmt. Ebenso gibt es in Bezug auf die Spendenbereitschaft interessante Unterschiede zwischen den verschiedenen Einkommensstufen. Die Armen spenden einen erstaunlich großen Prozentsatz ihres Einkommens. Wer etwa ein Jahreseinkommen von weniger als 10 000 Dollar hat, spendet rund 5 Prozent. Mit wachsendem Wohlstand spenden die Menschen dann einen kleineren Prozentsatz. Bei einem Jahreseinkommen unter 45 000 Dollar spendet man durchschnittlich 1 Prozent. Bei Einkünften über 100 000 Dollar jährlich wiederum sind es circa 3 Prozent. Die sehr Reichen geben immer mehr und mehr, und so setzt dort ein Anstieg des Spendenaufkommens ein.

Mit dem Alter nimmt auch die Spendenbereitschaft zu, was

mit der Erfahrung von Glück in Zusammenhang stehen könnte. Die jungen Leute spenden circa 2 Prozent. Geht es auf den Ruhestand zu, spendet man für gemeinnützige Zwecke immer mehr Geld, circa 4 Prozent. Ebenso besteht durchgängig eine Entsprechung zwischen Bildung und Großzügigkeit. Je höher der Bildungsgrad, umso größer der Spendenanteil am Einkommen.

Ich werde versuchen, einige dieser Unterschiede zu erklären. Dabei geht es um sehr große Unterschiede. Manche hängen mit dem Einkommen zusammen, manche mit dem Alter, manche mit der Bildung. Aber auch wenn Menschen dasselbe Alter und eine vergleichbare Bildung haben, spenden einige sehr wenig, andere viel. Wir wollten genauer verstehen, worauf diese Unterschiede zurückzuführen sind. Um der Frage nachzugehen, habe ich gemeinsam mit zwei Kollegen an der University of Oregon, mit dem Psychologen Ulrich Mayr und dem Wirtschaftswissenschaftler Daniel Burghart, ein Experiment durchgeführt. Die Teilnehmer/innen an dem Experiment bekommen 100 Dollar. Das Geld können sie behalten oder einen Teil davon an eine »Tafel« spenden, die davon Nahrungsmittel kauft, um sie Menschen mit geringem Einkommen zu geben. Das ist also eine ganz einfache gemeinnützige Abgabe: Ich verzichte auf ein wenig Geld, und jemand anderes, der weniger gut gestellt ist als ich, erhält ein paar unverzichtbare Bedarfsgüter.

Aber wir variieren den Preis für das Spenden, das ist der besondere Dreh bei dem Experiment. Manchmal machen wir das Spenden an die gemeinnützige Organisation sehr billig: Ich spende 15 Dollar, und die Tafel erhält 45 Dollar. Ein andermal hingegen kommt die Zuwendung den Spender sehr teuer: Damit die gemeinnützige Organisation 15 Dollar erhält, müsste ich 45 Dollar ausgeben. Wir lassen alle Probanden eine ganze Reihe dieser Entscheidungen treffen, wobei wir ihnen erklären, *ein* Durchgang werde nach dem Zufallsprinzip herausgepickt.

Bei dem gehe es nunmehr um richtiges Geld. Und das ziehen wir dann durch: Sofern die Versuchsperson sich zuvor damit einverstanden erklärt hat, nehmen wir das Geld aus dem betreffenden Zahlungsvorgang und schicken es als Online-Überweisung an die Tafel. Wenn die Versuchsperson möchte, kann sie uns dabei auch zusehen.

Anschließend erstellen wir auf Grundlage der Daten ein ganz einfaches ökonomisches Modell. Dieses Modell könnten wir als die *altruistische Angebotsfunktion* bezeichnen; sie ähnelt der Nachfragefunktion für einen Handelsartikel, Schuhe beispielsweise. Steigt der Preis für Schuhe, werden weniger Schuhe gekauft. Analog dazu spenden die Menschen weniger häufig, und dann auch niedrigere Geldbeträge, wenn die gemeinnützige Abgabe mit höheren Kosten verbunden ist.

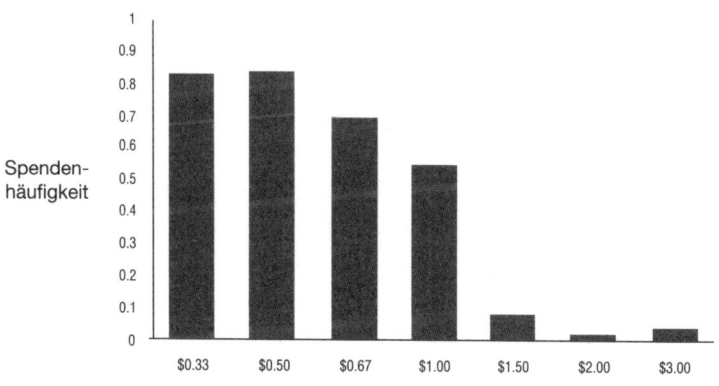

Abb. 9.1: Die altruistische Angebotsfunktion

Für einen Ökonomen ist das ein hübsches Modell. Funktionen wie diese berechnen wir andauernd, und wenn sie so aussehen – es wird teurer, also machen die Leute weniger davon Gebrauch –, denken wir, dass die Menschen eine rationale Entscheidung treffen: Sie vergleichen den Nutzen, den die Armen von der Zuwendung haben würden, mit den für sie selbst entstehenden Kosten. Ist der Nutzen sehr groß und sind die Kosten sehr gering, können die Menschen außerordentlich altruistisch sein: 80 Prozent spenden unter solchen Voraussetzungen Geld. Fallen dagegen sehr hohe Kosten an, dann heißt es: »Nein, jetzt behalte ich das Geld für mich.« Das ist eine rationale Kosten-Nutzen-Rechnung. Man müsste wirklich schon äußerst altruistisch sein, um alles wegzugeben, wenn es einen selbst eine Menge kostet und den anderen wenig nutzt.

Nach wie vor stehen wir allerdings vor der Frage, warum Menschen überhaupt dafür sorgen, dass anderen etwas Gutes widerfährt. Das ist rätselhaft. Auf der Suche nach dem Warum geht das Experiment nun noch einen Schritt weiter. Den Teilnehmern des Experiments geben wir nicht nur die Möglichkeit, Spendenentscheidungen zu treffen; als zusätzliches Element beziehen wir jetzt auch noch eine Besteuerung mit ein. Wie in der wirklichen Welt besteuern wir die Probanden, und das Geld aus dem Steuererlös spenden wir für gemeinnützige Zwecke. In diesem Teil der Versuchsanordnung haben sie keine Entscheidungsmöglichkeit. Genau wie bei den echten Steuern bleibt ihnen keine Wahl: »Ich werde von Ihrem Geld jetzt 15 Dollar nehmen«, erklären wir ihnen, »und es den Armen geben, Punkt.« In welcher Reihenfolge der Spenden- und der Besteuerungsteil wiederholt werden, bleibt dem Zufall überlassen; und genau wie beim Spenden wird auch hier nach dem Zufallsprinzip wieder ein Durchgang herausgepickt, bei dem es um richtiges Geld geht und der jeweilige Betrag entweder dem Probanden oder aber einer gemeinnützigen Organisation zukommt.

Normalerweise kann man Studien im Bereich der Wirtschaftswissenschaften gar nicht durchführen, ohne dass man Menschen auffordert, eine Entscheidung zu treffen. Man bekommt sonst einfach nicht mit, wie sie sich verhalten. Aber hier gehen wir einen Schritt weiter: Wir lassen sie diese Steuer zahlen, während sie in einem fMRT-Scanner liegen. Zwar treffen sie in dem Fall keine Entscheidung, aber wir können sehen, was sich auf der Ebene der Gehirnaktivität abspielt, während wir ihnen ihr Geld abnehmen und es für einen gemeinnützigen Zweck spenden.

Die Hirnregion, die man als das *ventrale Striatum* bezeichnet, ist sehr wichtig für die Verarbeitung von Belohnungssignalen aller Art. Falls Sie beispielsweise ein Tier mit etwas Süßem füttern, würde – bei Einsatz von bildgebenden Verfahren – dieser Teil des Gehirns aufleuchten. Wenn bei unserem Experiment die Probandin oder der Proband mehr Geld zur eigenen Verwendung erhält oder weniger Steuern bezahlt, nimmt die Aktivierung in diesem Belohnungsareal zu. Wer Geld in die eigene Tasche stecken darf, zeigt eine freudige Reaktion. Andere Bereiche zeigen jene Aktivierung, die dann eintritt, wenn Geld zwecks Unterstützung anderer Menschen an eine gemeinnützige Organisation geht. Wichtig ist die Feststellung, dass es zwischen beiden Bereichen zahlreiche Überschneidungen gibt. Es kommt zu einer Aktivierung, wenn Sie Geld erhalten, und ebenso, wenn Sie sehen, dass das Geld an eine gemeinnützige Organisation geht. Mit anderen Worten: Die Impulse, die Ihnen helfen, eine Entscheidung für oder gegen eine Spende zu treffen, kommen aus nahe beieinanderliegenden und manchmal identischen Hirnarealen.

Aber noch aus einem weiteren Grund denke ich, dass Menschen in Bezug auf gemeinnützige Spenden rationale Entscheidungen treffen. Wir können nämlich Entscheidungen in den Teilen des Experiments, in denen die Leute freiwillig spenden, tatsächlich voraussagen; und zwar aufgrund des relativen Ausmaßes, das die Gehirnaktivierung in diesem und anderen eng damit zusammenhängenden Bereichen während der obligatorischen Besteuerung im Verlauf des Experiments erreicht. Die Menschen, deren Gehirnaktivität in diesen Bereichen in höherem Maß von Belohnung zeugt, wenn der gemeinnützigen Einrichtung Geld zukommt, und in geringerem Maß, wenn die betreffende Person Geld für sich selbst erhält, werden in dem Teil des Experiments, in dem man freiwillig spendet, mit höherer Wahrscheinlichkeit Geld spenden als jemand, der das entgegengesetzte Aktivierungsmuster aufweist (nämlich die Spendenkosten niedrig zu halten).

Natürlich gibt es dabei einen Haken. Bis hierhin ist das eine hübsche Geschichte. Wir müssen uns jetzt allerdings über das Eigeninteresse Gedanken machen. Wer eine stärkere Belohnungsaktivierung erlebt, wenn er sieht, wie das Geld der gemeinnützigen Einrichtung zugutekommt, wird mit erhöhter Wahrscheinlichkeit spenden. Das zeigt unser Experiment. In der realen Welt wird dieses Motiv allerdings durch den Trittbrettfahrereffekt sehr schnell zunichtegemacht. Mit anderen Worten: Vielleicht ist mir das Schicksal der Armen wirklich wichtig, aber ich trage zu ihrer Unterstützung trotzdem nicht viel bei, weil ich glaube, dass andere Leute oder der Staat sich schon kümmern werden. Meine Spendenbeiträge sind für andere dann zwar noch wertvoll, aber ich halte die damit verbundenen Kosten für ungerechtfertigt. Dadurch entsteht das Problem, dass die Menschen nicht für genügend öffentliche Güter sorgen.

Der mehr oder weniger reine Altruismus, den wir im Laborexperiment messen, ist eine feine Sache. Bloß kann er in einer großen Volkswirtschaft keine deutliche Zunahme der gemeinnützigen Spenden bewirken. Die meisten Menschen halten sich nach wie vor zurück. Solange es hier lediglich um zwei Personen geht, ist das kein Problem. Liegt mir etwas an der anderen Person und es steht niemand sonst zur Verfügung, der helfen könnte, dann werde ich das übernehmen. Aber in einer großen Volkswirtschaft gibt es Tausende Menschen, die unter Umständen zu helfen bereit sind. Wenn das der Fall ist, bin ich, selbst wenn mir die betreffende Person etwas bedeutet, mir aber doch auch selbst wichtig; und deswegen hoffe ich, dass Richard ihr helfen wird, damit ich das nicht tun muss. Jeder denkt so. Reiner Altruismus kann zwar ein starkes Gefühl sein, er führt aber nicht unbedingt zu großzügigem Verhalten.

Eine traurige Wahrheit, oder? Aber es zeichnet sich eine Lösung ab. Unter Umständen kann eine andere Art von Altruismus unser Problem lösen. Wirtschaftswissenschaftler nennen ihn den *Warm-glow-Altruismus*. Der Ausdruck geht auf den Ökonomen Jim Andreoni zurück. Der Warm-glow-Altruismus ist eigennütziger als der reine Altruismus. Daher bezeichnen ihn die Wirtschaftswissenschaftler manchmal auch als unvollkommenen oder »unreinen« Altruismus, und zwar wegen des wohlig warmen Gefühls, das in Ihnen aufsteigt, wenn Sie wissen, dass *Sie* den Armen geholfen haben – nicht jemand anderes, nicht die Behörden, sondern Sie. Dieser Altruismus ist vielleicht nicht rein, aber wirkungsvoller, weil ich dieses gute Gefühl nur spüre, wenn ich einen persönlichen Beitrag leiste. Wenn jemand arm ist und andere Menschen ihm bereits helfen, dann will ich ihm noch mehr helfen, damit ich dieses gute Gefühl spüre. In unserem Experiment haben wir für das Warm-glow-Gefühl Belege gefunden. Wenn jemand freiwillig Geld spendet, wird das Belohnungsareal im Durchschnitt signifikant stärker aktiviert als in dem Fall, wo derjenige Steuern zahlen muss. Wer sich entscheidet, anderen zu helfen, und diese Abgabe freiwillig leistet, dem beschert das Nervensystem offenbar zusätzlich noch eine Belohnung.

Es ist erstaunlich, dass die Belohnungsareale im ventralen Striatum zu genau jenem umfassenderen Hirnsystem gehören, dem eine zentrale Bedeutung für Lernprozesse zukommt. Bestimmte Handlungen – etwas Süßes zu essen beispielsweise – aktivieren diese Bereiche, und so erlernen wir, Verlangen nach Süßem zu haben. Allerdings möchte ich bezweifeln, dass irgendjemand gleich nach der Geburt besonders lustbetont auf Geld reagiert. Vielmehr lernen wir, dass man mit Geld Dinge kaufen kann, die im Gehirn das Belohnungssystem aktivieren, und dadurch beginnt das Gehirn, auf Geld anzusprechen. Wahrscheinlich können Menschen also auch lernen, dass sie über das Nervensystem mit einem wohlig warmen Empfinden belohnt werden, wenn sie Geld hergeben. Dieser Lernprozess könnte uns dazu bringen, öfter zu spenden, und würde insgesamt zu einer altruistischeren Gesellschaft führen.

Fassen wir kurz zusammen: Wenn es darum geht, für die Bedürftigen in der Gesellschaft zu sorgen, kann man manchmal auf den Markt setzen, darüber hinaus sind wir allerdings auf Altruismus angewiesen. Die Frage stellt sich, welche Art von Altruismus eine Welt herbeiführen wird, in der für solche Dinge wie das Wohlergehen der Armen gesorgt ist. In einer Welt mit einer so großen Anzahl von Völkern und Ländern wird reiner Altruismus meines Erachtens nicht ausreichen. Vielmehr sollten wir den Warm-glow-Altruismus kultivieren.

Dalai Lama: »Warm glow«. Von der buddhistischen Psychologie aus betrachtet scheint es, selbst wenn wir nur dieses eine mentale Phänomen – den Altruismus – betrachten, so zu sein, dass es da sehr viele verschiedene Abstufungen und Arten gibt. Auch wenn wir über einen bestimmten Geisteszustand sprechen, kommen jeweils viele weitere Faktoren ins Spiel, die mit dazugehören. Diese Forschungsarbeit ist großartig!

William Harbaugh: Danke schön. Jetzt, wo ich Einblick in die Arbeit der hier versammelten Menschen erhalten habe, glaube ich, dass der Buddhismus zur Kultivierung des Warm-glow-Altruismus viele Ideen beisteuern kann. Da bin ich sehr optimistisch.

KAPITEL 10

Altruistische Sanktionen und die Schaffung öffentlicher Güter

Ernst Fehr

Die bislang gehaltenen Vorträge haben uns stichhaltige Beweise dafür geliefert, dass es Altruismus gibt. Fehr erweitert die Diskussion um die Fragestellung, warum Altruismus von Bedeutung ist und inwiefern er gesellschaftliche Probleme lösen kann. Öffentliche Güter, so seine Argumentation, sind gerade für hochgradig funktions- und leistungsfähige Gesellschaften außerordentlich wichtig. In einem Umfeld, in dem Möglichkeiten für eine altruistisch motivierte Sanktionierung und stark ausgeprägte bürgerliche Kooperationsnormen Hand in Hand gehen, können sie geschaffen und in ihrem Bestand gesichert werden.

Die alte Auffassung, der Mensch sei eigennützig und kümmere sich nicht um die anderen, ist falsch. Dafür haben wir hier im Verlauf unserer Gespräche zahlreiche Belege erhalten. Gezeigt wurde dies anhand von überzeugenden Beweisen auf der Ebene des Verhaltens und auf der des Nervensystems. Wer handelt, um eigennützig Gewinn zu erzielen, bei dem werden, wie wir gesehen haben, im Gehirn Belohnungsareale aktiviert. Und die gleichen Belohnungsareale werden aktiviert, wenn die oder der Betreffende altruistisch agiert und sich prosozialen Aktivitäten widmet. Das lässt hoffen, dass uns eine noch weiter gehende Kultivierung von Altruismus möglich ist. Menschen werden stets das eine oder andere eigennützige Motiv haben. Allerdings wissen wir jetzt, dass altruistische Anliegen ebenfalls für eine starke Motivation sorgen können.

Daher frage ich hier nicht, *ob* es Altruismus gibt, sondern *was* er für uns leisten kann. Ich möchte herausfinden, welche Rolle der Altruismus als Ursache für menschliches Wohlergehen spielt, das wesentlich von der Bereitstellung öffentlicher Güter abhängt.

Lassen Sie mich die Definition eines öffentlichen Guts aus der Perspektive des Wirtschaftswissenschaftlers wiederholen, denn sie deckt sich vermutlich nicht mit dem, was man sich als Laie unter einem öffentlichen Gut vorstellt. Ein öffentliches Gut, so sagen wir, existiert für eine soziale Gruppe, wenn es von sämtlichen Mitgliedern der Gruppe in Anspruch genommen werden kann, ungeachtet ihres Beitrags zur Finanzierung des betreffenden Guts. Armutsbekämpfung ist ein Beispiel dafür. Wenn William die Armut lindert und Armut mich nicht kalt lässt, dann ist Williams Handlung auch gut für mich. Dies führt allerdings, wie William gezeigt hat, zu einem großen Problem: Selbst wer zu dem öffentlichen Gut nicht den geringsten Beitrag geleistet hat, zieht daraus Gewinn. Das schafft einen Anreiz für Trittbrettfahrer. Wer zu dem öffentlichen Gut etwas beisteuert, trägt die Kosten und verschafft den anderen Vorteile. Einen Beitrag zu öffentlichen Gütern zu leisten wäre demnach eine altruistische Handlung: Ich trage Kosten, die anderen Menschen einen Nutzen bringen.

Man sieht vor diesem Hintergrund sofort, dass eigennützige Menschen grundsätzlich als Trittbrettfahrer agieren werden. Sollen doch die anderen etwas produzieren, sie wollen konsumieren. Eigennützige Menschen werden kaum jemals in ausreichendem Umfang öffentliche Güter schaffen, womit wir am Kern des Problems angelangt wären. Weil die Definition, die ich Ihnen bislang gegeben habe, ziemlich abstrakt ist, möchte ich ein paar Beispiele für wichtige öffentliche Güter nennen. Ich denke, eines der wichtigsten, aber oft verkannten öffentlichen Güter sind die demokratischen Freiheiten jedes Bürgers. Gegen

Diktaturen zu kämpfen, ist für den Einzelnen sehr aufwendig. Da brauchen Sie sich nur die jüngsten Konflikte im Iran und im gesamten Nahen und Mittleren Osten anzuschauen. Tibet ist ein weiteres Beispiel; die Geschichte Europas ebenfalls.

Die Menschen, die 1989 am Tiananmen-Platz waren, kämpften für die demokratischen Freiheiten und mussten dafür einen sehr hohen Preis zahlen. Ihnen war kein Erfolg vergönnt, aber in vielen anderen Ländern haben es die Menschen letztendlich geschafft, die demokratischen Freiheiten herbeizuführen. Gibt es diese Freiheiten erst einmal, kommen sie jedem zugute, auch denjenigen, die zur Schaffung dieses öffentlichen Guts nichts beigetragen haben. Andere öffentliche Güter sind leichter einzuordnen, etwa der Kampf gegen die Erderwärmung, der Schutz der Meere vor Überfischung und die Versorgung mit sauberer Luft. Gute Unternehmensführung ist ein weiteres öffentliches Gut, das in jüngerer Zeit eine besonders wichtige Rolle gespielt hat. Viele von uns sind wahrscheinlich empört angesichts der Einkommensunterschiede in Unternehmen, in denen man den Vorstandsvorsitzenden – mitunter unverdientermaßen, wie die breite Öffentlichkeit findet – eine Menge Geld bezahlt. Aus Sicht der Aktionäre ist das ein Problem der öffentlichen Güter. Wenn ich als Aktionär eines großen Unternehmens zur Kontrolle des Managements beitrage, damit es seine Aufgaben angemessen wahrnimmt und seiner Verantwortung gerecht wird, dann nehme ich enorm hohe Kosten in Kauf. Das ist mehr als nur ein Vollzeitjob. Aber alle Aktionäre haben einen Nutzen davon.

Eigennütziges Verhalten führt zu einem Mangel an öffentlichen Gütern und ist der Kern des Problems. Ich halte es für eines der größten sozialen Probleme auf der Welt. Wie können wir das Problem in den Griff kriegen? Und wie lässt es sich unmittelbar untersuchen? Hier kommt der Altruismus ins Spiel.

Wir können einen Versuch durchführen. Der Versuch läuft wie folgt ab. Ich hole eine zehnköpfige Gruppe in mein Versuchslabor und gebe jedem von ihnen 10 Dollar. Entweder können sie die 10 Dollar für sich behalten oder sie in ein Projekt mit folgenden Merkmalen einbringen: Wenn ich als Angehöriger der Gruppe 1 Dollar für das Projekt aufwende, verdoppelt der Leiter des Experiments den Betrag; nun sind in dem Projekt 2 Dollar vorhanden, und der Versuchsleiter gibt den Betrag zu gleichen Teilen an die Gruppenmitglieder weiter. Die Anreizstruktur wird Ihnen hier sofort auffallen. Wenn ich einen Beitrag in Höhe von 1 Dollar leiste, verdoppelt der Experimentator diesen, und so werden 2 Dollar daraus. Geteilt durch zehn erhalte ich 20 Cent zurück. Ich gebe also 1 Dollar aus und bekomme 20 Cent zurück. Von einem eigennützigen Standpunkt aus betrachtet, sollte ich das nicht tun. Doch für die Gruppe ist es vorteilhaft, da die Gesamtgruppe 2 Dollar erhält, während ich lediglich 1 Dollar ausgebe. Falls jeder von uns 10 Dollar in das öffentliche Gut steckte, würden sich bei uns allen die Einkünfte verdoppeln. Bloß gibt es da diesen Anreiz zum Trittbrettfahren. Wenn ich allein das eigene Wohl in Betracht ziehe, werde ich zu dem Projekt keinesfalls etwas beisteuern.

Wir führen das Experiment wie folgt durch: Die Leute bleiben zehn Durchgänge lang zusammen und interagieren miteinander, ihre Anonymität bleibt aber gewahrt. Die Interaktion der Gruppenmitglieder erfolgt über Computerterminals, sodass keine/r von ihnen die Identität der übrigen Gruppenmitglieder kennt. Im ersten Durchgang entscheiden sie alle zum gleichen Zeitpunkt, wie viel Prozent ihrer Ausstattung von 10 Dollar sie zum öffentlichen Gut beitragen. Anschließend erhalten sie eine Rückmeldung, wie sich die anderen verhalten haben. Dann bekommen sie noch mal 10 Dollar und können sich entscheiden, wie viel Prozent davon sie in das Projekt einbringen, das geht zehn Runden lang so.

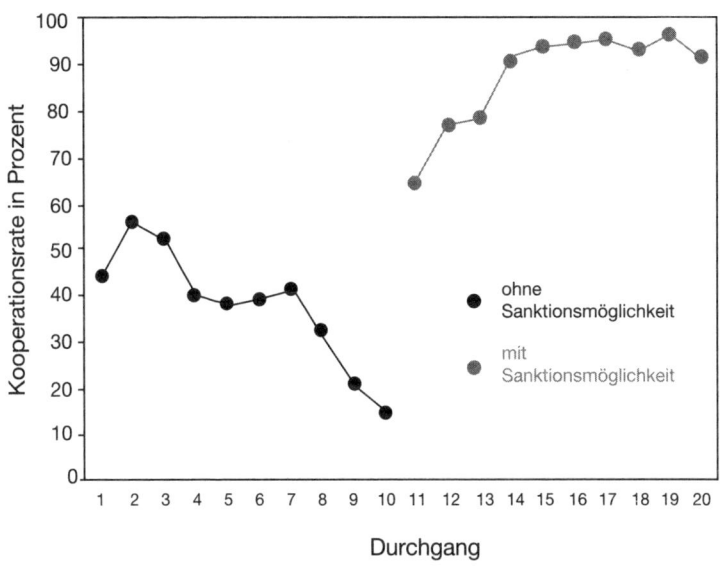

Abb. 10.1: Das Kollektivgut-Experiment
In zehn Durchgängen können die Teilnehmer/innen einen Beitrag zum öffentlichen Gut leisten. Am Ende jedes Durchgangs erfahren sie, wie viel die anderen in der Runde dazu beigetragen haben. Auf Grundlage dieser Information können sie dann im nächsten Durchgang die Höhe ihres Beitrags neu festsetzen. Wird das Kollektivgut-Experiment ohne Sanktionierungsmöglichkeiten durchgeführt, dann gehen die Beiträge zum öffentlichen Gut im Verlauf der zehn Durchgänge stark zurück. Wenn der Versuchsleiter allerdings die Sanktionierungsmöglichkeit einführt, steigen diese Beiträge schnell an, bis zu Runde 20 auf fast 100 Prozent.

Was können wir an dem Ergebnis ablesen? Im ersten Durchgang stehen die Teilnehmer ziemlich gut da. In den Runden eins bis zwei geben sie zwischen 40 und 60 Prozent ihres Einkommens für das öffentliche Gut aus. Das zeugt von Altruismus. Spielen sie jedoch zehn Runden lang, dann geht die Kooperationsrate in den Keller. Und das ist nicht nur in Zürich so, wo wir zum ersten Mal mit dieser Versuchsanordnung gearbeitet haben. Wir konnten dieses Phänomen nahezu überall beobachten. Mein Kollege Simon Gächter hat das Experiment in 15 verschiedenen Ländern durchgeführt und fand überall dasselbe Muster vor.

Dalai Lama: Warum gibt es da gleich am Anfang diesen sehr hohen Spitzenwert? Kommt das durch einen Neuigkeitseffekt? Ist es Ausdruck von Neugierde? Oder Aufgeregtheit?

Ernst Fehr: Eine interessante Frage. Das ist wirklich ein Rätsel. Wie hier schon zahlreiche Leute erklärt haben, sind die Menschen altruistisch. Schaut man auf Durchgang zehn, fällt der Altruismus ziemlich kümmerlich aus. Schauen Sie hingegen auf Runde eins, steht es damit gar nicht so schlecht. Ist das Glas also halb voll oder halb leer? Ist der Mensch altruistisch oder nicht? Und warum läuft das so ab?

So viel wissen wir bislang: In unseren Daten haben wir häufig rund 50 Prozent Menschen, die umso mehr zum öffentlichen Gut beisteuern, je mehr sie glauben, dass andere dies ebenfalls tun. Wir bezeichnen sie als *bedingt kooperativ*. Dann haben wir 30 Prozent, die nichts dazu beitragen, ganz gleich, was ihrer Meinung nach die anderen machen. Wir haben also eigennützige Probanden, und wir haben altruistische Probanden. Ihr Altruismus nimmt die Form der bedingten Kooperation oder des bedingten Altruismus an: Ich verhalte mich altruistischer, wenn ich glaube, dass die anderen sich altruistischer verhalten. Einerseits ist das eine sehr ermutigende Vorstellung, denn es bedeutet, dass ich andere zu altruistischem Verhalten ermutige, wenn ich mich selbst altruistisch verhalte. Darin liegt jedoch auch eine Gefahr, weil die eigennützigen Menschen alles andere belasten. Eigennütziges Verhalten entmutigt die anderen, die sich zunächst einmal altruistisch verhalten.

Zu Beginn des Experiments – und dies beantwortet Ihre Frage, Eure Heiligkeit – hegen zahlreiche Menschen optimistische Erwartungen in Bezug auf den Altruismus der anderen, sind dann freilich enttäuscht, weil es da unbeirrbare Trittbrettfahrer gibt. Wenn sie spüren, dass die anderen nicht zum öffentlichen

Gut beitragen, wollen sie denen nicht länger das Geld in den Rachen stopfen und beenden daher die Kooperation. Wir haben schon Experimente erlebt, bei denen in Runde zehn buchstäblich kein Mensch mehr kooperierte. Null Kooperation!

Wie können wir dieses Problem lösen? Bevor ich auf die Frage eingehe, lassen Sie mich bitte zunächst noch hervorheben, welch große Bedeutung meines Erachtens den Bedingungen, an die der Altruismus geknüpft ist, zukommt. Denken Sie an ein Thema wie die unrechtmäßige Inanspruchnahme von Sozialhilfe. Je weiter verbreitet die Annahme ist, dass solche Leistungen zu Unrecht bezogen werden, umso größer wird die persönliche Bereitschaft, dies gleichfalls zu tun. Falls man nicht überprüft, ob die Antragsteller tatsächlich einen Anspruch auf die entsprechenden Leistungen haben, werden immer mehr Menschen den Sozialstaat ausnutzen, indem sie Leistungsansprüche geltend machen, selbst wenn sie gar nicht die Voraussetzungen dafür erfüllen. Entsprechend läuft es mit der Korruption. Je korrupter die Gesellschaft insgesamt ist, umso schneller ist jede/r Einzelne bereit zu bestechen oder sich bestechen zu lassen. Je mehr Kriminalität wir zu sehen bekommen, umso eher sind wir bereit, selbst kriminelle Handlungen zu begehen. Insofern ist die Bedingtheit von Kooperationsbereitschaft von enormer Bedeutung. Nicht nur den politischen Entscheidungsträgern oder Firmenchefs, sondern jedem Mitglied der Gesellschaft fällt also die Aufgabe zu, seinen Teil dazu beizutragen, dass die Kooperationserwartung erfüllt wird, da allein dadurch schon Kooperation herbeigeführt wird.

Wir haben jedoch gesehen, dass dies keineswegs ausreicht. Die Erwartung fällt in sich zusammen, sofern keine Rückendeckung durch Institutionen vorhanden ist, die Trittbrettfahrerei einschränken. Wie haben wir das Problem historisch gelöst? Durch Sanktionierung von Nichtkooperation. Wir haben diejenigen Menschen sanktioniert, die den Wohlfahrtsstaat ausgenutzt haben; wir haben die Kriminellen sanktioniert; wir haben die sogenannten Steuersünder sanktioniert; und so weiter. Doch Institutionen, die zur Aufrechterhaltung von Kooperation beitragen, wie der Rechtsstaat, die Demokratie, eine auf Neutralität bedachte Polizei und unabhängige Richter, das Vertragsrecht, das Steuerrecht – all diese Institutionen sind erst in der letzten Millisekunde der Menschheitsgeschichte entstanden. 99 Prozent der Menschheitsgeschichte mussten wir ohne sie zurechtkommen, und damit sind wir bei einer ganz wichtigen Frage und einem großen Rätsel angelangt. Wie war es den Menschen überhaupt möglich, diese Institutionen, die ja ihrerseits öffentliche Güter sind, zu schaffen?

Auf diese Frage möchte ich Ihnen eine partielle Antwort auf der Grundlage unserer Versuche an der Universität Zürich anbieten. Wir haben dasselbe Kollektivgüter-Experiment durchgeführt wie zuvor beschrieben, es allerdings um eine Sanktionsmöglichkeit erweitert. In jedem Durchgang entscheiden die Mitglieder der Versuchsgruppe zunächst einmal, wie sie das Geld aufteilen. Anschließend erfahren sie über einen Computerbildschirm, wie sich die übrigen Gruppenmitglieder entschieden haben. Sie sehen also, wie die anderen vorgegangen sind, und können daraufhin ihr Geld auch zu einer Sanktionierung anderer Teilnehmer verwenden. Pro Dollar, den jemand für diesen Zweck aufwendet, werden die Einkünfte des sanktionierten Gruppenmitglieds um 3 Dollar verringert. Was für ein Schwachsinn, könnte man sagen. Warum sollte irgendjemand das tun? Doch die Versuchsteilnehmer haben sofort verstanden, dass sich ihnen hier eine Sanktionierungsmöglichkeit bietet, und ihre Sanktionen gezielt gegen die Trittbrettfahrer gerichtet. Zum Beispiel war es möglich, eine hohe Sanktion gegen ein Gruppenmitglied zu verhängen, das zu dem öffentlichen Gut wenig oder gar nichts beigetragen hatte, und eine geringere Sanktion (oder keine Sanktion) gegen ein Gruppenmitglied, das die Hälfte seiner Einkünfte beigesteuert hatte. Welche Wirkung das hat, kann man leicht erkennen. Es soll die potenziellen Trittbrettfahrer disziplinieren. Denn jetzt sehen sie sich mit etwas konfrontiert, das Wirtschaftswissenschaftler oder Spieltheoretiker als *glaubwürdige Drohung* bezeichnen. Lassen Sie uns anschauen, was diese altruistische Sanktionierung bewirkt.

Ohne Sanktionierung kam die Kooperation bis Runde zehn fast vollständig zum Erliegen. Im elften Durchgang gab ich den Teilnehmern die Möglichkeit, einander zu sanktionieren. Etwas Erstaunliches geschah: Dieselben Leute, deren Beitrag in der zehnten Runde nahezu auf Null gesunken war, gaben in der zwanzigsten Runde beinahe 100 Prozent, fast ihr gesamtes Geld, an das öffentliche Gut. Ist das nicht verblüffend? Es waren genau dieselben Leute. Auf eine Art könnte man dieses Experiment als ein Gleichnis für die menschliche Evolution betrachten. Wir waren in der Lage, ohne ein Staatswesen, ohne eine kooperative Infrastruktur wie den Rechtsstaat für die wichtigsten öffentlichen Güter zu sorgen, weil wir durch unsere altruistische Tendenz diejenigen diszipliniert haben, die sich nicht an die Regeln der Gesellschaft hielten.

Und jetzt stellt sich die Frage: Ist das ein allgemeingültiges Rezept? Ich habe es bereits erwähnt: Dass Kooperation zunichtegemacht wird, scheint ein universelles, in jedem Land, in dem Forscher dieses Experiment durchgeführt haben, beobachtbares Merkmal zu sein. Die Wirkung des Sanktionierens hingegen ist keineswegs universal. Bestrafung allein bewirkt nicht, dass alle Gruppen überall auf der Welt anschließend besser dastehen. Es gibt Länder, in denen die Bestraften zurückschlagen. Nehmen wir mal an, William würde mich in Runde vierzehn bestrafen, weil ich zum öffentlichen Gut nichts hinzugesteuert habe. Das macht mich wütend. Ich komme zu dem Schluss, dass eines der Gruppenmitglieder mich abgestraft haben muss. Denen werde ich's zeigen! Also picke ich mir im fünfzehnten

Durchgang einen von ihnen heraus. Weil es ein anonymes Experiment ist, weiß ich nicht, ob ich William gewählt habe. Ja, ich weiß nicht einmal, dass es William war, der mich in der vorherigen Runde bestraft hat. Das nennt man *antisoziale Bestrafung,* und in manchen Kulturen ist sie wirklich weitverbreitet.

Benedikt Herrmann, Christian Thöni und Simon Gächter[1] haben in zahlreichen Ländern wie etwa in Griechenland oder an manchen Orten im Nahen und Mittleren Osten häufig antisoziale Bestrafung beobachtet, in Ländern wie der Schweiz oder den USA dagegen meist die prosoziale altruistische Bestrafung. Als sie sich anschauten, was hinter diesem Unterschied steckt, stellten sie fest, dass es in Ländern mit stark ausgeprägten Kooperationsnormen sehr wenig antisoziale Bestrafung gibt. Wenn jemand findet, dass es nicht in Ordnung ist, öffentliche Verkehrsmittel zu nutzen, ohne den Fahrpreis zu zahlen, ist das ein Beispiel für solche soziale Normen. Mit Bestrafung allein ist es also nicht getan. Wir brauchen die richtigen sozialen Normen, die richtige Bildung und Erziehung. Dann können wir, in Kombination mit den Sanktionierungsmöglichkeiten, nützliche öffentliche Güter schaffen. Kulturen, die diese Normen etablieren konnten, haben viel zum menschlichen Wohl beigetragen, weil sie das Kollektivgut-Problem besser gelöst haben.

Ich habe dargelegt, dass öffentliche Güter für das menschliche Wohlergehen von ausschlaggebender Bedeutung sind, die freiwillige Bereitstellung öffentlicher Güter Altruismus erfordert und viele Menschen altruistische Kooperationsbereitschaft zeigen, wobei das allein jedoch noch nicht ausreicht. Warum? Weil eine kleine Gruppe eigennütziger Menschen eine weitverbreitete altruistische Kooperation zunichtemachen kann. Viele Menschen aber zeigen auch eine Tendenz zur altruistischen Sanktionierung, und schon eine kleine Gruppe von altruistisch Sanktionierenden kann volle Kooperation herbeiführen, sofern eine Gruppe die richtigen kulturellen Normen hat. Das zeigt einmal mehr, wie wichtig Bildung ist – und Projekte wie diese Tagung.

Dieselben Menschen können ein katastrophales Resultat oder ein gutes Resultat zustandebringen. Das ist vielleicht das Wichtigste, was wir hieraus lernen können. Alles hängt sehr stark davon ab, wie wir unsere Institutionen gestalten und welche Handlungsmöglichkeiten wir schaffen. Ein aktuelles Beispiel ist die Regulierung der Finanzmärkte. Alles hängt von den Spielregeln ab. Wie können wir Gier und Eigennutz in einer Weise einschränken, dass es sich nicht zum Nachteil der Gesellschaft auswirkt? Die Wirtschaftswissenschaft wird mitunter als die »trostlose Wissenschaft« bezeichnet, in einem gewissen Sinn ist sie aber eine ganz edle Wissenschaft. Sie kann uns dazu befähigen, Institutionen zu schaffen, die unser aller Leben besser machen.

TEIL III

Die Einführung des *Prosozialen* in Wirtschaftssysteme

KAPITEL 11

Sinnvoller Profit
Antoinette Hunziker-Ebneter

Antoinette Hunziker-Ebneter ist Geschäftsführerin und Mitbegründerin der Forma Futura Invest AG, einer unabhängigen Vermögensmanagementgesellschaft. Dort beschäftigt sie sich mit Kapitalanlagemöglichkeiten, die gute Unternehmensführung sowie soziales und ökologisches Verantwortungsbewusstsein in sich vereinen. Vor Gründung dieser Firma war sie Vorsitzende der Schweizer Börse und Geschäftsführerin von virt-x, der ersten paneuropäischen Börse.

Investitionen in die richtigen Unternehmen können, wie Hunziker-Ebneter uns vor Augen führt, sozial und ökologisch einen Beitrag zur Verbesserung unserer Lebensbedingungen leisten und finanziell profitabel sein. Wenn wir unser Geld nutzen, um in diesem Sinn verantwortungsbewusst Rendite zu erwirtschaften, so sagt sie, können große Teile der Bevölkerung – angefangen bei den Arbeitern über das Management bis hin zu den Investoren – zu einer besseren Lebensqualität für den Menschen und zum Schutz des Planeten beitragen.

Geld ist eine unverzichtbare Ressource und genau wie Wasser und Wissen Bestandteil eines Kreislaufs. Es muss in Fluss bleiben. Kreisläufe sind grundlegend für Nachhaltigkeit. Wer Geld hat, sollte darum unbedingt nachdenken und abwägen, bevor er oder sie investiert: In was für ein Management, in welche Menschen, Produkte, Dienstleistungen und Herstellungsprozesse wollen wir eigentlich unter finanziellen, sozialen und ethischen Gesichtspunkten investieren?

Für das Finanzsystem, das wir momentan haben, sind *wir* verantwortlich. Wir sind auch für unser Wirtschaftssystem verantwortlich. Diese Systeme produzieren eine Menge Finanzblasen und werden das weiterhin tun. Und wer profitiert von solchen Blasen? Ein kleiner Kreis ausgesprochen gieriger Personen. Unterdessen verliert ein Großteil aller übrigen Menschen nicht nur Geld, sondern häufig auch den Arbeitsplatz und hat zugleich einen Verlust an Lebensqualität zu beklagen.

Wir alle tragen zu diesem System unseren Teil bei. Darum sollten wir uns fragen: Dürfen wir weiterhin unwissend bleiben? Um verantwortungsvoll handeln zu können, müssen wir Wissen weitergeben. Wenn wir das heutige Wirtschaftssystem analysieren, sehen wir, welche Wertvorstellungen hier den Ton angeben: materielles Wachstum, Profitmaximierung, Rentabilität, eine kurzfristige Perspektive, Individualismus und lineares Denken. Sind das tatsächlich unsere Werte als Konsumenten und Investoren? Immer weniger, finde ich. Ich habe mit Klienten zu tun, denen es wirklich darauf ankommt, wo sie investieren. Wir sehen, wie sich der Akzent verschiebt – vom Profit um seiner selbst willen hin zu sinnvollem Profit, von Quantität zu Lebensqualität. Immaterielle Werte gewinnen zusehends an Bedeutung.

Werfen wir einen Blick auf die Pyramide der finanziellen Bedürfnisse eines Menschen. Zuallererst muss man in der Lage sein, die Grundbedürfnisse zu decken: Essen, Trinken, ein Dach überm Kopf, Bildung. Dann braucht man einige Rücklagen, ein gewisses Maß an finanzieller Sicherheit, etwa für den Fall einer Erkrankung. Wenn Sie ein bisschen mehr Geld verdienen, werden Sie es vielleicht für die Freizeitgestaltung, für Sport und Kultur ausgeben wollen. Und zu guter Letzt wollen Sie auch materiellen Gewinn erzielen.

Wenn Sie die ersten vier Stufen ersteigen konnten und sich bewusst sind, dass Ihre Investitionen Auswirkungen haben, dann sind Sie in der Lage, Verantwortung für Ihre Investitionen zu übernehmen und mit Ihrem Geld zu einer besseren Lebensqualität beizutragen.

Abb. 11.1: Hierarchie der finanziellen Bedürfnisse
Den Investoren muss Geld in Zukunft mehr bieten als die bloße Deckung des Finanzbedarfs oder die Gewinnrealisierung.

In unserer Firma analysieren wir Organisationen im Hinblick auf 180 Nachhaltigkeitsfaktoren. Als Erstes kommt das Management an die Reihe: Wer steht an der Firmenspitze? Für welche Werte treten diese Leute ein? Wenn die Betreffenden etwas mitteilen, setzen sie dann das, was sie mitgeteilt haben, auch wirklich in die Tat um? Wie sehen ihre Prämiensysteme aus? Haben sie eine langfristige Orientierung? Manche Unternehmen stecken sich Nachhaltigkeitsziele – etwa das Ziel, Jahr für Jahr den CO_2-Ausstoß zu verringern – und verknüpfen diese Zielsetzung mit einem Prämiensystem. Bei der Investmentbank, für die ich tätig war, bevor ich Forma Futura gründete, habe ich ein Prämiensystem eingeführt, bei dem der Bonus davon abhing, inwieweit unsere Devisenhändler sich unsere Werte zu eigen machten. Dem Kunden gegenüber fair zu sein, war beispielsweise ein ganz entscheidender Wert für uns. Also ermittelte ich die jeweilige Gewinnspanne, mit anderen Worten, den Gewinn, den die Bank erzielte, indem sie die Finanzprodukte und Sicherheiten der Kunden verkaufte. Wie Sie sich vorstellen können, erlebten wir bei unseren Mitarbeitern innerhalb von 3 bis 6 Monaten eine Verhaltensänderung. Sind wir fair zu unseren Kunden, dann können wir langfristige Beziehungen zu ihnen aufbauen und sie zunehmend davon überzeugen, verantwortungsbewusst zu investieren.

Zu den Kriterien, die uns bei Forma Futura als Maßstab dienen, zählt auch, wie sehr ein Unternehmen Innovationen fördert. Ich nehme an, mein 17-jähriger Sohn wird eines Tages in einer Welt leben, in der Autos nicht länger durch fossile Kraftstoffe angetrieben werden. Das hängt allerdings davon ab, welche Innovationen es innerhalb der nächsten Jahre auf dem Verkehrssektor geben wird. Innovation braucht ein bestimmtes atmosphärisches Umfeld, eine geeignete Plattform. Innovation verlangt, dass zwischen den Kenntnissen der Fachleute aus den unterschiedlichen Tätigkeitsbereichen und mit ganz unterschiedlichen Hintergründen Brücken geschlagen werden.

Weitere Maßstäbe sind für uns, wie viel Treibhausgas ein Unternehmen freisetzt, wie es mit spärlich vorhandenen Ressourcen umgeht, ob es Produkte für unterversorgte Märkte anbietet und wie ernst es bei der Arbeit, bei der Produktion und bei seinen Beschaffungspraktiken die Menschenrechte nimmt. An die Durchführung dieser Nachhaltigkeitsanalyse schließt sich dann eine herkömmliche Finanzanalyse an. Bei uns können die Investoren nur in Unternehmen investieren, die all diese Tests bestanden haben.

Im Verlauf der letzten dreieinhalb Jahre konnten wir zeigen, dass sich auf solchen Märkten mindestens so viel Geld verdienen lässt, wie bei einer Investition in herkömmliche Modelle. Zugleich erleben wir nun, dass nachhaltig wirtschaftende Unternehmen auf dem Kapitalmarkt billiger an Geld gelangen als andere Firmen – wahrscheinlich weil solche Unternehmen sich mehr um Risiken kümmern und diese Information der Welt da draußen mitteilen.

In Europa werden heutzutage 3 Prozent aller investierten Gelder auf nachhaltige Weise investiert. In den USA sind es ungefähr 10 Prozent. Mein persönliches Ziel ist es mitzuerleben, wie wir die 25 Prozent erreichen, und ich möchte gemeinsam mit meinen Partnern, Angestellten und Kunden zu dieser Entwicklung beitragen, damit die Leute in der Führungsspitze der Unternehmen soziale und ökologische Faktoren nicht länger ignorieren können.

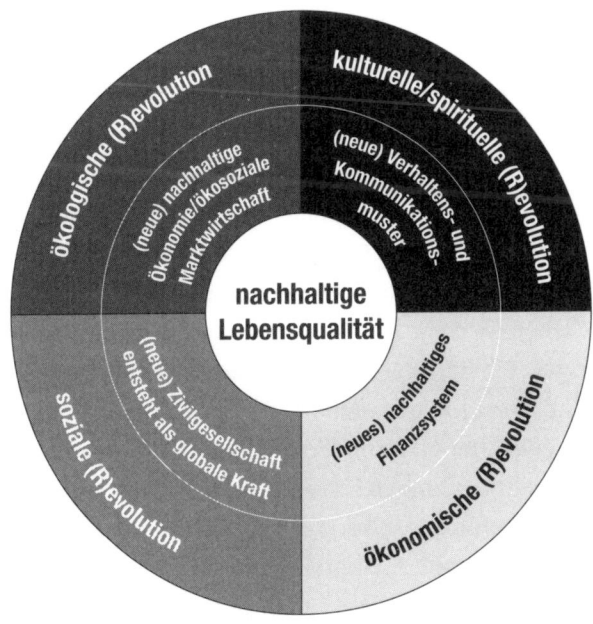

Abb. 11.2: Eine vierfache globale (R)evolution
Die Transformation hin zu einer nachhaltigen Lebensqualität hängt von einer vierfachen globalen (R)evolution ab.

Anders zu investieren wird ein wichtiger Schritt in die richtige Richtung sein, es kann für sich allein jedoch noch nicht die umfassende ethische und nachhaltige Lösung herbeiführen, die wir benötigen. Was können wir darüber hinaus tun? Nach meiner Überzeugung brauchen wir eine globale Evolution – oder auch Revolution oder beides – in vier eng aufeinander bezogenen Bereichen. Ich persönlich bin mehr der Evolutionstyp. Doch in Anbetracht all dessen, was wir infolge der Finanzkrise bislang zu sehen bekommen haben, bezweifle ich, dass es möglich sein wird, auf eine evolutionäre Weise das zu tun, was getan werden muss.

Erstens brauchen wir eine ökologische (R)evolution und eine Marktwirtschaft, die sich ernsthaft um die Umwelt kümmert. Setzt jemand Treibhausgase frei, dann muss er dafür bezahlen. In unsere Preismodelle gehören Umweltschäden unbedingt mit hinein.

Zweitens brauchen wir ein nachhaltiges Finanzsystem, und den Anfang machen da vernünftige Zielsetzungen. Welche Ziele setzen wir uns in unserem Wirtschaftssystem? Wir berechnen das Bruttoinlandsprodukt (BIP), aber erhöht sich mit dem BIP zugleich unsere Lebensqualität? Nur bis zu einem gewissen Punkt, wie wir gesehen haben. Wir zählen die Krankheitstage und sehen, dass mehr Krankheitstage das BIP erhöhen. In Bhutan hingegen berechnet man, wie viele Tage die Menschen gesund sind. Dort hat man den Index für das sogenannte *Bruttonationalglück* (BNG) erfunden. In diese Richtung müssen auch wir uns mehr und mehr bewegen, indem wir uns vernünftige Ziele setzen – für uns selbst, für unser Gemeinwesen, für unsere Unternehmen und für unser Wirtschaftssystem.

Ein nachhaltiges Finanzsystem braucht auch ein verbindliches und wirkungsvolles Regelwerk. Die Eigenkapitalquote spielt dabei eine ganz entscheidende Rolle. Banken sollten in der Lage sein, mit den Risiken, die sie eingehen, selbst klarzukommen. Eure Heiligkeit, ob Sie jemals ein Spielcasino betreten haben, weiß ich nicht. Wenn man ins Casino geht, muss man zu 100 Prozent eigenes Geld mitbringen. Einige Investmentbanken haben reine Spekulationsgeschäfte betrieben. So etwas sollten sie mit eigenem Geld machen, da es sich dabei ebenfalls um eine Art Glücksspiel handelt. Doch in den vergangenen Jahren haben sie auf die Regulierungsbehörden Druck ausüben und die entsprechenden Quoten herabsetzen können. Nach der Finanzkrise haben zwar manche Banken die Quoten wieder erhöht, das reicht jedoch nicht aus.

Ein nachhaltiges Finanzsystem ermöglicht und verlangt Verantwortlichkeit. Zu den Aufgaben von Vorstandsmitgliedern großer Unternehmen zählt die Risikoermittlung. Sie müssen herausfinden, wo solche Risiken auftreten und wie man sie bewältigen kann. Was man nicht versteht, davon sollte man die Finger lassen.

Ich persönlich gehe nicht davon aus, dass die gegenwärtigen Unternehmensvertreter eine derartige Veränderung in Gang bringen werden. Ich glaube, dass die eigentliche Veränderung von einer gesellschaftlichen Evolution oder Revolution herrühren wird, in der wir, die Zivilgesellschaft, auf verantwortungsbewusste Weise handeln werden. Unsere Sache ist es, darüber nachzudenken und zu entscheiden, welche Güter wir konsumieren wollen und wie viel davon. Nicht physische Dinge sind die neuen Luxusgüter, sondern Sicherheit, ein intaktes Ökosystem, Freundschaften, Glück und ein sinnerfülltes Leben.

Selbstverständlich braucht man zugleich eine kulturelle und spirituelle Evolution. Doch das fällt in Ihre Zuständigkeit, Eure Heiligkeit, und so freue ich mich schon sehr darauf zu sehen, was Sie in dem Bereich künftig noch unternehmen werden. Mit Ihrer Unterstützung werden wir zu guter Letzt den Schritt zu einer nachhaltigen Lebensqualität vollziehen können.

Dalai Lama: Wundervoll. Es ist wundervoll, dass die Einsicht in die Unzulänglichkeiten der gegenwärtigen Situation und des existierenden Systems wächst. Vieles sollte verändert werden.

Nach meiner Überzeugung haben wir Menschen, wenn wir unsere Intelligenz in angemessener Weise nutzen und die Dinge ganzheitlicher betrachten, die Fähigkeit, Mittel und Wege zur Überwindung dieser Probleme zu finden. Vielleicht werden wir all das nicht schon zu unseren Lebzeiten erreichen. Das macht nichts. Wir müssen über diese Dinge nachdenken, sie erforschen, um sie den jungen Leuten von heute klarzumachen, die sie dann letztlich in die Tat umsetzen werden.

Gert Scobel: Sie haben gesagt, dass Ihre Investitionen ebenso wie jedes andere Produkt, das man kauft oder verkauft, eine Rendite erbringen müssen, was macht dann eigentlich den Unterschied aus? Für mich als Konsumenten ist es sehr schwierig, von vornherein den Unterschied zwischen »sinnvollem Profit« oder schlicht und einfach nur »Profit« zu erkennen. Kommt es bei Ihnen auf eine längerfristige Perspektive an?

Antoinette Hunziker-Ebneter: Ja. Es gibt mittelgroße Unternehmen in der Schweiz, in Deutschland und in anderen Ländern, die schon immer so gearbeitet haben. Hat man beispielsweise eine Zeit lang Ertragseinbußen, verdienen zunächst einmal die Firmeninhaber weniger. Da werden nicht einfach Leute entlassen oder beurlaubt. Solch ein langfristiges Denken trägt Früchte – im Aufbau von Sachverstand, im Aufbau von Vertrauen, im Aufbau wahrer Loyalität. Wer will, dass die Menschen am Arbeitsplatz ihr Bestes geben, ihre Ideen einbringen und für echte Innovationen sorgen, der muss sicherstellen, dass sie ihrer Arbeit auf einer Vertrauensbasis nachgehen können. Wenn sie, wie es heutzutage bei so vielen Menschen der Fall ist, Angst haben, den Arbeitsplatz jederzeit verlieren zu können, wird man zu ihren Einsichten keinen Zugang erhalten. Nachhaltiger Profit orientiert sich daher an einer langfristigen Perspektive. Da wird es, wie in der Natur, Zeiten ohne viel Wachstum geben. Bäume wachsen auch nicht in den Himmel, und das muss man akzeptieren. Wenn man im Unternehmen in einer langfristigen Perspektive denkt und die Investoren nicht Jahr für Jahr zweistellige Gewinne verlangen, dann ist dies möglich. Es hängt also auch sehr stark vom Konsumenten ab.

Gert Scobel: Sie sagen also, dass Sie eine Rendite haben werden? Anfangs vielleicht keine so hohe, aber auf Dauer ist es eine Konstante.

Antoinette Hunziker-Ebneter: Ja, das gibt den Unternehmen Zeit, auf echte Lösungen für die ökologischen Herausforderungen unserer Zeit hinzuarbeiten. In puncto Energieeffizienz beispielsweise kann ein Unternehmen sagen: »Bis 2015 wird unser Umsatz zu 50 Prozent aus grünen, energiesparenden Produkten stammen. Sie bieten nicht nur etwas sehr Sinnvolles an, sondern an solch einem Wachstum können auch die Investoren teilhaben. Oder manche Unternehmen entwickeln Enzyme, mit denen man die Wäsche bei niedrigeren Temperaturen waschen kann. Wir brauchen diese ganzheitliche Sicht auf das ökonomische, soziale und ökologische Umfeld eines Produkts. Diese integrierte Art der Unternehmensführung erbringt Renditen, was eine gute Sache ist. Wir müssen einen vernünftigen Profit machen, um unsere Angestellten und uns selbst bezahlen zu können, und natürlich um Geld für Innovation zu haben.

Dalai Lama: Wichtig ist, sich zu vergegenwärtigen, dass es Grenzen gibt. Ich sage den Menschen: Geht es um materielle Entwicklung, stößt man stets auf Grenzen. In dem Bereich sollte man sich daher besser in Genügsamkeit üben. Bei der geistigen Entwicklung gibt es keinerlei Grenze. Darum sollte man sich dort nie zurücklehnen und mit etwas zufriedengeben, vielmehr bestrebt sein, sich weiter zu entwickeln, weiter zu entwickeln, weiter zu entwickeln. Gewöhnlich tun wir jedoch genau das Gegenteil. Der geistigen Entwicklung schenkt niemand viel

Aufmerksamkeit. Auf der materiellen Seite hingegen setzen wir, obwohl es dort Begrenzungen gibt, all unsere Hoffnung darauf zu sehen, ob wir über die Grenze hinausgelangen können.

Sehr verbunden bin ich Ihnen für die Anmerkung, dass wir die Grenzen des Wachstums anerkennen müssen. Davon bin ich wirklich überzeugt, und wie jeder Mensch freue ich mich natürlich, wenn ich feststelle, dass jemand eine tiefgründige Idee mit mir teilt.

KAPITEL 12

Was kann eine Mikrofinanzierung leisten?
Arthur Vayloyan

Arthur Vayloyan hatte von 1992 bis 2012 verschiedene Führungspositionen bei der Credit Suisse inne. Er gehörte dem Private Banking Management Committee an, zuletzt leitete er das Private Banking für die Credit Suisse in der Schweiz sowie die Abteilung Global External Asset Managers. Er interessiert sich für Nanotechnologie, für Innovationen und für Mikrofinanzierung.

Vayloyan schildert, wie es zum Engagement der Credit Suisse im Bereich der Mikrofinanz kam. Er erzählt, welche Geschichte dahintersteht, und beschreibt den besonderen Stellenwert dieses Engagements: Mittels Mikrofinanzierung konnte man in einem wirtschaftlichen, profitablen und nachhaltigen Verfahren das von Spitzenverdienern aus aller Welt investierte Geld den Menschen am unteren Ende der Einkommenspyramide zugänglich machen und sie so in die Lage versetzen, der Armut zu entrinnen. Anschließend sprechen Antoinette Hunziker-Ebneter, Matthieu Ricard und Seine Heiligkeit über die Möglichkeiten und Risiken, die der Einstieg großer Banken in das Mikrofinanzgeschäft mit sich bringt.

Ich danke Ihnen, Eure Heiligkeit, meine Damen und Herren. Welch eine Gelegenheit! Wenn wir über große Banken und über Großunternehmen sprechen, wenn wir die Schlagzeilen lesen, vergessen wir zu leicht, dass es in solchen großen Institutionen durchaus Menschen gibt, die sich um andere kümmern. An der Schwelle des Jahrtausends begannen in unserer Bank, der Credit Suisse, einige Leute darüber nachzudenken, was wir zum Fortschritt dieser Welt, zu einer sinnvollen Verminderung der Armut beitragen könnten. Wer über Armut spricht, übersieht meist, welch entscheidende Rolle der Zugang zu Finanzdienstleistungen hierbei spielt. Wir halten ihn schlicht für eine Selbstverständlichkeit. Für uns ist er etwas ganz Normales. Aber Milliarden Menschen haben zu solchen Dienstleistungen keinen Zugang.

Anfangs war die Reaktion bei der Credit Suisse: Vergesst es! Dafür sind wir nicht da. Innerhalb der kleinen Gruppe von Leuten, die sich für das Projekt stark machten, mussten wir uns also eine sinnvolle Möglichkeit überlegen, wie wir zwischen den angestammten Aktivitäten einer Bank und diesen Milliarden von Menschen in Not eine Verbindung herstellen konnten. Wie es sich so traf, wurde just zu jener Zeit die Mikrofinanzierung allgemein bekannt. Also sagten wir uns: Warum versuchen wir das nicht? Eine Diskussion kam in Gang. Eines der Gegenargumente war, eigentlich sei es gar nicht nötig, etwas zu verändern, denn mit der Welt wende es sich ja ohnehin zum Besseren. Einerseits zählte zwar die Weltbevölkerung 1980 noch 4,4 Milliarden Menschen, 1990 hingegen 5,3 Milliarden, und im Jahr 2000 waren es bereits 6 Milliarden Menschen; und bald schon wird die 7-Milliardengrenze überschritten sein.[1] Doch nahm, einigermaßen unerwartet, im gleichen Zeitraum der unter extremer Armut leidende Bevölkerungsanteil ab: von 1,9 Milliarden Menschen, also über 40 Prozent der Weltbevölkerung, die 1980 unterhalb der Armutsschwelle lebten, auf heute rund 20 Prozent.

Ganz allgemein ist extreme Armut rückläufig. Allerdings bestehen große regionale Unterschiede, und nach wie vor leben Millionen von Kindern und Erwachsenen auf dem Planeten unter unsäglich trostlosen Bedingungen. Beispielsweise beträgt die Kindersterblichkeit in Angola 18 Prozent, die Analphabetenrate in Burkina Faso 76 Prozent, das tägliche Pro-Kopf-Einkommen in Mosambik 2 $, und die durchschnittliche Lebenserwartung in Swasiland liegt bei 32 Jahren. Hier habe ich jetzt Zahlen aus Afrika herausgesucht, Statistiken dieser Art lassen sich natürlich auch für andere Teile der Welt finden. Und wir sehen, dass ungeachtet der Not die Hilfsbereitschaft leicht abnimmt. Aber wer sich zurücklehnt und sagt, all das werde sich schon von allein regeln, macht es sich zu einfach.

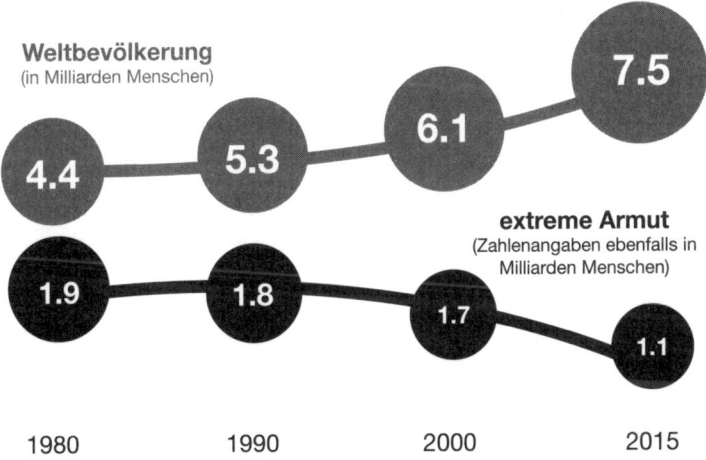

Abb. 12.1: Verbesserung der Armutssituation weltweit

Heutzutage erleben wir, dass die Migration immer weiter zunimmt, weil die Menschen aus Armutsregionen sich dorthin begeben müssen, wo sie ein besseres Leben führen können. Ein weiterer Punkt, um den wir uns unbedingt kümmern sollten, ist der – im Jargon der Demografen sogenannte – Jugendüberschuss: der Anteil der jungen Leute an einer Gesellschaft. In den Industrieländern machen junge Leute im Alter zwischen 15 und 25 Jahren lediglich einen kleinen Teil der Bevölkerung aus, ungefähr 10 Prozent. In den Entwicklungsländern hingegen gibt es einen hohen Anteil an jungen Menschen ohne Zukunftsperspektive. Und junge Leute ohne Zukunft sind, wie wir wissen, anfällig für aggressive Gewalt propagierende Ideologien aller Art.

Brauchen wir also wirklich eine Mikrofinanzierung? Als Erstes sollten wir verstehen, was es damit auf sich hat. Mikrofinanzierung beinhaltet, um es in aller Kürze zusammenzufassen, eigentlich nichts weiter als Finanzdienstleistungen – Kredite, Zahlungen, Sparguthaben und Versicherungen. Wer von Mikrofinanzierung spricht, meint im Allgemeinen Kleinstkredite. Tatsächlich umfasst Mikrofinanzierung jedoch alle klassischen Finanzaktivitäten.

Hier ein Beispiel unter Millionen: Phi Phi, Mutter von vier Kindern, lebt in einem Dorf in Kambodscha. Diese Frau hatte überhaupt kein Geld. Zuerst nahm sie ein Darlehen über gerade mal 13 Dollar auf. Das half ihr, ein neues Kleinstgewerbe zu gründen. Davor hatte sie, mit wenig Erfolg, eine Schreinerei betrieben. Nun begann sie stattdessen, Zucker herzustellen. Von dem ersten Darlehen kaufte sie ein paar Säcke Dünger und ein bisschen Bambus zur Herstellung einiger Leitern. In der Folge produzierte sie mehr Palmzucker am Tag als vorher. Ein paar Jahre später betrug ihr zwölftes Darlehen 65 Dollar. Mit diesem Geld kaufte sie nun ein zusätzliches Stück Land, und sie bezahlte die Gebühren für die Immatrikulation eines ihrer Söhne an der Universität. Phi Phis Geldgeber war Amret, eine kambodschanische Mikrofinanzinstitution, die Geld aus dem Mikrofinanzfonds der Credit Suisse erhält.

Wenn man kein Geld hat, ist es sehr schwierig, an Geld zu kommen. Wer etwas Geld hat, dem wird es leichter fallen, es zu mehren – als Unternehmer/in mit einer Geschäftsidee. Wie aber konnte eine Frau wie Phi Phi überhaupt die Voraussetzungen für ihr erstes Darlehen erfüllen? An dem Punkt haben viele Leute, wenn sie über Mikrofinanzierung sprechen, allzu rosige Vorstellungen. Denn auch wer einen Kleinstkredit erhalten möchte, muss einen Antrag stellen und gewisse Voraussetzungen erfüllen. Bei Zahlungsverzug wird eine Strafe fällig, Rückzahlung wird belohnt. Tatsächlich erhielt Phi Phi ihr Geld nur deshalb, weil sie Teil einer Gruppe war. Darum spricht man bisweilen auch vom *Dorfbankensystem*[2] (*Village Banking*) oder vom *solidarisch getragenen Bankensystem* (*Solidarity Banking*). Für sich allein hätte Phi Phi nicht zum Kreis der Kreditberechtigten gezählt, als Mitglied einer Gruppe hingegen durfte sie ihren Kredit beantragen.

Eines wird Ihnen an der Geschichte sicherlich aufgefallen sein: Nutznießer/in ist eine Frau. Beileibe kein Zufall. Für zahlreiche Mikrofinanzprodukte sind speziell Frauen die Zielgruppe. Nimmt eine Frau ein Darlehen auf, dann ist generell eine höhere Rückzahlungsquote zu verzeichnen als bei einem männlichen Darlehensnehmer. Vielfach tragen Frauen die Verantwortung für das Wohl der ganzen Familie. Daher verwundert es nicht, dass als Kleinstunternehmer/innen, die bei Null anfangen, meist Gruppen von Frauen in Erscheinung treten.

Phi Phi hatte anfangs bloß jenes kleine Darlehen, aber einen gewissen Erfolg. Die Gruppe bot ihr Rückhalt. Außerdem gab es die Mikrofinanzinstitution sowie jemanden, der ihr bei der Erledigung der Formalitäten behilflich war; und so konnte sie ihre unternehmerische Aktivität immer weiter ausbauen, mehr und mehr Geld erwirtschaften. Wenn sie dann ihr Darlehen zurückzahlen kann, baut sie Vertrauen auf. Und genau dieses Vertrauen ist das Kapital, durch das sie sich für immer weitere Darlehen qualifiziert. Allerdings sollten wir uns vergegenwärtigen, dass Geld als solches keineswegs das endgültige Ziel ist. Phi Phi wollte erreichen, dass ihre Kinder zur Schule gehen können, sie wollte Zugang zu einer qualitativ guten medizinischen Versorgung haben, wollte ein Haus haben, wollte einen höheren Lebensstandard erreichen.

Momentan gibt es 155 Millionen Kleinkreditkunden in aller Welt. Eine Kreditsumme in der schwindelerregenden Höhe von 45 Milliarden Dollar ist weltweit verteilt worden. Diese Zahlen spiegeln die auf dem Markt vertretenen Akteure insgesamt wider, nicht nur unsere Bank. Trotzdem dürfen wir nicht auf der Stelle treten und sagen: »Toll, da haben wir ja ganz schön was erreicht.« Die Anzahl der potenziellen Kandidaten ist, gemessen am heutigen Stand, mehr als zehnmal so hoch. Wir dürfen also nicht bei dem Erreichten stehen bleiben. Schätzungen zufolge nutzen 2,5 Milliarden Erwachsene weltweit weder eine Bank noch eine Mikrofinanzinstitution, um Geld zu sparen oder sich welches zu leihen.[3]

Hilfe allein reicht hier nicht aus, und an dem Punkt kann unsere Bank einen sinnvollen Beitrag leisten. Wir bedienen die Menschen an der Spitze der Wohlstandspyramide: etwa 10 Millionen Menschen – von insgesamt über 6,5 Milliarden –, die jeweils über Kapitalanlagen von einer Million Dollar oder mehr verfügen. Die Basis der Pyramide ist gewaltig: Dort benötigen 4,5 Milliarden Menschen mit weniger als 4 Dollar Kaufkraftparität pro Tag einen Zugang zu Geld. Wenn es uns gelingt, das oben an der Spitze vorhandene Vermögen auf eine nachhaltige, langfristige Art und Weise nach unten an die Basis der Einkommenspyramide zu bringen, dann können wir einen Entwicklungsschub bewirken.

Wie soll das in der Praxis funktionieren? Wir wissen, einfach Geld in die Hand zu nehmen und zu sagen: »Ich habe hier Geld, wer benötigt welches?«, klappt nicht. In unserer Bank war uns schnell klar, dass wir eine einfache Lösung brauchten, die wir unseren Kunden anbieten können, aber auch jedem anderen, der Teil dieses Projekts sein wollte. Wir wollten Investoren finden, die dieser Idee aufgeschlossen gegenüberstehen, sie mittragen und Geld in einen sogenannten *Mikrofinanzfonds* einzahlen würden. Dieses Mikrofinanzgeld geht dann an Mikrofinanzinstitutionen, Banken oder Quasi-Banken in über 35 Ländern, in Ost und West, im Norden und im Süden. Und diese Mikrofinanzinstitutionen geben anschließend Darlehen an Klein- und Kleinstunternehmer/innen – so wie Phi Phis 13 Dollar. Investitionen in den Fonds bringen Zinsen, die Finanzierung der Mikrofinanzinstitutionen durch die Credit Suisse bringt Zinsen, und der Klient beziehungsweise die Klientin zahlt die Darlehenssumme plus Zinsen an die Mikrofinanzinstitution zurück. So läuft das ab.

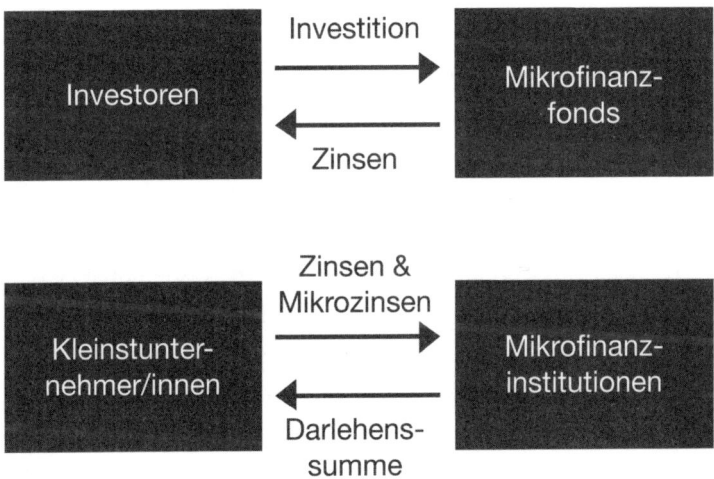

Abb. 12.2: Der Mikrofinanzfonds der Credit Suisse

Als ich diese Idee erstmals dem Verwaltungsrat der Credit Suisse vortrug, kam von einem der Verwaltungsratsmitglieder die Frage, warum ich ihre Zeit damit vergeude – ursprünglich war der Fonds einfach sehr klein. Doch nachdem wir geklärt hatten, wie wir vorgehen sollten, legten wir schließlich los. Ende 2003 starteten wir das Projekt mit einem Geldbetrag in Höhe von 4 Millionen Dollar, die wir von Freunden und Verwandten erhalten hatten: von Menschen, die wirklich an uns glaubten, die uns vertrauten und der Auffassung waren, diese Idee sei eine Investition wert. Seither hat das Ganze eine dramatische Entwicklung genommen. Bereits ein Jahr nach dem Start war der Betrag auf das Zehnfache angestiegen, ein weiteres Jahr später um ein Fünffaches. Heute sind wir nahezu bei 1 Milliarde Dollar angelangt. 1 Milliarde Dollar, auf die Art und Weise investiert, versetzen Hunderttausende Kleinstunternehmer in die Lage, ein besseres Leben führen zu können. Und aus unserer Sicht zeichnet sich kein Ende dieses Wachstums ab. Wohl kaum jemand hätte das vermutet, doch überraschenderweise hat die weltweite Finanzkrise der Entwicklung dieser Idee nicht geschadet. Der Grund dafür: Die Kleinstunternehmer haben keine Verbindung zur Spitze der Wirtschaftspyramide, die Antoinette Hunziker-Ebneter uns gezeigt hat.[4] Hier haben die Menschen längst alles, was sie in finanzieller Hinsicht brauchen, und können wählerisch sein, in was sie investieren.

Selbstverständlich ist die Mikrofinanzierung kein Allheilmittel. Am besten lässt sie sich im Sinn eines Katalysators beschreiben: als eine kleine Sache, die enorme Auswirkungen haben kann. Anfangs hat niemand geglaubt, sie könne funktionieren. Doch dann gewann sie immer mehr an Bedeutung, und das wird sie weiterhin tun. Ich möchte mit Nelson Mandela schließen, der gesagt hat: »Es scheint immer unmöglich, bis es getan ist.« Ich danke Ihnen.

Dalai Lama: Eine Mikrofinanzinvestition bringt Geld. Aber wie schneidet sie, allein unter dem Gesichtspunkt der Anlagenrendite, im Vergleich zu herkömmlichen Investitionen ab?

Arthur Vayloyan: Natürlich können Mikrofinanzinvestitionen keine Renditen im oberen 20-Prozentbereich erbringen, und das wird auch gar nicht angestrebt. Wir sehen das so: Gibt man sein Geld auf ein Bankkonto, geht man heutzutage praktisch leer aus. Investiert man Geld in den Fonds, erhält man ein paar Prozent Rendite. 2009 hat dieser Fonds fast 6 Prozent erbracht. Es war ein fabelhaftes Jahr, trotz Krise.

Der Kleinstunternehmer beziehungsweise die Kleinstunternehmerin bezahlt allerdings mehr als 6 Prozent. Die Mikrofinanzinstitutionen benötigen eine höhere Gewinnmarge, um die Gehälter der Mitarbeiter und anderweitige Betriebskosten bezahlen zu können und unter Umständen auch noch einen angemessenen Profit zu machen. Viele dieser Menschen an der Basis der Einkommenspyramide hätten allerdings ohne die Mikrofinanzierung keine anderen Optionen gehabt, als weiter im Elend zu leben oder zu einem Kredithai zu gehen. Früher blieb ihnen lediglich diese grausame und unmenschliche Wahl. Dann erlebte die Idee der Mikrofinanzierung 1976 in Bangladesch eine Renaissance. Eigentlich handelt es sich um eine sehr alte Idee. Ihr Comeback in Bangladesch verdankte sie Professor Muhammad Yunus. Geld, stellte Professor Yunus fest, sollte nicht kostenlos zur Verfügung stehen. Ansonsten gerät man ins Lager der karitativen Hilfeleistungen. Ebenso wenig darf man sich jedoch auf eine Stufe mit jenen Kredithaien stellen, die aus der Armut der anderen jede Menge Kapital schlagen. Es kommt in hohem Maß auf die jeweilige Region an, sogar auf die Nation – aber überall müssen wir uns fragen, welcher Zinssatz angemessen ist.

Dalai Lama: Wunderbar. Sehr gut, sehr gut.

Matthieu Ricard: Muhammad Yunus spricht von der sogenannten *selbstlosen Ökonomie,* von einem *selbstlosen Unternehmertum.* In einer selbstlosen Wirtschaft erzielt man zwar einen materiellen Gewinn, der soll jedoch nicht der Anhäufung von Profit um seiner selbst willen und nur einer begrenzten Anzahl von Menschen dienen. Vielmehr soll er zum sozialen Fortschritt beitragen – beispielsweise Frauen zu einer Arbeit und Kindern zu einer Schulausbildung verhelfen. In der Jahresbilanz steht dann nicht, wie viele Millionen Profit man gemacht oder welche Bonuszahlungen man erhalten hat, sondern wie vielen Menschen Ihre Aktivitäten zugutegekommen sind. Das ist die eigentliche Bilanz. Was Sie geleistet haben, können Sie daran ermessen, wie viele Kinder zur Schule gehen und wie viele Menschen der Armut entrinnen konnten. 2010 hat Yunus bei der alljährlichen Tagung des Weltwirtschaftsforums in Davos eine Wall Street für prosoziale Unternehmen, die nicht in Konkurrenz zum regulären Wirtschaftssystem steht, vorgeschlagen. Sie wäre so organisiert, dass Menschen, die wirklich in prosozial ausgerichtete Firmen investieren wollen, dies innerhalb eines geeigneten Rahmens tun könnten.

Ein angesehener französischer Wirtschaftswissenschaftler sagte mir, dass diese Art von Investition für die hohen Tiere der Finanzwelt nie attraktiv sein wird, weil sie für ihre Investitionen hohe Renditen haben wollen. Durch die Gierigen, denen 5 Prozent einfach nicht genug sind, wird dieser Idee eine natürliche Grenze gesetzt. Lieber gehen sie Risiken ein, um möglichst viel zu verdienen. Für den sozialen Fortschritt fühlen sie sich nicht verantwortlich.

Wie steht es aus Ihrer Sicht mit nachhaltigem Wachstum in einem größeren Kontext? Meinen Sie auch, es könnte eine Wall Street für prosoziale Unternehmen geben?

Arthur Vayloyan: Offen gestanden weiß ich nicht, ob es eine prosoziale Wall Street geben könnte. Und was die erste Frage anbelangt – doch, doch, hohe Tiere tun so etwas. Nur die *ganz* »hohen Tiere«, das ist Ihre Bezeichnung, gehen tatsächlich nicht in diesen Bereich hinein, weil man hier schon mit 1000 Dollar oder Euro oder Schweizer Franken einsteigen kann. Man braucht kein Millionär zu sein. Die ganz hohen Tiere legen ihre eigenen Fonds auf. Einen Teil ihres Vermögens zweigen sie ab und setzen damit eine eigene Idee in die Tat um.

Und manchmal wollen diese Leute ihr Kapital auch einfach

nicht so anlegen, dass es über den ganzen Globus verteilt ist. Manchmal wollen sie nur in einem bestimmten geografischen Bereich investieren, in Afrika zum Beispiel. In Afrika gibt es Mikrofinanzierung, dort hatte sie allerdings nicht einen solchen Effekt wie in anderen Teilen der Welt, in Lateinamerika etwa oder in Südostasien. Also sagen sie: »Warum sollte ich weltweit agieren?« Stattdessen versuchen sie, in bestimmten Regionen zu helfen und die Menschen dort zu unterstützen, wo, wie ich Ihnen gezeigt habe, der Abstieg in extreme Armut noch nicht stattgefunden hat. Afrikas Bevölkerung wächst rasant und mit ihr die bittere Armut, damit bleibt der Prozentsatz der in Armut lebenden Menschen gleich. Wir können daher bestenfalls sagen, dass die Situation sich dort stabilisiert hat.

Antoinette Hunziker-Ebneter: In diesem Geschäft gibt es, wie in jedem anderen Geschäft, das Risiko eines zu schnellen Wachstums. Nicht durch große Investoren, sondern durch große Banken: nicht durch die Credit Suisse – Sie haben in diesem Bereich jahrelang mit sehr viel Sachverstand gearbeitet –, sondern durch andere große Banken, die in das Geschäft einsteigen und große Geldbeträge verleihen wollen.

Die nachhaltige Förderung durch Mikrofinanzierung war deshalb so erfolgreich, weil man kleine Beträge an Frauen verliehen hat. Wer größere Darlehen vergibt, lockt mehr Männer und mehr Korruption an. Das Problem ist, dass die Männer das Geld nicht so diszipliniert zurückzahlen wie die Frauen. (Frauen zahlen ihre Darlehen in 98 Prozent der Fälle zurück.[5]) Das Mikrofinanzgeschäft wird also viel riskanter als früher. Diese Entwicklung setzte 2009 ein, während der Krise. Sie haben recht, die Investitionen sind nicht so stark abgestürzt, weil sie nicht an der Börse gehandelt werden. Wir müssen also sehr vorsichtig sein und überprüfen, ob es sich beim Darlehensempfänger um eine Frau oder einen Mann handelt und wie hoch die Kredite seitens des Mikrofinanzfonds sind.

Matthieu Ricard: Noch etwas anderes gibt Anlass zu Besorgnis. Die Anzahl der Menschen, die in extremer Armut leben, ist zwar weltweit zurückgegangen, die Kluft zwischen Arm und Reich hat sich seit Beginn des vorigen Jahrhunderts aber um den Faktor 20 vergrößert. Und sie vergrößert sich weiter. Laut dem Wirtschaftswissenschaftler und Nobelpreisträger Joseph Stiglitz besitzen die zehn reichsten Menschen in den Vereinigten Staaten momentan so viel wie die ärmsten 98 Millionen Menschen zusammengenommen. Falls die Entwicklung sich im gleichen Maßstab fortsetzt, werden anderen Berechnungen zufolge im Jahr 2050 unter Umständen 2000 Amerikaner 90 Prozent des Geldes besitzen. Gut möglich, dass es anders kommt, doch die Tendenz geht in Richtung zunehmender Ungleichheit. Welche Auswirkungen hat das auf die Idee der Mikrofinanzfonds?

Arthur Vayloyan: Geld wirkt wie ein Magnet. Ich glaube, das ist die Antwort. Hat man ein klein wenig Geld, ist es vergleichsweise leicht, mehr Geld zu bekommen. Hat man gar kein Geld, ist es sehr schwierig, überhaupt an ein wenig Geld heranzukommen. Genau genommen hat das schon Adam Smith gesagt. Und hat man erst einmal richtig viel Geld beisammen, vermehrt es sich unglaublich schnell. Andere können da nicht mehr mithalten, woraus sich diese immer größer werdende Ungleichheit ergibt. Wir verwenden eine Definition, eine ganz unbarmherzige und in gewisser Weise unzulässig vereinfachende Definition von »extremer Armut«. Auf diese Weltbank-Definition stützt sich jeder, von Jeffrey Sachs bis hin zu uns, und sie bezeichnet all die Menschen als extrem arm, die von weniger als 1,25 Dollar Kaufkraftparität pro Tag leben. Damit wird extreme Armut beschrieben. Diese Statistik zeigt Ihnen zwar nicht die Kluft zwischen den sehr Reichen, die immer reicher werden, und den Armen. Aber sie zeigt, trotz aller Hiobsbotschaften verändert sich etwas. Wenn heutzutage »nur« 20 Prozent der Weltbevölkerung in extremer Armut leben, ist das ein historischer Fortschritt.

Vor 200 Jahren verhielt es sich genau umgekehrt. Im Jahr 1820 lebten, nach Schätzungen der Weltbank, 80 Prozent der Weltbevölkerung in extremer Armut.[6] Nehmen wir allein das zum Maßstab, dann sieht es doch ganz danach aus, als hätten wir ziemlich gute Arbeit geleistet. Andererseits gibt es so viele Dinge, um die wir uns kümmern müssen. Tag für Tag verhungern 17 000 Kinder. Wir dürfen also auf keinen Fall einfach sagen: »Prima, was für Fortschritte wir gemacht haben! Jetzt können wir uns zurücklehnen.« Nein, wir müssen *noch* aktiver werden.

KAPITEL 13

Das Barefoot College
Sanjit »Bunker« Roy

Sanjit »Bunker« Roy, ein indischer Erzieher, Social Entrepreneur und Sozialaktivist, hat das Barefoot College (Barfuß-College) als eine außerschulische Bildungsalternative gegründet. Ausgangspunkt für das Barefoot College ist die Idee, dass zur Lösung von Problemen in ländlich geprägten Gebieten das traditionelle Wissen der heimischen Bevölkerung genutzt werden sollte.[1] Sein innovatives Bildungsmodell hat mittlerweile in 54 weiteren Ländern Verbreitung gefunden, insbesondere in Afrika.

Im Jahr 1965 hat sich Roys Leben tief greifend verändert, als eine Reise ins ländliche Bihar ihm vor Augen führte, über welch immenses Wissen die analphabetischen Dorfbewohner verfügten, die gemeinhin als »ungebildet« bezeichnet wurden. Roy beschreibt hier die Entwicklung des Barefoot College zu einem Ort, an dem man diese Weisheit schätzt und sie nutzt. Danach spricht er mit Gert Scobel und Seiner Heiligkeit über die Abwanderung aus dem ländlichen Raum in die Stadt. Zum Abschluss der Gesprächsrunde unterstreicht Matthieu Ricard, dass in solchen mit geringem Fixkostenaufwand betriebenen NGOs wie Barefoot ein enormes Potenzial steckt.

Eure Heiligkeit, im Jahr 1956, als ich noch ein ganz kleiner Junge war, haben Sie mit dem Panchen Lama meine Schule besucht, die Doon School.[2] Ich erhielt damals in Indien eine ausgesprochen snobistische, elitäre und teure Erziehung. Erst besuchte ich die Doon School, anschließend das St. Stephen's

College in Delhi.[3] Und für meinen weiteren Lebensweg waren die Weichen bereits gestellt, Sie wissen ja, wie indische Familien sind. Meine Familie hatte alle möglichen Zukunftspläne für mich geschmiedet und meinen beruflichen Werdegang schon komplett vorbereitet, sodass mir die besten Jobs offenstehen würden. Nach meiner damaligen Einschätzung verfügte ich über eine gute Schulbildung – denn die hatte mich hochnäsig, hatte mich eitel und selbstgefällig gemacht; sie hatte mich glauben lassen, ich hätte auf alles eine Antwort. Wissen Sie, Eure Heiligkeit, was solch eine kostspielige Bildung bei einem Menschen anrichten kann? Sie kann ihn kaputt machen.

1965 kam es zur Hungersnot in Bihar. Damals rief Jayaprakash Narayan Indiens Jugendliche auf, in den Dörfern Hilfe zu leisten.[4] Seinem Aufruf bin ich gefolgt, und dadurch hat sich mein Leben verändert. Als ich zurückkam, erklärte ich meiner Mutter, ich wolle in einem Dorf leben und arbeiten. Meine Mutter fiel fast in Ohnmacht; sie konnte nicht nachvollziehen, was mit mir geschehen war – nach gerade mal vierzehn Tagen in Bihar. Dann fragte sie: »Was willst du da denn überhaupt anfangen, in einem Dorf?« Ich antwortete ihr: »Ich will in Rajasthan als ungelernter Arbeiter Trinkwasserbrunnen graben.« Das brachte sie erst recht aus der Fassung. Jahrelang sprach sie nicht mehr mit mir, weil sie meinte, durch meine Entscheidung für das Leben in einem Dorf hätte ich das Ansehen der Familie herabgewürdigt.

1971 bin ich dann zum ersten Mal in das Dorf gekommen, in dem ich während der letzten 40 Jahre gearbeitet habe. Bei meiner Ankunft traten die Dorfältesten an mich heran und fragten: »Bist du auf der Flucht vor der Polizei?« Ich sagte: »Nein.« »Hast du keine Stelle bei der Regierung bekommen?« Ich sagte: »Nein, so ist das nicht.« »Hast du dein Examen nicht bestanden? Was willst du hier? Stimmt irgendwas nicht mit dir?«

Diese Einstellung vermittelt dir das indische Schulsystem, und überall sonst auf der Welt gilt wahrscheinlich ebenfalls, dass man am besten nach Paris, Zürich oder New York zu gehen hat. Eine Rückkehr ins Dorf ist wie eine Bestrafung. Irgendwas kann da mit dir nicht stimmen. Aber ich habe fünf Jahre lang als ungelernter Arbeiter Brunnen gegraben und die außergewöhnlichen Fertigkeiten, das Wissen und die Weisheit sehr armer Menschen kennengelernt. Das ist kein Buchwissen. Es kommt von keiner Universität. Es kommt von keinem College. Man kann es sich nicht anlesen – man muss es erfahren. Ich hatte das Gefühl, dass diese Weisheit, diese außergewöhnlichen Kenntnisse und Fähigkeiten unbedingt in das herkömmliche Denken Eingang finden sollten. Das war für mich damals die Initialzündung zur Gründung des Barefoot College in Rajasthan, in einem ganz kleinen Dorf namens Tilonia.

Als ich mit den Dorfältesten über mein Vorhaben sprach, sagten sie: »Bitte, ein paar Dinge darfst du im College nicht machen.« Sie sagten: »Bring niemanden hierher, der ein Diplom oder sonst eine durch Dokumente bescheinigte Qualifikation hat.« Und so ist das Barefoot College das einzige mir bekannte College in Indien, ja auf der Welt, wo jemand mit einem Doktortitel oder einem Magisterabschluss die Einstellungskriterien *nicht* erfüllt, sein Kommen unerwünscht ist. Man muss schon jemand sein, der mit den Händen arbeitet, jemand mit Respekt vor den Kenntnissen und Fertigkeiten, über die man in einer dörflichen Gemeinschaft verfügt und die in einem solchen Umfeld viel wichtiger sind als aus dem Westen kommende Informationen. Es muss jemand sein, der an Einfachheit glaubt. Barefoot gehört zu den wenigen Colleges in Indien, an denen man von der Lebenseinstellung und Arbeitsauffassung Mahatma Gandhis überzeugt ist. Wir sitzen auf dem Fußboden. Wir essen auf dem Fußboden. Wir arbeiten auf dem Fußboden. Und keinesfalls erhält jemand mehr als 150 Dollar im Monat. Denn nach Barefoot geht man nicht, um Geld zu verdienen, sondern um sich der Herausforderung zu stellen. Man tut es, um mit den Armen zu arbeiten, und dafür muss man in der Lage sein, ein Beispiel zu geben, dem es andere Menschen gleichtun und dem sie folgen können.

Das gängige Wirtschaftsmodell akzeptiere ich nicht, weil es den Menschen von oben auferlegt wird. Es kommt von oben, irgendwo aus dem Westen, irgendwo aus Delhi, und von dort bringt man es ins Dorf. Wenn aber an der Basis so viel Wissen vorhanden ist und man dort über so viele Fertigkeiten verfügt, warum entwickeln wir dann nicht zuerst einmal *das* weiter? Falls dieses Wissen nicht auf dem aktuellen Stand ist oder falls es ausgebaut und weiterentwickelt werden muss, kann man zusätzlich Wissen von außen einbringen. An erster Stelle aber fördert man die Kapazität und Kompetenz der ganz Armen zur eigenen Weiterentwicklung. Das ist meiner Ansicht nach die wichtigste Botschaft, die wir dem Westen vermitteln müssen.

Gestützt auf die im Dorf vorhandenen Fertigkeiten und unter Verwendung preisgünstiger, lokaler Materialien haben wir den Barefoot-Campus von Tilonia 1986 zu einem Preis von rund 16 Dollar pro Quadratmeter erstellt. Erbaut wurde das Barefoot College von jemandem, der bis heute nicht lesen und schreiben kann. Bei Barefoot glauben wir, dass man durchaus raffinierteste Technologien verwenden kann, aber keinesfalls auf Kosten des traditionellen Wissens oder der Technologien, die die Einheimischen bereits anwenden. Als einziges College in Indien nutzen wir ausschließlich Solarstrom. Die Kollektoren auf den Gebäudedächern haben eine Gesamtleistung von 45 Kilowatt und liefern Strom für 40 Computer, für die Telefonzentrale, das Internet, für 700 Lampen und Ventilatoren, die Bibliothek, den Speisesaal, für das Kino und den, ebenfalls mit Solarenergie betriebenen, zahnärztlichen Behandlungsstuhl. Alles wird mit Solarkraft betrieben. Auch zum Kochen nutzen wir im College die Sonnenenergie. Nur im Notfall kochen wir mit Gas. Ein Hindupriester, der nur acht Jahre lang die Schule besuchte, hat das Solarenergiesystem installiert und hergestellt.

Abb. 13.1 Die Frauen auf diesem Bild können weder lesen noch schreiben, aber sie wurden trotzdem zu Elektroingenieurinnen ausgebildet.

Über Solarenergie weiß er mehr als irgendjemand sonst, den ich kenne, ganz egal von welcher Universität.

Wir fragten: Wo steht geschrieben, dass jemand, bloß weil er weder Lesen noch Schreiben gelernt hat, kein Architekt werden kann? Dass man deshalb kein Zahnarzt oder keine Zahnärztin werden kann? Oder kein Wasserbau- oder Solarstromtechniker? Wenn wir glauben, man müsse lesen und schreiben können, um diese Dinge zu tun, ist das eine Sache, die sich bloß bei uns im Kopf abspielt. Wir fingen an, Leute aus dem Dorf zu uns zu holen, die über keinerlei Schulbildung verfügten, und brachten ihnen bei, mit Computern zu arbeiten, bildeten sie zu Lehrern, Ärzten, Ingenieuren oder Architekten aus.

Abb. 13.2 A Ein parabolischer Solarkocher. Im Barefoot-Campus von Tilonia steht er auf dem Dach des Speisesaals und gewährleistet, dass 60 Mitarbeiter zweimal täglich mit warmem Essen versorgt werden können.

Abb. 13.2 B Shehnaz, eine 30-jährige Analphabetin, bei der Montage eines komplizierten Uhrwerks, das für eine optimal auf den Sonnenstand abgestimmte Ausrichtung des Solarkochers sorgt.

Dieser Solarkocher (siehe Abb. 13.2 B) wurde von vier Frauen hergestellt. Einen raffinierteren Solarkocher gibt es nicht, Eure Heiligkeit. Diese Frauen können zwar weder lesen noch schreiben, legen aber eine unglaubliche Präzision an den Tag. Für die Herstellung und den Verkauf von Solarkochern in den Dörfern haben sie eine Genossenschaft gegründet, um dafür zu sorgen, dass die Menschen zum Kochen nicht ausschließlich auf Petroleum und Brennholz angewiesen bleiben. Sie liefern außerdem Solarkocher an Kindergärten. In unserer Region erhalten mittlerweile über tausend Kinder im Alter zwischen einem und fünf Jahren Essen, das mit Sonnenenergie gekocht wurde.

Abb. 13.3 Unterstützt von Barefoot verwenden die Puppenspieler heute Handspielpuppen, um dem Publikum Botschaften zu gesellschaftlichen Themen wie häuslicher Gewalt oder der Bedeutung von sauberem Trinkwasser und von Bildung zu vermitteln. Hergestellt werden die Puppen aus recycelten Weltbank-Berichten.

Die traditionelle Kultur darf nicht an Bedeutung verlieren. Darum nutzen wir traditionelle Künste wie das Puppenspiel, um wichtige soziale Botschaften zu übermitteln. Überall dort in Indien, wo es kein Radio gibt, kein geschriebenes Wort und kein Fernsehen, kommt dem traditionellen Puppenspiel nach wie vor große Bedeutung zu. Inzwischen hat sich natürlich ein Technologietransfer vollzogen – von den Marionetten, mit denen man nur in geschlossenen Räumen vor höchstens 50 Zuschauern auftreten kann, hin zu Handspielpuppen, die auch für 5000 Leute in Schulen und auf Marktplätzen gut erkennbar sind.

Das College glaubt an die enorme Kraft von traditionellen Medien wie dem Puppenspiel und öffentlich unter freiem Himmel auftretenden Straßenschauspielern. Die Handlung wird weitgehend improvisiert. Die Vorführungen sind interaktiv und werden häufig durch Fragen aus dem Publikum unterbrochen. Jedes Jahr erreichen unsere Puppenspieler über 100 000 Menschen, und dabei schlüpfen sie spontan in die Rolle des Arztes, Lehrers, Rechtsanwalts, Psychoanalytikers oder Ingenieurs.

In sechs Bundesstaaten betreiben wir 225 Schulen, die von 7000 Kindern, darunter 5500 Mädchen, besucht werden. Der Unterricht findet abends statt, weil die meisten Kinder vormittags Rinder, Ziegen und Schafe hüten müssen. In allen Schulen funktioniert die Beleuchtung mit Solarstrom. Sämtliche Schüler/innen nehmen an einer Wahl teil. Wir finden, dass Kinder über ihre staatsbürgerlichen Rechte und Pflichten Bescheid wissen müssen, sie müssen sich mit Demokratie auskennen, müssen wissen, wie sie die richtigen Entscheidungsträger wählen. Darum halten wir eine Wahl ab und bekommen so alle drei Jahre ein neues Kinderparlament. Unsere Premierministerin ist zwölf Jahre alt: Vormittags hütet sie 20 Ziegen, abends ist sie die Premierministerin. Sie führt ein Kabinett, fungiert als Kontrollinstanz ihrer Schule und hat die Oberaufsicht über die von Barefoot betriebenen Schulen inne. Jede Entscheidung der Kinder müssen wir umsetzen – immerhin haben wir es mit Kabinettsbeschlüssen zu tun.

2001 sind das Barefoot College und das Kinderparlament für unsere Arbeit, unterversorgten Kindern – insbesondere Mädchen – Zugang zu Bildung zu verschaffen, mit dem Ehrenpreis des World's Children's Prize ausgezeichnet worden. Die Premierministerin unseres Parlaments, ein Mädchen namens Devaki, reiste nach Schweden, um den Preis in Empfang zu nehmen. Devaki hatte vorher noch nie ihr Dorf verlassen. Nun reiste sie also nach Schweden und bekam von der schwedischen Königin den Preis überreicht. Die schwedische Königin konnte nicht glauben, dass dieses junge Mädchen von zwölf Jahren sich gar nicht groß von dem Trubel um sie herum beeindrucken oder gar einschüchtern ließ. Daher bat die Königin mich, die Premierministerin zu fragen, woher sie dieses Selbstvertrauen habe. Devaki wirkte geradezu beleidigt, schaute der Königin fest in die Augen und erklärte mir: »Sagen Sie ihr bitte, dass ich die Premierministerin bin!«

Nachdem wir diverse Dörfer in Rajasthan mit Solarstrom versorgt hatten, boten wir die Technologie auch in anderen Teilen des Landes an. In ganz Indien haben wir 600 Dörfern Zugang zur Solarenergie verschafft. Wir sind bis nach Ladakh ins Nubra-Tal nahe dem Siachen-Gletscher gereist, wo die Temperaturen bis auf −40°C absinken. In Ladakh haben wir eine Frau gefragt: »Welchen Nutzen hat Ihnen die Solarenergie gebracht?« Einen Augenblick dachte sie nach und sagte dann: »Zum ersten Mal kann ich jetzt im Winter das Gesicht meines Mannes sehen.«

In den Jahren 2005 bis 2006 haben wir das Modell Barefoot auch in Afghanistan angeboten. Wir reisten dorthin und sagten: »Warum bilden wir nicht Frauen zu Ingenieuren aus?« Die Männer antworteten: »Unmöglich. Die Frauen verlassen nicht einmal ihre Zimmer. Und Sie wollen sie nach Indien mitnehmen?« Ich sagte: »Gut, ich verspreche Ihnen, in diesem Fall ein Zugeständnis zu machen und auch die Männer mitzunehmen.« Also kamen die Ehemänner mit. 2005 bildeten wir diese Frauen aus, und anschließend elektrifizierten sie in Afghanistan die ersten fünf Dörfer, die dort jemals elektrischen Strom erhalten haben. Meine beste Solartechnikerin ist Gul Bahar, eine 55-jährige Großmutter. Sie ist Analphabetin, aber sie hat in Afghanistan 200 Häuser mit Solarstrom ausgestattet. Ich bat sie, in Afghanistan mit ein paar Ingenieuren zu sprechen. Einem von ihnen hat sie beigebracht, worin der Unterschied zwischen Wechselstrom und Gleichstrom besteht. Er hatte davon noch nie gehört.

Mittlerweile haben die drei von uns ausgebildeten Frauen ihrerseits 27 weitere Frauen ausgebildet, und gemeinsam haben sie Solarstrom in 100 afghanische Dörfer gebracht. Als ich zur UN gereist bin, sagte ich dort Folgendes: »Wir haben drei Frauen und drei Männer nach Indien mitgenommen, sie ausgebildet, 140 Sonnenkollektoren gekauft und fünf afghanische Dörfer mit Solarstrom versorgt. Und das innerhalb von 6 Monaten. Raten Sie mal, wie viel das gekostet hat.« Die UN-Leute, daran gewöhnt, dass die Dinge sehr teuer sind, waren nicht in der Lage, das zu schätzen. Also erklärte ich ihnen: »So viel wie ein UN-Beobachter, der ein Jahr lang in Kabul sitzt. Und diese Leute haben bis auf den heutigen Tag noch in keinem einzigen Dorf für Solarstrom gesorgt.«

Mit den Frauen hatten wir ganz erstaunlichen Erfolg, Eure Heiligkeit, aber zugleich haben wir eine wichtige Lektion gelernt: Männer sollte man nicht ausbilden; sie sind ruhelos; ihre Ortsungebundenheit trägt zwanghafte Züge; und sie wollen alle ein Diplom. Doch kaum gibt man ihnen ein Diplom –

Dalai Lama: Aber wie steht es mit Ihnen?

Bunker Roy: Eure Heiligkeit, ich bin ein hoffnungsloser Fall. (*Lachen*)

Dalai Lama: Großartig. Ganz großartig. Ja.

Bunker Roy: Kaum gibt man ihnen ein Diplom in die Hand,

verschwinden sie aus dem Dorf und versuchen, in der Stadt Arbeit zu finden. Aus dem Grund sind für mich die Großmütter die beste Investition. Die Großmütter sind zwischen 40 und 50 Jahre alt, sie sind besonders reife Menschen, besonders tolerant und unglaublich mutig.

Von den Großmüttern, die wir ausbilden, kommen manche aus Afrika. Sie sind Analphabetinnen, sie haben nie etwas anderes kennengelernt als das eigene Dorf und besuchen dann für 6 Monate das Barefoot College. Es muss tatsächlich so sein, dass sie das Dorf, aus dem sie stammen, noch nie verlassen haben: Für solche Studentinnen trägt die indische Regierung die vollen Kosten. Per Zeichensprache, und indem sie sich einfach nur auf ihre Augen und Ohren verlassen – nicht auf das geschriebene Wort, nicht auf das gesprochene Wort –, bilden wir sie innerhalb von 6 Monaten zu Solartechnikerinnen aus. Alle reden miteinander, verstehen jedoch kein Wort, weil jede von ihnen eine andere Sprache spricht, zum Beispiel Jola oder Wolof, Französisch oder Suaheli. Aber durch ihre Körpersprache zeigen sie, dass sie unbedingt etwas lernen wollen. Zuallererst erklären wir ihnen: »In Ihrem Land gibt es nur ganz wenige Solartechnikerinnen, und Sie werden eine dieser Frauen sein. Denken Sie also bitte daran, dass jede von Ihnen eine Botschafterin ist.« Bei ihrer Rückkehr steigen sie mit derart viel Selbstvertrauen aus dem Flugzeug – wer die Verwandlung miterlebt, kann darüber nur staunen. Eure Heiligkeit, sollten Sie eine Großmutter kennen, die Sie gern zum Barefoot College schicken möchten, würden wir uns freuen.

Wir haben mit Frauen aus 35 afrikanischen Ländern gearbeitet. Über 300 Großmütter aus diesen Ländern haben wir ausgebildet. 7000 Häuser haben wir mit Solarstrom ausgestattet. Und das alles geschah in einem Kostenrahmen von zwei Millionen Dollar, so viel wie Mr. Jeff Sachs für *ein* Dorf in Afrika ausgibt, für nur ein Dorf. Wenn also so viel Geld vorhanden ist, warum verteilen wir es dann nicht besser? Abschließend möchte ich Mahatma Gandhi zitieren, der gesagt hat: »Erst beachten sie dich nicht, dann lachen sie über dich, dann bekämpfen sie dich, und dann gewinnst du.«

Dalai Lama: Ganz großartig. Von etwas bin ich wirklich überzeugt, und meinen indischen Freunden habe ich das verschiedentlich erklärt: Echter Wandel muss in Indien vom ländlichen Raum ausgehen, von den Dörfern – genau wie bei der Arbeit, die Sie leisten. Dann kann Indien meines Erachtens ein Beispiel für die übrige Welt sein, insbesondere für die südliche Hemisphäre, für die ärmeren Länder. Von den 7 Milliarden Menschen auf dem Planeten ist, glaube ich, die Mehrheit arm. Ohne großen Kostenaufwand könnte sich also durchaus ein Wandel vollziehen. Darin liegt die eigentliche Hoffnung – dass ein echter Wandel für 7 Milliarden Menschen auf die Art und Weise zustande kommen kann, wie Sie es beschreiben. Ein paar Städte in Indien wie Bangalore oder Hyderabad haben eine rapide Entwicklung durchlaufen. Das ist jedoch nicht der wahre Wandel Indiens. Der wahre Wandel muss von den Dörfern ausgehen. Darum schätze ich sehr, was Sie tun.

Und in der Zwischenzeit wünsche ich mir, dass einige Ihrer halb des Lesens und Schreibens kundigen Lehrer und Ingenieure in unsere tibetischen Siedlungen in den verschiedensten Teilen Indiens kommen. Denn hier erleben wir ebenfalls, dass junge Tibeter eifrig auf ein Diplom bedacht sind. Gewöhnlich gehen sie anschließend zum Arbeiten in die großen Städte. Ein Dorf sollte eine landwirtschaftlich geprägte Siedlung sein. Aber die tüchtigeren Leute, die über eine gewisse Bildung verfügen, gehen lieber fort. So lässt sich nur schwer umsetzen, was wir ursprünglich geplant hatten. Darum möchte ich Sie hiermit wirklich einladen, uns Ihre Methode zu zeigen, wenn Sie ein wenig Zeit haben.

Bunker Roy: Für Sie, Eure Heiligkeit, immer.

Dalai Lama: Und dann sollte, glaube ich, letzten Endes auch China dies lernen. Seine Küstenregionen sind hoch entwickelt, die Chinesen im Landesinnern hingegen bitterarm. Dort sollte Indien der Guru für Entwicklung und Wandel werden. Nicht Karl Marx, sondern ein indischer Guru!

Gert Scobel: Zwei Dinge, die Sie beiläufig erwähnt haben, möchte ich ansprechen. Zum einen die Abwanderung, die auch Seine Heiligkeit gerade erwähnt hat – die Vorstellung, dass man in die Stadt geht, sobald man einen Abschluss, ein Diplom hat. Warum übt die Stadt eine derartige Anziehung aus? Und wie kann man diese Art von Migration vermeiden? Und wo wir gerade über Indien und China sprechen, Indien hat eine sehr lange demokratische Tradition. In China gibt es die nicht. Welchen Unterschied macht das aus Ihrer Sicht?

Bunker Roy: Der entscheidende Unterschied ist, dass in Indien jeder Bürger das Recht hat, seine Stimme gegen das Establishment zu erheben. Darin sieht man in Indien einen Unterschied – ob jemand gegen das Establishment oder gegen die Regierung ist. China hat eine starre, hierarchisch von oben nach unten vorgegebene politische Struktur, die niemanden zu einer abweichenden Meinung, zu Diskussion und offener Debatte ermuntert. Indien bietet den Raum, den man für die individuelle Entwicklung benötigt. In China ist dieser Raum nicht vorhanden.

Um Abwanderung zu verhindern, muss man meines Erachtens die Lebensqualität in den Dörfern verbessern. Wenn man Arbeitsplätze schafft, sich um eine bessere Wasserversorgung kümmert, wenn man die Beleuchtungssituation verbessert, warum sollte dann jemand, der bei Verstand ist, lieber in einen der Slums von Mumbai ziehen wollen? Es ist unsere Aufgabe, für eine bessere Lebensqualität in den Dörfern zu sorgen, damit die Menschen nicht unter wirtschaftlichem Druck oder unter dem Druck der Umweltbedingungen abwandern. Wir vom Barefoot College sehen das so: Wenn man die Grundversorgung verbessert und den Menschen Arbeit gibt, Arbeit mit Würde und Selbstachtung, dann werden die Dorfbewohner bleiben. Ich denke, das ist die Antwort. Und in Afrika haben wir festgestellt, dass die Dörfler aus der Stadt ins Dorf zurückgekehrt sind, sobald wir dort für Solarstrom gesorgt haben. Denn Solarbeleuchtung haben sie zum ersten Mal gesehen. Indem man Solarstrom in die Dörfer bringt, kann man die Tendenz zur Abwanderung also umkehren. Und man schafft Arbeitsplätze, weil die Gemeinschaft die Großmütter dafür bezahlt, sich um Instandhaltung und Reparatur zu kümmern. Sie sind jetzt Solartechnikerinnen, keine Frauen mehr.

Dalai Lama: Wir sollten, glaube ich, lieber von weiblichen Solartechnikerinnen sprechen. Zu sagen »keine Frauen mehr« ist nicht gut.

Bunker Roy: Frau-Großmutter-Solartechnikerin.

Dalai Lama: Das ist gut. Das ist besser.

Matthieu Ricard: Ich denke, eine ganz wichtige Kraft haben wir bei all unseren Gesprächen nicht wirklich mit in Betracht gezogen: die eng mit der lokalen Bevölkerung zusammenarbeitenden NGOs. Mittlerweile gibt es weltweit Millionen NGOs. Ihr Beispiel, Bunker, ist grandios und man fühlt sich da ganz demütig. Es gibt aber noch so viele andere Anstrengungen, manche in einem kleineren, manche in einem größeren Rahmen. Nehmen wir zum Beispiel BRAC (das »Bangladesh Rural Advancement Committee«), eine Entwicklungshilfeorganisation, die in Bangladesch 60 Millionen Frauen Wege aus der Armut gewiesen hat. Überall findet man jetzt junge Leute, auch in den Industrienationen, und zwar in ungleich größerer Zahl als etwa vor 20 Jahren, die sagen: »Ich werde ein Studium an der Wirtschaftswissenschaftlichen Fakultät aufnehmen – nicht damit ich einen Job an der Wall Street bekomme, sondern damit ich lerne, wie ich humanitäre Arbeit wirkungsvoller betreiben kann.« Selbstverständlich muss humanitäre Arbeit ganz unmittelbar im praktischen Umgang mit den Mitmenschen verankert sein und darf sich nicht darauf beschränken, dass sich in der einen oder anderen Wirtschaftswissenschaftlichen Fakultät jemand Gedanken darüber macht. Trotzdem ist das ein ermutigender Trend.

Ich möchte Ihnen ein kleines Beispiel geben, das zu Ihrer Geschichte passt. Ein Freund in Nepal, Uttam Sanjel, hat dort, unterstützt von unserer humanitären Hilfsorganisation Karuna-Shechen, seit einer Reihe von Jahren Bemerkenswertes zustande gebracht. Uttam fand es bestürzend, dass sich in den Straßen von Kathmandu und anderen Städten derart viele Kinder herumtrieben und sich dabei – ungebildet, wie sie waren – allen möglichen Ärger einhandelten. Die Eltern ziehen in die Stadt und müssen dort furchtbar hart arbeiten. Das Problem ist, dass sie die Kinder tagsüber in einem Zimmer sich selbst überlassen, und abends geben sie ihnen zu essen. Natürlich bleiben die Kinder nicht drin, sondern sie fangen an herumzustreunen. Sie begehen erste Diebstähle, schnüffeln Klebstoff und dergleichen. Also machte unser Freund die Runde, bat jede Familie um zwei Stück Bambusrohr und errichtete mit dem so erhaltenen Bambus eine ganz kleine Schule. Das war vor zwölf Jahren. Uttam hatte damals keinen Cent. Inzwischen besuchen 20 000 Kinder solche »Bambus«-Schulen. Innerhalb von zweieinhalb Monaten kann man mit 100 000 Dollar eine Schule für 2500 Kinder bauen. Das lässt sich kaum toppen. Eines Tages sollen so in Nepal 150 000 Schüler unterrichtet werden können. Unsere Organisation hat ihm geholfen, neun Schulen dieser Art zu bauen.

Eine katholische Nonne in Indien, Schwester Jessie, ist ein weiteres Beispiel dieser Art. In einem Dorf in Bihar hat Schwester Jessie ein kleines Hilfsprogramm in Gang gebracht. Im ersten Jahr gibt sie einer Frau ein Huhn und ein Sparbuch mit einem bescheidenen Startkapital, mit dem die Frau ihre Kinder zur Schule schicken kann. Der Ehemann, in vielen Fällen ein Trinker, hat für das Sparbuch keine Vollmacht; ansonsten würde er das Geld abräumen, um schwarz gebrannten Alkohol zu kaufen. Wenn alles gut läuft und die Kinder auch im zweiten Jahr noch zur Schule gehen, gibt Schwester Jessie der Mutter im nächsten Schritt eine Ziege. Sofern die Kinder weiterhin die Schule besuchen, die Mutter es schafft, vom Verkauf der Ziegenmilch ein klein wenig Geld zurückzulegen und sich nicht von ihrem Mann alles abnehmen zu lassen, dann bekommt sie im dritten Jahr eine Kuh. Und im vierten Jahr erhält sie Unterstützung für den Bau eines besseren Hauses.

Das sind jetzt bloß zwei Beispiele von vielen. Solche NGOs sind mit Herz bei der Sache. Anders als viele multinationale Organisationen, die sich als NGOs bezeichnen, haben sie keine Fixkosten von 60 Prozent. Ihre Fixkosten liegen zwischen 3 und 5 Prozent. Im Fall unserer kleinen Karuna-Shechen-Organisation haben wir im Lauf von 12 Jahren lediglich 120 Projekte durchgeführt. Aber unsere Fixkosten betragen nach wie vor nur 5 Prozent. Wenn diese Großorganisationen aus ihren Fonds hundert NGOs wie die unsrige unterstützen könnten, dann ergäbe das 10 000 kleinere Projekte direkt an der Basis mit Fixkosten in Höhe von 5 Prozent. Dies wäre eine andere Möglichkeit zu expandieren – sich in vielfacher Wiederholung einer guten Methode zu bedienen, anstatt eine einzige Großorganisation aufzubauen.

NGOs sind eine sehr, sehr wirkungsvolle Kraft auf dem Weg hin zu einer kooperativeren, altruistischeren, engagierteren Gesellschaft. Mikrokredite bedeuten für sie selbstverständlich eine Ermutigung. Zugleich sollten wir uns aber mehr Gedanken machen, welchen Beitrag wir leisten können, damit etablierte Großorganisationen effektiver mit kleinen, an der Basis tätigen NGOs zusammenarbeiten – sodass diese vor Ort mehr bewegen können.

KAPITEL 14

Mitgefühl bei Führungskräften
William George

Als Professor für Management lehrt William George an der Harvard Business School Entwicklung von Führungskompetenz und Ethik. Früher war er unter anderem Vorstandsvorsitzender und Hauptgeschäftsführer des Medizintechnik-Unternehmens Medtronic. Unter seiner Leitung stieg der Börsenwert des Unternehmens damals, bei einem jährlichen Durchschnittswachstum von 35 Prozent, von 1,1 auf 60 Milliarden Dollar.

George befasst sich in seinem Vortrag mit den Qualitäten echter Führungspersönlichkeiten: Wie kann man sie entdecken und fördern, was erwarten wir von ihnen und wessen Interessen dienen sie? Genau wie in anderen Bereichen, meint George, kann man als Führungskraft in der Geschäftswelt dadurch sein Glück finden, dass man sich in erster Linie in den Dienst der anderen stellt. Anschließend spricht Seine Heiligkeit über die Notwendigkeit, unser Augenmerk wieder stärker auf immaterielle Werte und auf das Erreichen einer langfristigen Zufriedenheit zu richten.

Eure Heiligkeit, mit Ihnen zusammen sein zu dürfen, ist ein Privileg. Zu hören, mit welchen Forschungsprojekten im Kontext von Altruismus und Mitgefühl sich die Tagungsteilnehmer befassen, und die vielen fabelhaften Anwendungen zu sehen, war für mich sehr ermutigend. Ich glaube, die Frage lautet nun: Wie lässt sich das im großen Maßstab umsetzen, damit wir altruistische Organisationen schaffen können, die dann tatsächlich in der Lage sind, einen Wandel in der Gesellschaft und einen Wandel in den Wirtschaftssystemen herbeizuführen? Mit dieser Thematik habe ich mich in den acht Jahren seit meinem Rückzug aus der Geschäftswelt eingehend beschäftigt. Und der Schlüssel zu solch einem Wandel liegt nach meiner Überzeugung in einer mitfühlenden und glaubwürdigen Führung. Wir brauchen eine neue Generation von Führungspersönlichkeiten, die entsprechende Qualitäten mitbringen.

Viele Menschen haben in der Wirtschaftskrise von 2008 – wir nennen sie die finanzielle Kernschmelze – ein Versagen der Wirtschaft gesehen. Ich sehe in ihr etwas viel Grundlegenderes. Wir haben es hier nicht einfach nur mit einem Versagen der Wirtschaft zu tun, vielmehr ist in spiritueller Hinsicht etwas schiefgegangen. Denn sehr viele Menschen haben im Grunde geglaubt, sie könnten durch materiellen Wohlstand glücklich werden; und je mehr materiellen Wohlstand sie anhäufen, desto glücklicher wären sie. Dann aber stellten sie fest, dass genau das Gegenteil der Fall war: Nicht nur waren *sie* nicht glücklich, sondern zugleich fügten sie *anderen* großen Schaden zu.

Weltweit stecken wir in einer riesigen Beschäftigungskrise mit unzähligen Arbeitslosen. Wo ich herkomme, gilt Arbeit als etwas Gutes und Sinnvolles, und der Arbeitsplätzemangel hatte daher eine vernichtende Wirkung. Wirklicher Sinn, das sollten wir uns unbedingt vergegenwärtigen, kann für uns nur daraus erwachsen, dass wir durch Mitgefühl, durch eine altruistische Haltung, die der ganzen Gesellschaft zugutekommt, anderen Menschen dienen. Darüber möchte ich heute sprechen.

Meine Grundannahme ist, dass wir eine mitfühlende, glaubwürdige Führung brauchen. Sie zu haben ist nicht einfach nur gut, sondern für eine gesunde Gesellschaft völlig unverzichtbar. Unter anderem hat Ernst Fehr für mich sehr überzeugend dargelegt, dass wir gewisse Regeln brauchen – eine Reihe von Prinzipien, von denen wir uns leiten lassen. Und wir brauchen eine Reihe von Sanktionen für unangemessenes Verhalten. Außerdem brauchen wir Führungspersönlichkeiten, die auf den einzelnen Menschen, aber auch auf Organisationen und auf die ganze Gesellschaft einen positiven Einfluss ausüben. Ansonsten wird für uns, da gewiefte Leute immer Mittel und Wege finden werden, Regeln zu umgehen, eine gesunde Gesellschaft meiner Einschätzung nach ein unerreichbares Ziel bleiben.

Wir sollten unbedingt darüber nachdenken, wodurch das Versagen der Wirtschaft verursacht wurde. Von den Führungskräften meiner Generation bin ich jedenfalls enttäuscht. Ich denke, sie sind ihrer Verantwortung nicht gerecht geworden. Darum arbeite ich mit der nächsten Generation. Das breite Versagen auf der Führungsebene im Verlauf des letzten Jahrzehnts hat für unsere Entscheidungsträger einen Glaubwürdigkeitsverlust zur Folge: Unser Vertrauen haben sie nicht mehr. Wenn wir aber denjenigen, die eine Führungsposition innehaben, nicht vertrauen, ist das eine überaus bedenkliche Situation. Die Harvard Kennedy School[1] hat eine Untersuchung durchgeführt und herausgefunden, dass zwei von drei Menschen ihren Entscheidungsträgern nicht mehr über den Weg trauen, das Vertrauen in deren Werte und in ihre ethische Integrität verloren haben. (Wenn ich hier von »Ethik« spreche, beziehe ich mich auf eine weltliche, nicht auf eine wie auch immer beschaffene religiöse Ethik.)

Die eigentliche Ursache des Problems sind in meinen Augen die Menschen in Führungspositionen, die ihr Eigeninteresse über ihre Verantwortung gegenüber Organisationen und der Öffentlichkeit stellen. Wer von uns eine Führungsrolle innehat, übernimmt für all diejenigen, denen wir dienen, große Verantwortung. Wer sich über andere erhebt, wird dieser Verantwortung nicht gerecht und kann großen Schaden anrichten.

Außerdem sehe ich, dass für sehr viele Menschen in Führungspositionen eine äußerliche Motivation ausschlaggebend ist: Ihre Umwelt soll ihnen Anerkennung entgegenbringen. Anders ausgedrückt, sie finden keinen inneren Frieden, wollen stattdessen umschmeichelt und mit Geld belohnt werden. Ihnen geht es um Macht, Anerkennung, Ruhm und Ehre, nicht um die innere Zufriedenheit, die entsteht, wenn man anderen Menschen hilft – also in eine tiefergehende Beziehung zu ihnen eintritt –, etwas Gutes für die Welt und etwas Gutes für die Gesellschaft bewirkt.

Wir brauchen eine neue Generation glaubwürdiger Führungspersönlichkeiten: mitfühlende und aufrichtige Menschen, die verstehen, dass es in so einer Position darauf ankommt, den Mitmenschen und der Gesellschaft zu dienen. Die jeden einzelnen Tag ihre Werte erneut in die Tat umsetzen. Lippenbekenntnisse sind ihre Sache nicht, ihnen geht es um die wirkliche Umsetzung dieser Werte im Alltag. Führung beschränkt sich bei ihnen nicht auf den Intellekt, sondern betrifft – in einer ganzheitlichen Form des Führens – die gesamte Persönlichkeit. Mit dieser Feststellung versuche ich keineswegs die Rolle des Intellekts kleinzureden. Vielmehr sage ich, dass wir auch mit dem Herzen führen müssen, weil wir dadurch Verbundenheit bewirken. Und nur wer selbstdiszipliniert lebt, kann das jeden Tag aufs Neue tun.

Damit diese neue Generation von Führungspersönlichkeiten auf der Bildfläche erscheinen kann, müssen wir uns von einem Führungsverständnis verabschieden, bei dem alles angeordnet wird – von oben nach unten. Wer an der Spitze stand, in dem haben wir all die Jahre so etwas wie ein allmächtiges Wesen gesehen. Wir haben uns genau angeschaut, was die betreffende Person kennzeichnet, anstatt überall in den Organisationen nach Menschen Ausschau zu halten, die das Potenzial haben, eine Führungsposition zu übernehmen.

Die Menschen wollen heute etwas anderes. Auf die harte Tour haben sie gelernt, dass Geld nicht das eigentliche Ziel ist, und sind nun auf der Suche nach einem tieferen Sinn im Leben. Bei meiner früheren Firma Medtronic, einem Hersteller von medizintechnischen Produkten, war es Ziel unserer Arbeit, die Vitalität und Gesundheit der Menschen möglichst wiederherzustellen. Nicht der pro Aktie erzielte Zugewinn war für uns der Maßstab, sondern die Anzahl der Menschen, denen wir helfen konnten. Auf eines bin ich dabei ganz besonders stolz: Wir konnten bei dieser Bezugsgröße während meiner Zeit in der Firma einen sehr deutlichen Anstieg verzeichnen: von 300 000 auf 10 Millionen Menschen, denen wir pro Jahr durch unsere Arbeit wieder zu einem aktiveren und erfüllteren Leben verhelfen konnten. Es war immer unser Anliegen, allen Mitarbeitern der Firma diesen tieferen Sinn unserer Arbeit nahezubringen. Denn *das* hat sie inspiriert – nicht der Aktienkurs, nicht die Erträge. In diesem Jahrhundert ist die Rolle der Führungspersönlichkeiten eine andere als in vergangenen Jahrhunderten. Heuzutage kommt es darauf an, den Menschen den Sinn ihrer Arbeit klarzumachen und sie auf gemeinsame Ziele und Werte einzustimmen. Besonders in global agierenden Unternehmen ist es nicht leicht, eine übergreifende Orientierung bei den Mitarbeitern zu erreichen, sodass sie an die Werte ihres Unternehmens glauben und sich tatkräftig dafür einsetzen.

Des Weiteren beinhaltet die Führungsrolle nicht die Ausübung von Macht über andere Menschen. Über den Machtaspekt des Führens ist viel geschrieben worden. Die herkömmliche Vorstellung von Macht suggeriert uns ein Nullsummenspiel: Gebe ich Ihnen Macht, dann habe ich weniger Macht. Eine derartige Vorstellung lehne ich ab. Für die Entwicklung von Führungskompetenz kommt es aus meiner Sicht entscheidend darauf an, dass man jemanden in die Lage versetzt, andere Menschen zu führen. Diese Eigenverantwortlichkeit versuchen wir durch etwas entstehen zu lassen, was Liebe ähnelt – sie kann unendlich groß sein. Wenn wir dann andere Menschen tatsächlich in die Lage versetzen können zu führen, ergeben sich daraus stärkere Organisationen, und jede/r von uns kann nach besten Kräften einen Beitrag dazu leisten.

Lassen Sie mich das am Beispiel einer Frau veranschaulichen, die ich vor vielen Jahren bei Medtronic kennengelernt habe. Sie fertigte Herzklappen an. Versagte bei einem Menschen die eigene Herzklappe ihre Dienste, dann konnte man sie gegen die entsprechend präparierte Herzklappe eines Schweins austauschen. Niemand in unserem Unternehmen leistete bei der Präparation bessere Arbeit als diese Frau. Eines Tages stellte ich ihr ein paar Fragen zu ihrer Arbeit. Als sie mir antwortete, konnte ich den Enthusiasmus in ihren Augen sehen: »Meine Aufgabe ist es, Herzklappen herzustellen, die Menschenleben retten. Ungefähr tausend Herzklappen schaffe ich pro Jahr. Falls eine Klappe fehlerhaft sein sollte, müsste jemand sterben. Ich könnte mit dem Gedanken, den Tod eines anderen Menschen verursacht zu haben, nicht leben.« Aber sie hat auch gesagt: »Wissen Sie, abends auf dem Heimweg denke ich daran, dass durch meine Arbeit 5000 Menschen mehr auf dieser Welt gesund und munter sind.«

Diese Frau führt, indem sie andere inspiriert, obwohl sie formal keine Führungsposition innehat. Dieses Verständnis von Führung müssen wir viel stärker verbreiten.

Viele Leute halten an der Vorstellung fest, dass wir im Dienst des Investors, des Firmeninhabers, der Aktionäre stehen. Bis zu einem gewissen Punkt trifft das natürlich zu. Aber Führungskräfte sind fraglos auch dazu da, ihren Angestellten und ihren Kunden zu dienen. Wir sind dienstbare Führungskräfte, und wenn wir diesen Job gut machen, können zugleich alle anderen ihren Job gut machen. Wenn wir meinen, dass die anderen dazu da sind, uns zu dienen, dann scheitern wir.

Ein weiterer wichtiger Aspekt ist die Konkurrenz innerhalb der jeweiligen Organisation. Hier heißt der neue Modus

Zusammenarbeit. Arthur Vayloyan hat Ihnen von der Mikrofinanzierung berichtet: Zunächst einmal müssen die Dorfbewohner zusammenkommen und kooperieren; erst dadurch wird die Mikrofinanzierung ermöglicht. Die Dorfbewohner bilden eine Treuhandbank, sie helfen einander. Kann es anders funktionieren? Bunker Roy hat beschrieben, wie die Dörfer zu ihrem Solarstrom kommen. Das erledigt die Solartechnikerin ja nicht im Alleingang. Ein Dorf wird nur dann mit Solarenergie versorgt, wenn alle zusammenarbeiten – angefangen mit dem »Ingenieur« bis hin zu den Frauen, die alles installieren. Bei Medtronic haben wir unsere Patienten um Zusammenarbeit gebeten. Wir brauchen dieses breite Verständnis von Zusammenarbeit. Das ist die neue Form von Führung, auf die wir uns zubewegen.

Im Zuge unserer Erforschung der eigenen Lebens- und Arbeitswelt (*first-person-research*) haben wir mit 125 Führungspersönlichkeiten eingehende Gespräche geführt. Woher kommt ihre Leidenschaft zu führen? Wie haben sie schwierige Zeiten durchgestanden? Es zeigte sich, dass ihre Rolle als Entscheidungsträger nicht auf unverwechselbare Merkmale oder Charakterzüge zurückzuführen war, sondern auf das, was sie zu dem Menschen machte, der sie waren – auf ihre innere Berufung und ihre Lebensgeschichte. Außerdem wurde uns klar: Zur Führungspersönlichkeit wird man weder geboren, noch wird man dazu gemacht; sie ist das Ergebnis einer Entwicklung. Unsere Führungsqualitäten müssen wir durch eine Reihe praktischer Übungen entwickeln.

Dank Dan Goleman ist emotionale Intelligenz beziehungsweise der EQ für uns zu einem festen Begriff geworden. In der Schule verwenden wir jedoch nicht genügend Zeit darauf, sie zu entwickeln, obwohl sie von zentraler Bedeutung für die Fragen ist, die wir uns alle stellen: Wie kann ich herausfinden, wer ich bin? Wie kann ich meine Lebensgeschichte verstehen, wie die Ursachen meiner Wut, Angst oder Unsicherheit erkennen und auflösen? Wie kann ich wahre Bescheidenheit entwickeln? Und zu guter Letzt: Wie kann ich erkennen, worin die eigentliche Bestimmung meiner Führungsaufgabe liegt? Wie kann ich meine Führungsrolle wahrnehmen? Wie zur Weiterentwicklung der Gesellschaft beitragen?

Seit 34 Jahren meditiere ich und kann dies auch anderen Menschen nur empfehlen. Denn für die Entwicklung von Führungskompetenz ist Meditation bei mir persönlich der wichtigste Faktor. Warum? Weil ich durch den Prozess des Meditierens, wie ich festgestellt habe, Klarheit über komplexe Sachverhalte erlangen kann. Meditation regt zum schöpferischen Denken an. Und sie hilft mir, Mitgefühl zu entwickeln – mit mir selbst und mit den anderen. Wir alle führen ein sehr stressiges Leben. Meditation hat bei mir für den Aufbau der Widerstandskraft, die man braucht, um mit all dem Stress im Leben zurechtzukommen, eine ganz entscheidende Rolle gespielt.

Die wichtigste Aufgabe einer mitfühlenden Führungspersönlichkeit ist es, Unternehmen zu schaffen, die altruistisch sind und der Gesellschaft dienen. Ich habe herausgefunden, dass man nur so nachhaltig etwas für den Bestand eines Unternehmens tun kann. Nur so kann das, was Sie beitragen, nachhaltig wirksam werden. Nur so können Sie Ihre Führungsrolle behalten. Die alles entscheidende Frage dabei lautet: Kann das Unternehmen für jeden, dem es dient, Werte schaffen? Für seine Kunden, seine Angestellten, seine Investoren? Bringt es dauerhafte Werte hervor?

Will man langfristig Spitzenresultate erzielen, dann ist dies die unerlässliche Voraussetzung. Zwar kann kurzfristig auch jemand, der sich nicht um solche Werte kümmert, viel Geld machen. Doch auf lange Sicht ist das die einzige Möglichkeit, wirklich erfolgreich zu bleiben!

Ich fasse zusammen: Aus meiner Sicht brauchen wir eine neue

Generation von mitfühlenden und glaubwürdigen Führungspersönlichkeiten, die auf die vielen Menschen, mit denen sie tagtäglich interagieren, einen positiven Einfluss ausüben. Wir müssen uns dafür einsetzen, dass sich mehr Führungspersönlichkeiten entwickeln können, die genau dazu in der Lage sind. Wir brauchen nicht nur an der Spitze Führungspersönlichkeiten, sondern überall in den Unternehmen Menschen, die solche mitfühlenden Führungsqualitäten besitzen. Nur so können diese Menschen den Alltag und die Gesellschaft verändern und den Altruismus in die Unternehmen und die Wirtschaftssysteme tragen.

Eure Heiligkeit, hierzu ersuchen wir Sie um Ihren Rat: Wie können wir eine Entwicklung in Gang setzen, in deren Folge mehr Menschen hinaus in die Welt gehen und Unternehmen verändern, wie bilden wir mitfühlende Führungspersönlichkeiten mit starkem innerem Selbstgewahrsein aus?

Dalai Lama: Auf einen ganz entscheidenden Punkt haben Sie ja bereits hingewiesen: dass man zu einer Führungspersönlichkeit weder geboren noch zu ihr gemacht wird, sich vielmehr zur Führungspersönlichkeit erst entwickelt und dabei die entsprechenden Qualitäten kultiviert. Sich innere Werte zu eigen zu machen und sie in die Tat umzusetzen ist meines Erachtens eine weitere Möglichkeit, Führungskompetenz zu entwickeln. Ich denke, viele Führungskräfte haben durchaus von diesen Dingen gehört, sind aber keineswegs völlig überzeugt davon. Deshalb sagen sie vielleicht: »O ja, sehr schön«, halten so etwas aber nicht wirklich für wichtig. Nach buddhistischer Vorstellung – hierbei handelt es sich zwar um eine Vorstellung aus der buddhistischen Philosophie, grundsätzlich ist sie in einer säkularen Form jedoch ganz allgemein anwendbar – existiert alles, was *ist,* in wechselseitiger Abhängigkeit oder wechselseitiger Bedingtheit. Alles ist miteinander verbunden. Die Entwicklung geeigneter Führungspersönlichkeiten hängt also auch mit dem Thema Bildung und den Lebensbedingungen zusammen.

Nicht alle werden mit dem, was ich gleich sagen werde, einverstanden sein: Vor meinem ersten Jerusalem-Besuch wollten mich einige Medienvertreter aus Israel treffen, und wir haben über den Holocaust gesprochen. Ich bin Buddhist und aus meinem buddhistischen Blickwinkel davon überzeugt, dass auch Hitler einen Mitgefühlssamen in sich trug. Er war nicht unbedingt schon in der frühen Kindheit bösartig, ist dies aber aufgrund zahlreicher Umstände schließlich geworden. Bei meiner Ankunft in Tel Aviv wurde ich dann darüber in Kenntnis gesetzt, dass es in den Nachrichten hieß: »Der Dalai Lama meint, auch Hitler sei ein guter Mensch.« Gesagt hatte ich lediglich, diesbezüglich seien wir zum Zeitpunkt der Geburt alle gleich: Das Potenzial für Gut und Böse ist stets vorhanden, in jedem von uns.

Die positiven Dinge gilt es zu fördern. Positive Emotionen sind ein wahrer Segen, für uns selbst wie für andere. Warmherzigkeit und Verantwortungsbewusstsein spielen in der modernen Gesellschaft zweifellos in jedem Bereich eine wichtige Rolle. Und wir können uns in diesem Sinn verändern, das hat die Neurowissenschaft gezeigt. Durch Training können wir Veränderungen bewirken. Nun liegt es also an uns. Ganz wichtig ist dabei aber, dass wir auf dem Bildungssektor und in benachbarten Bereichen einen tragfähigen Plan haben.

Gesamtgesellschaftlich gesehen weiß – so glaube ich – jeder um die Bedeutung von Liebe und Mitgefühl. Schon im Altertum war das so. Alle großen religiösen Überlieferungen sprechen davon, wie wichtig diese Dinge sind, denn der Gesellschaft gelten sie als etwas Kostbares. Das ist seit Jahrtausenden so. Dann erschienen schließlich die Wissenschaften und die technischen Erfindungen auf der Bildfläche. Technik und Wissenschaft bringen Resultate von unmittelbarem Nutzen. Wenn man betet, ergibt sich daraus nicht unbedingt sofort etwas Gutes. Beispielsweise werden Buddhisten heutzutage über das Beten für das nächste Leben oder für das nächste Weltalter vielleicht denken: »Das ist noch so weit weg.« Technik hingegen ergibt unmittelbare Resultate. Daher finden die Menschen technische Dinge natürlich hochinteressant. Das hat einen Trend in Gang gebracht, durch den wir letztlich unsere inneren Werte aus den Augen verlieren. Material und Materie haben mit Mitgefühl nichts zu tun. Ihnen galt jedoch während der letzten paar Hundert Jahre in sehr hohem Maß unser Interesse, und wir haben die Erfahrung gemacht, dass sie enormen Nutzen bringen.

Jetzt ist die Zeit gekommen, in der wir die Begrenztheit der materiellen Werte kennenlernen. Und wir sehen uns mit vielen unnötigen Problemen konfrontiert. Daher kehren wir allmählich mit neuer Wertschätzung zu unseren menschlichen Grundwerten zurück. Schließlich sind wir nach wie vor Menschen. Wir machen die Erfahrung von Freude und Leid. Daran können die materiellen Werte und die Technik nichts ändern. Und sie können uns keinen inneren Frieden bringen. Die Veränderung setzte gegen Ende des 20. Jahrhunderts ein, mit neuen Erfahrungen, neuen Interessen, einer neuen Bewusstheit. Jetzt, zu Beginn dieses 21. Jahrhunderts, weisen angesehene Denker uns darauf hin, dass unentbehrliche Elemente in unserer Gesellschaft fehlen. Das halte ich für einen sehr erfreulichen, zuversichtlich stimmenden Trend. Selbst wenn wir es nicht mehr miterleben sollten, dass die Früchte unserer Bemühungen vollständig heranreifen, bringen wir zumindest etwas in Gang. Künftige Generationen werden daran anknüpfen. Vielleicht wird es im Verlauf dieses Jahrhunderts eine bessere, eine mitfühlendere menschliche Gesellschaft geben. Und dann wird auch die Zeit des mitfühlenden Führens gekommen sein.

Mitgefühl ist kein Luxus

Joan Halifax mit Seiner Heiligkeit dem Dalai Lama,
Richard Davidson, John Dunne und Ernst Fehr

Roshi Joan Halifax, buddhistische Lehrerin und Zen-Priesterin, promovierte Anthropologin und Autorin, hat 1990 in Santa Fe, New Mexiko, das Upaya Zen Center gegründet. Dort ist Halifax Äbtissin des buddhistischen Klosters und leitet zugleich das Upaya Center für buddhistische Studien. Den Schwerpunkt ihrer engagierten und praxisbezogenen Tätigkeit bildet die kontemplative Begleitung Sterbender.

Als Moderatorin der letzten Sitzung bringt sie Richard Davidson, John Dunne und Ernst Fehr mit Seiner Heiligkeit ins Gespräch. Gemeinsam rekapitulieren sie die Diskussionen der beiden vergangenen Tage und greifen Fragen auf, die sich im Verlauf des Tagungsgeschehens ergeben haben – unter anderem die Frage, welchen Stellenwert die Geschlechterrolle und die Intelligenz für den Altruismus haben. Seine Heiligkeit ruft uns in Erinnerung, wie überaus wichtig es ist, eine säkulare Ethik zu pflegen, und hebt schließlich anerkennend hervor, wie ermutigend die vielen Anzeichen für Fortschritt sind.

Joan Halifax: Eure Heiligkeit, dies ist unsere letzte Sitzung, und im Namen von Mind and Life möchte ich Ihnen herzlich danken, dass Sie unserer Entdeckungsreise so viel Zeit gewidmet haben. Für Mind and Life war die Tagung wahrhaftig ein bahnbrechendes Ereignis. Wir waren gespannt, welchen Verlauf die Dinge nehmen würden. Wirtschafts- und Neurowissenschaftler haben wir zwar hier nicht zum ersten Mal gemeinsam an einen Tisch gebracht, dennoch betreten wir mit diesem Dialog im Grunde Neuland. Angewandte Wirtschaftswissenschaft ins Gespräch mit einbeziehen zu können, indem wir hören, was Menschen wie Antoinette Hunziker-Ebneter und »Bunker« Roy über ihre Erfahrungen zu berichten haben, finde ich großartig. Denn hier werden uns genau diejenigen Prinzipien vor Augen geführt, die Sie in Ihren Unterweisungen angesprochen haben. Sie werden in die Tat umgesetzt in der heutigen Welt von Menschen, die keine Buddhisten sind, denen Altruismus und ein sehr ausgeprägtes Interesse am Wohl ihrer Mitmenschen und an einer möglichst intakten Umwelt aber zu einem Fixpunkt im Leben geworden sind.

Ich erinnere mich, vor vielen Jahren haben Sie folgende Worte gesagt, die für mich persönlich zu einem festen Orientierungspunkt geworden sind: »Mitgefühl ist kein Luxus, sondern eine unverzichtbare Notwendigkeit für das Überleben der Menschheit.« Dieser Gedanke steht, glaube ich, als treibende Kraft hinter dem, was wir heute hier tun.

Und ich möchte gleich noch ein weiteres Zitat einbringen. Es stammt von dem früheren US-Präsidenten Franklin Delano Roosevelt, der gesagt hat: »Schon immer haben wir gewusst, dass eine rücksichtslose Verfolgung unseres Eigeninteresses moralisch verwerflich ist. Nun aber wissen wir auch, dass sie aus ökonomischer Sicht schlecht ist.«

In unseren Sitzungen ging es ja im Wesentlichen um die folgende Frage: Können wir uns ein Wirtschaftssystem vorstellen, das uns beides bietet – neben materiellem Wohlstand auch menschliches Wohlergehen und eine weitgehend intakte Umwelt? Oder, möglichst einfach und direkt formuliert: Gibt es zurzeit solche Wirtschaftssysteme, und haben wir Möglichkeiten, sie zu fördern oder weiterzuentwickeln? Hinter dieser Fragestellung steht dann gleich eine weitere Frage, der unter anderem Tania Singer und Richard Davidson nachgegangen sind – die Frage nach der Rolle, die Altruismus, Empathie und Mitgefühl in unserer heutigen wirtschaftlichen Entwicklung spielen.

Dank Richard Davidson, Tania Singer, Dan Batson und Joan Silk haben wir einen Blick ins Gehirn von Mensch und Tier werfen, uns außerdem der Frage nach der neurologischen Grundlage von Altruismus, Empathie und Mitgefühl widmen können. Ernst Fehr, Richard Layard und William Harbaugh verdanken wir Einsichten in wirtschaftswissenschaftliche Forschungsergebnisse zu Altruismus und Großzügigkeit. Dank Antoinette Hunziker-Ebneter, Arthur Vayloyan, »Bunker« Roy und William George haben wir etwas über eine Reihe von inspirierenden Projekten innerhalb von globalen und lokalen Wirtschaftssystemen erfahren. Und durch John Dunne und Matthieu Ricard haben wir gelernt, was sich aus einer buddhistischen Perspektive über Altruismus und Mitgefühl sagen lässt.

Ernst Fehr hat unser Augenmerk auf den Stellenwert der Demokratie in der heutigen Welt und die damit verbundenen Auswirkungen auf den Bereich der öffentlichen Güter gelenkt, bei denen es sich keineswegs ausschließlich um materielle Güter handelt. Vielmehr gehören auch sie der Sphäre des Altruismus an. Wir haben uns angeschaut, wie sich stark ausgeprägte bürgerliche Kooperationsnormen auf ein Wirtschaftssystem auswirken. Fehr ist in dem Zusammenhang beispielsweise auf die Situation in Griechenland eingegangen und hat uns sehr interessante Dinge über altruistische Sanktionen erzählt. Wie können wir die nötigen Schritte tun, um zu altruistischen Wirtschaftssystemen zu gelangen, die keine Sanktionen erfordern? Diese Frage beschäftigt viele von uns.

Singer und Ricard haben angesprochen, dass wir Menschen über die Möglichkeit verfügen, den Geist so zu trainieren, dass wir in unserer komplexen Welt mehr Altruismus, größeres Mitgefühl, stärkere Empathie und mehr Widerstandsfähigkeit haben. Zudem konnten wir uns einige der Forschungsergebnisse in der Sozialpsychologie und der Neurowissenschaft zu Empathie, zu empathischer Anteilnahme, zur persönlichen Belastung durch unsere empathische Anteilnahme am Leid eines Mitmenschen, zu Altruismus und Mitgefühl anschauen. Diese seelischen Qualitäten sind gleichbedeutend mit einer Veränderung zum Positiven in der heutigen Welt, und genau aus diesem Grund sind wir alle fasziniert von dem, was »Bunker« Roy, Antoinette Hunziker-Ebneter und Arthur Vayloyan uns geschildert haben. Auf einmal kam uns der Gedanke: »Aha, wir könnten also durchaus ein Wirtschaftssystem haben, das auf gesundem Altruismus beruht. Wir könnten ein auf Mitgefühl fußendes Wirtschaftssystem haben.«

Menschen aus dem Abendland wollen immer Beweise vorgelegt bekommen. Darum möchte ich dir, Richie, für die bahnbrechende Arbeit danken, die du bei der Erforschung der Meditationspraxis und der Arbeitsweise des Gehirns, der neuronalen Grundlagen des Mitgefühls und dergleichen mehr geleistet hast. Es wäre sehr schön, wenn du noch einiges von dem, was wir hier thematisiert haben, kurz zusammenfassen und dann den Dialog mit Seiner Heiligkeit beginnen könntest.

Richard Davidson: Vielen Dank, Joan, und vielen Dank, Eure Heiligkeit. Bevor ich mit einer kurzen Zusammenfassung beginne, möchte ich mit ein paar Worten darauf eingehen, dass dies die 20. Tagung des Mind and Life Institute im Dialog zwischen Wissenschaftlern und Eurer Heiligkeit ist. Im Verlauf dieses langfristigen Zusammenwirkens kam es zur Begegnung vieler verschiedener Wissenschaftszweige. Diese Tagung hat jetzt die Wirtschaftswissenschaft zum allerersten Mal in unsere akademische Diskussion mit einbezogen. An dieser Stelle möchte ich einfach innehalten und zum Ausdruck bringen, welch unbeschreibliche Dankbarkeit wir alle Ihnen gegenüber empfinden, Eure Heiligkeit, für die große Inspiration, die Sie uns geschenkt haben. Kein anderer Weltpolitiker und kein religiöses Oberhaupt hat derart viel Zeit mit Wissenschaftlern und Gelehrten verbracht, und dafür sind wir ungemein dankbar.

Dalai Lama: Bei mir geht es ja einfach nicht so zu wie bei denjenigen Staatsoberhäuptern, die ein Land und eine Menge Arbeit haben. Ich bin ziemlich ungebunden. Das hier ist sozusagen mein Zeitvertreib.

Joan Halifax: Daraus spricht echte Bescheidenheit!

Richard Davidson: Ich würde gern kurz auf ein paar Punkte eingehen, die sich bei dieser Tagung als Themen von zentraler Bedeutung herauskristallisiert haben. Und an die Zusammenfassung anknüpfend möchte ich an Sie, Eure Heiligkeit, einige spezielle Fragen richten, die im Verlauf der Tagung aufgetaucht sind. In der ersten Sitzung haben wir zunächst ein Gespräch über Empathie und Altruismus und deren psychologische und neurowissenschaftliche Grundlagen geführt. Wir haben über die Empathie-Altruismus-Hypothese gesprochen, der zufolge eine prosoziale Motivation – die mit Empathie einhergehende Motivation, anderen zu helfen – letztlich dem Ziel dient, einem anderen Menschen etwas Gutes zu tun, anstatt eher eigennützige Ziele zu verfolgen. Der dort vorgebrachte Beleg stützt die Empathie-Altruismus-Hypothese: Die aus empathischen Empfindungen hervorgehende Motivation ist eine altruistische, keine egoistische Motivation.

Auch über die neurowissenschaftlichen Grundlagen der Empathie haben wir etwas erfahren. Wer mit dem Schmerz und Leid der anderen konfrontiert ist, bei dem zeigen sich im Gehirn ähnliche Veränderungen wie bei jemandem, der tatsächlich selbst unter Schmerzen leidet. Eines der Hirnareale, über die wir in diesem Zusammenhang gesprochen haben, ist die Insula, der interozeptive Bereich. Zwischen diesem Hirnareal und dem Körper bestehen wichtige Verbindungen. Über das Phänomen der »Schadenfreude« lernten wir, dass sich jemand wirklich daran erfreuen kann, wenn jemand anderes leidet. Wie dies geschieht, wurde uns durch einen speziellen Versuch vor Augen geführt, in dem ein Versuchsteilnehmer gesehen hat, dass ein anderer Teilnehmer, der sich unfair verhalten hatte, infolgedessen leiden musste. Männer (Frauen dagegen nicht) wiesen Veränderungen in den Belohnungsarealen des Gehirns auf, wenn sie sahen, dass ein unfairer Teilnehmer eine schmerzliche Erfahrung machte. Die Veränderungen hingen mit dem Wunsch nach Vergeltung zusammen.

Eure Heiligkeit, das war nur einer von verschiedenen Momenten im Verlauf des Kurses, in denen über Unterschiede zwischen Männern und Frauen berichtet wurde. Von »Bunker« Roy haben wir gehört, Männer seien zur Ausbildung ungeeignet, außerdem hat er uns eine sehr schöne Beschreibung der Solartechnik-Großmütter geliefert. Vor diesem Hintergrund möchte ich Sie, Eure Heiligkeit, jetzt fragen: Können wir der buddhistischen Überlieferung etwas über Unterschiede zwischen den Geschlechtern entnehmen? In praktischen Belangen unserer Arbeit hat sich diese Frage ebenso gestellt wie in der Grundlagenforschung, und wir möchten sehr gern wissen, ob Sie uns darüber etwas mitteilen können.

Dalai Lama: Ich denke, dass alle Neuronen und damit verbunden die unterschiedlichen Geisteszustände – die groben und die subtilen Geistes- oder Energieebenen – bei beiden Geschlechtern hundertprozentig gleich sind. Männer und Frauen sind im Grunde gleich, abgesehen von dem einen oder anderen Unterschied bei den Organen. Im Buddhismus hat der Buddha beiden Geschlechtern im Wesentlichen die gleichen Rechte eingeräumt. Zur damaligen Zeit herrschte in Indien eine gewisse Diskriminierung, doch der Buddha hat in seinem Orden Männern und Frauen die gleichen Möglichkeiten zur vollen Ordination gegeben. Da Männer zu jener Zeit in der Gesellschaft höher angesehen waren, findet man in den Vinaya-Texten[1]

Elemente von Diskriminierung, die sich in der Hierarchie der klösterlichen Ordnung widerspiegelt.

Thupten Jinpa: Generell wird in der buddhistischen Überlieferung und im buddhistischen Denken überhaupt das Männliche im ganz allgemeinen Sinn – das Maskuline – mit Mitgefühl assoziiert und das Weibliche mit Weisheit.

Dalai Lama: Ein wichtiger Punkt ist, denke ich, dass bei den Menschen wie auch bei den Tieren die eigene Mutter *das* Beispiel für ein über alles geschätztes Wesen ist. Die Mutter ist die Quelle der größten Zuneigung, die Ihnen zuteil wird. Im Tibetischen sagen wir: »Alle empfindenden Wesen, unsere Mütter.«[2] Das ist sehr kraftvoll und hat eine ganz besondere Schwingung. Probiert man es hingegen mit der Umkehrung und sagt: »Alle empfindenden Wesen, unsere Väter«, klingt das nicht stimmig. Etwas ist anders an den Frauen. Durch unsere multidisziplinäre Tagung ist mir natürlich klar geworden, dass eine Frau biologisch betrachtet eine höhere Sensitivität für den Schmerz der anderen hat.

Wahrscheinlich werden viele von Ihnen darüber bereits Bescheid wissen, deshalb fasse ich mich kurz. In einer sehr weit in der Vergangenheit liegenden Zeit, vermutlich vor mehreren 100 000 Jahren, war den Menschen unsere Vorstellung des Führens unbekannt. Man lebte in ganz kleinen Gemeinschaften, in denen alle – Vater, Mutter, jede/r Einzelne – zusammenwirkten und ihre Habe teilten. Irgendwann setzte dann ein Bevölkerungswachstum ein, das Leben wurde im Vergleich zu vorher eher komplizierter, und Unruhestifter erschienen auf der Bildfläche. Damit die Gemeinschaft mehr Stabilität erhielt, entwickelte sich daher die Vorstellung von Führung.

Bildung, die als Grundlage für Dominanz hätte dienen können, gab es zu jener Zeit nicht. Alles drehte sich, ganz wie bei anderen Lebewesen, um physische Kraft. Bei den Elefanten spielen, glaube ich, die Mütter eine dominante Führungsrolle. Vielleicht sind weibliche Elefanten ein wenig stärker als die männlichen, ich weiß es nicht. Bei den Menschen entwickelte sich jedenfalls eine männliche Dominanz. Wahrscheinlich hat, wenn ich das so sagen darf, der Einfluss mancher religiöser Vorstellungen ebenfalls zu dieser Denkweise beigetragen.

Nun, die Idee der *Ahimsa*, einer auf Mitgefühl beruhenden Gewaltlosigkeit, und die Vorstellung von religiöser Harmonie, diese beiden Dinge sind indisches Erbe. Deshalb betrachte ich mich mit Stolz als einen Boten Indiens. Heutzutage bezeichne ich mich sogar als Sohn Indiens. Meine Denkweise und meine Auffassungen, die mit diesen Werten verbunden sind, gehen auf die indische Nalanda-Tradition zurück.[3] Und physisch hat mein Körper während der vergangenen 51 Jahre von indischem Dal, Reis und Chapati gelebt. Ich bin also wahrhaftig ein Sohn Indiens.

Zu sagen, ich sei ein Sohn Indiens, macht mich gewöhnlich ein wenig stolz. Vor einigen Tagen habe ich bei einer Versammlung von Oberhäuptern verschiedener Religionsgemeinschaften aber auch gesagt: »Wir führen diese tausendjährigen indischen Traditionen fort, aber nach wie vor haben Diskriminierung und das Kastensystem hierzulande Bestand. Die Verfassung schreibt zwar die Gleichberechtigung fest, trotzdem setzen sich einige schlechte gesellschaftliche Gepflogenheiten, die Jahrhunderte zurückreichen, weiter fort. Vor diesen Dingen dürfen wir nicht die Augen verschließen. Mag auch manches davon Bestandteil der traditionellen Kultur Indiens sein, ist es für uns jetzt jedoch an der Zeit, die Dinge, die uns behindern, zu ändern.« Wie auch immer, das war lediglich eine kleine Randnotiz.

Kommen wir auf das zurück, wovon ich zuvor gesprochen habe. Im weiteren Verlauf der Menschheitsgeschichte hat die Bildung allmählich eine bedeutendere Rolle eingenommen; sie sorgte für mehr Gleichberechtigung zwischen Mann und Frau.

Immer noch gibt es allerdings eine männliche Vorherrschaft. In den Führungspositionen findet man, glaube ich, in den meisten Fällen Männer. Nun haben wir freilich den Zeitpunkt erreicht, an dem Können, Weitblick, Intelligenz oder Bildung allein nicht mehr ausreichen, nun gilt es, in einem mitfühlenden Herzen eine Führungsqualität zu sehen. Daher sprechen wir heute über die Bedeutung von Altruismus, von Mitgefühl. Für uns ist es an der Zeit, mehr zu sein als nur ein kluger Kopf, es gilt vielmehr, Warmherzigkeit zu entwickeln. Wenn es darum geht, den Wert des Mitgefühls hervorzukehren, sollten die Frauen eine aktivere Führungsrolle übernehmen.

So sehe ich das. Ich denke, irgendwann werden unsere Führungspositionen in der Mehrzahl weiblich besetzt sein – von den mitfühlenderen Frauen. Manche Frauen sind aber gar nicht so mitfühlend!

Joan Halifax: Wir werden niemanden beim Namen nennen!

Dalai Lama: Im Allgemeinen sind Frauen jedoch mitfühlender als Männer. Wenn wir also viele Frauen in Führungspositionen bringen, haben wir vielleicht weniger Probleme. Manchmal kommt mir der Gedanke – ob es tatsächlich so ist, weiß ich nicht –, dass sich viele Probleme leichter lösen lassen, wenn man sie im Geist des Dialogs und des Respekts vor den Interessen der anderen angeht. Da stellt sich dann allerdings das voreingenommene »Ich« quer: »Nie werde ich das Nachsehen haben oder ein Scheitern akzeptieren.« Und die andere Seite nimmt die gleiche Position ein. Wie aber soll man so Probleme lösen können? Mit diesem Übermaß an »ich, ich, wir« stehen wir Männer vielfach der Lösung von Problemen selbst im Weg. Die Zeit ist also reif. Wir Männer sollten jetzt vielleicht besser von der Bühne abtreten.

Im buddhistischen Denken – selbstverständlich bin ich Buddhist und dementsprechend in diesem Sinn voreingenommen – spielt die Vorstellung von der Gleichheit aller empfindenden

Wesen, ohne einen durch die Geschlechtszugehörigkeit oder die Zugehörigkeit zur einen oder anderen Lebensform bedingten Unterschied, eine große Rolle. Diese buddhistischen Vorstellungen praktiziere ich von Herzen. Zu einer Stechmücke habe ich mitunter dennoch keine sonderlich gute Beziehung.

Richard Davidson: Nun, das ist eine gute Überleitung zum Verhältnis von Empathie und Mitgefühl, ein weiteres Thema, das wir in unseren Sitzungen besprochen haben. In der westlichen Wissenschaft fasst man den Begriff »Empathie« vielfach in der Weise, dass es hierbei um die Leidenserfahrung von jemand anderem geht. Oder, in einem eher buddhistischen Bezugsrahmen, handelt es sich um die Erfahrung, dass die Natur des Leids – die durch eigene Unwissenheit hervorgerufene Leidhaftigkeit des Daseins – unerträglich ist. In den fMRT-Scans, die Tania bei Matthieu durchgeführt hat, konnten wir sehen, dass der Übergang von Empathie zu Mitgefühl mit einer enormen Veränderung in Matthieus Erleben einherging. Und so erhielten wir Einsicht in den Prozess, der sich abspielt, wenn jemand von »Burn-out« spricht: Dabei könnte es sich um die Erfahrung von Empathie ohne Mitgefühl handeln.

Bei weiteren Untersuchungen zeigen sich im Gehirn eines Menschen, der gerade erst mit dem Mitgefühlstraining beginnt, im Vergleich zu schon länger Praktizierenden weitere ziemlich große Unterschiede. Das führt mich zu einer Frage an Sie, Eure Heiligkeit. Ich möchte gern wissen, ob Sie uns eine Beschreibung der hier stattfindenden Entwicklung geben können, eine Beschreibung der Veränderungen, die eintreten, wenn jemand anfängt, sich in der Kultivierung von Mitgefühl zu üben. Welche Entwicklungsstadien durchläuft ein Praktizierender zu Beginn, verglichen mit jemandem, der schon länger praktiziert, und inwiefern wandelt sich die Mitgefühlserfahrung im Lauf der Zeit?

Dalai Lama: Positive Emotionen wie Empathie haben ihre

Grenzen. Wir müssen unsere Intelligenz benutzen. Intelligenz sorgt für Entschlossenheit und für zielgerichtetes Handeln. Um es ganz allgemein zu formulieren: Wer eine Möglichkeit sieht, Leid zu überwinden, kümmert sich viel eher und mit einem stärkeren Realitätsbezug darum. Ohne so eine Möglichkeit machen Sie sich Sorgen, verfallen in Wunschdenken, sind nicht richtig motiviert, etwas zu unternehmen, und empfinden die ganze Situation einfach als schwierig. Wahrscheinlich fühlen Sie sich hilflos, entmutigt oder demoralisiert. Darum bedarf es unbedingt der Kombination aus Weisheit und mitfühlend eingesetzten Methoden. Beides muss Hand in Hand gehen. Mittels Ihrer kognitiven Fähigkeiten können Sie versuchen, die Situation zu verstehen, um herauszufinden, ob es einen Ausweg gibt. Je besser Sie die Situation verstehen, desto größer ist Ihre Motivation zu handeln. Den Wert von Empathie oder Mitgefühl erkennen zu können, setzt, denke ich, Weisheit und Gewahrsein voraus. Biologisch ist bei Tieren die Fähigkeit, ihren Artgenossen gegenüber Anteilnahme zu empfinden, sehr begrenzt. Ich glaube nicht, dass da Intelligenz mit im Spiel ist. Wir Menschen sind ganz anders. Erst vor Kurzem sind wir auf parteiisches im Unterschied zu unparteiischem, einem nicht auf Anhaftung fußenden Mitgefühl zu sprechen gekommen – nur der Mensch kann solch eine unvoreingenommene Form von Mitgefühl entwickeln, weil man dazu Intelligenz benötigt.

Warum brauchen wir Mitgefühl? Es verhilft uns zu innerer Stärke. Das sagt uns unsere Weisheit oder unsere Intelligenz. Anderen bringt es ebenfalls Vorteile. Und aus Mangel an Mitgefühl werden wir mit vielen unnötigen Problemen konfrontiert. Bei alledem ist die Intelligenz am Werk, und um eine derartige Intelligenz zu entwickeln, müssen wir über den Tellerrand hinausschauen und eine ganzheitlichere Sicht entwickeln.

Denken Sie an eine Pflanze. Sie hat kein Gefühl, erlebt weder Leid noch Freude. Kürzlich haben einige Wissenschaftler erklärt, wenn man zwei Pflanzen derselben Art nimmt, und mit der einen Pflanze schimpft, während man die andere lobt, werde die Pflanze, die gelobt wurde, besser wachsen. Ein paar Wissenschaftler haben etwas Derartiges gesagt, nicht wahr?

Richard Davidson: Das waren keine Wissenschaftler!

Dalai Lama: Keine Wissenschaftler? Nun denn, sehr gut. Eine solche Antwort kommt mir entgegen. In der klassischen indischen Philosophietradition gab es Debatten über diese Frage des pflanzlichen Lebens. Die Buddhisten sagen, eine Pflanze habe kein Gefühl, erlebe weder Freude noch Leid, während man im Jainismus die gegenteilige Auffassung vertritt.

Zunächst einmal müssen wir erfahren, was Schmerz ist, zwischen Schmerz und Freude unterscheiden lernen. Dann kennen wir – nicht nur wir Menschen, sondern auch Tiere, die Freude und Leid erleben – den Schmerz und wissen, dass ihn niemand haben will. Daraufhin versuchen wir gemäß der buddhistischen Vorstellung vom Gesetz der Kausalität, der Sache auf den Grund zu gehen. Woher kommt der Schmerz, was sind seine wichtigsten Ursachen und Bedingungen? Bei einer bestimmten Geisteshaltung kann uns selbst physischer Schmerz eine tiefere Befriedigung verschaffen. Es ist alles das Werk von Intelligenz und ganzheitlichem Wissen. Durch Intelligenz können Sie herausfinden, dass der physische Schmerz einem gewissen Zweck dient, seinen Nutzen hat, und ihn dann innerlich willkommen heißen.

Als für mich vor zwei Jahren eine Operation anstand, war mir davor ein bisschen bange. Doch meine Intelligenz hat mir gesagt, die Operation sei notwendig. Außerdem übten das breite Lächeln auf den Gesichtern der Spezialisten und ihre aufrichtige Zuneigung eine enorme Wirkung auf mich aus. Ich fühlte mich sicher.

Eine ganzheitlichere Sicht, eine umfassendere Perspektive, ist von großer Bedeutung. Sie bringt uns Gewissheit und inneren Frieden. Ein ruhigerer, mitfühlenderer Geist gibt uns innere Stärke und Selbstvertrauen, verringert den Stress, die Anspannung, die Besorgnis, die Angst. Falls Sie keine solche ganzheitliche Sicht haben, sondern lediglich auf Ihre unmittelbaren Empfindungen hören, mag Mitgefühl wie eine Torheit scheinen. Besser, man bleibt unbeteiligt und objektiv, verfährt wie eine gefühllose Maschine. Das entspricht dem wissenschaftlichen Ansatz – gänzlich objektiv, ohne Gefühl.

Richard Davidson: Vielen Dank, Eure Heiligkeit.

Joan Halifax: Vielen Dank, Richie. Vielen Dank, Ernst, für deine Geduld. Und zugleich möchte ich dir auch meine große Dankbarkeit zum Ausdruck bringen. Deine Zusammenarbeit mit Tania ebenso wie das, was du an der Universität Zürich leistest, halte ich für etwas wirklich Außerordentliches. Im Bereich der Wirtschaftswissenschaften ist das bahnbrechend. Du bist da absolut führend. Deshalb würden wir sehr gern hören, wie du die Zukunft siehst.

Ernst Fehr: Das Thema dieser Sitzung ist Reflexion, Integration und die künftige Ausrichtung von Forschung und Politik. Meinen kurzen Vortrag möchte ich in zwei Teile gliedern. Der eine Teil befasst sich mit den Anregungen, die wir aus diesem Dialog mit nach Hause nehmen. Was haben wir in den letzten zweieinhalb Tagen gelernt? Nach wie vor stehen wir vor gewaltigen Herausforderungen. Auch über sie möchte ich sprechen. Außerdem habe ich ein paar Fragen an Seine Heiligkeit. Vielleicht können Sie uns helfen, diese Herausforderungen zu bewältigen.

Joan Silks Vortrag haben wir entnehmen können, dass zwischen Mensch und Tier einige bedeutsame Unterschiede bestehen. Bei nichtmenschlichen Lebewesen ist altruistisches Verhalten zwar verbreitet, allerdings beschränkt es sich weitgehend auf die nahe Verwandtschaft und auf Angehörige der eigenen Gruppe. Selbst bei unseren nächsten Verwandten, den Schimpansen, gibt es ernst zu nehmende Hinweise darauf, dass wir hinter die Auffassung, Schimpansen kümmerten sich um ihresgleichen, ein großes Fragezeichen setzen sollten.

Ganz anders liegt der Fall beim Menschen. Der menschliche Altruismus geht weit über das hinaus, was wir im Tierreich vorfinden, da er sich keineswegs auf die Verwandtschaft oder auf Mitglieder der eigenen Gruppe beschränkt. Menschen nehmen am Wohl der anderen Anteil! Das hat die wissenschaftliche Forschung gezeigt. Auch namenlose, uns unbekannte Fremde können wir in unseren Altruismus mit einbeziehen.

Allerdings nimmt dieses altruistische Verhalten beim Menschen oft eine bedingte Form an – je nachdem, ob wir bei anderen Altruismus beobachten –, und das ist nicht nur ein Segen. Weil wir mit unserem altruistischen Verhalten als gutes Beispiel dienen und andere anregen, es uns gleich zu tun, haben wir Grund zur Hoffnung. Da es andererseits Menschen gibt, die sich eigennützig verhalten, haben wir aber auch schlechte Beispiele vor Augen. In dieser Situation, in der gute und schlechte Beispiele miteinander konkurrieren, müssen wir einen Weg finden, die guten Beispiele zu fördern. Im Verlauf der letzten beiden Tage haben wir gesehen, dass Altruismus tief im menschlichen Gehirn verankert ist. Nicht nur auf der Ebene des Verhaltens können wir ihn sehen. Genau die gleichen Belohnungsareale im Gehirn, die aktiviert werden, wenn ich materiell Wertvolles bekomme, werden auch dann aktiviert, wenn ich altruistisch handele und jemand anderem etwas Gutes tue. Das gibt uns noch mehr Grund zur Hoffnung, denn wir haben tatsächlich die Chance, unsere Biologie auf vorteilhafte Weise zu verändern. Manche Erkenntnisse deuten sogar darauf hin, dass es uns glücklicher machen könnte, wenn wir uns altruistisch verhalten.

In den Verhaltens- und Sozialwissenschaften finden diese Erkenntnisse zunehmend Anerkennung. Als ich vor 20 Jahren anfing, solche Fragen zu untersuchen, haben meine Kollegen mich noch mit einem herablassenden Lächeln bedacht. Heute findet diese Sicht viel breitere Akzeptanz und übt einen immer stärkeren Einfluss auf die Wissenschaft aus. Man könnte sogar sagen, dass sich eine kleine Revolution vollzieht, zumindest in den Wirtschaftswissenschaften. Dadurch verwandelt sich die einst »trostlose« Wissenschaft in eine edle Wissenschaft.

Wir haben außerdem herausgefunden, dass wir die Gesellschaft nicht verstehen, solange wir nicht verstehen, dass der Mensch in seinem Verhaltensrepertoire über die Befähigung zu Altruismus verfügt. Ohne diese Erkenntnis verstehen wir auch nicht, wie Märkte funktionieren. Ebenso wenig verstehen wir Organisationen, die Politik, das Familienleben. Nicht einmal die eigene Evolution können wir verstehen, wenn wir ignorieren, dass ein großer Teil der Menschheit einen Hang zu Altruismus hat. Wenn wir wollen, dass unsere Welt besser wird, dann müssen wir unsere altruistische Natur anerkennen.

Da immer mehr Wissenschaftler diese umfassendere Perspektive einnehmen, wird auch mehr Glücksforschung betrieben. Was für unser Glück von Bedeutung ist, können wir mittlerweile einer Vielzahl von Forschungsergebnissen entnehmen. Das Glück bleibt also nicht länger der Spekulation überlassen. Wir wissen, dass in den Industrieländern – und in den Entwicklungsländern, vor allem aber in den Industrieländern – gute persönliche Beziehungen zu unserem Ehepartner, zu unseren Freunden, zu unseren Kollegen eine wichtige Glücksquelle sind. Gute soziale Beziehungen aufrechtzuerhalten ist der entscheidende Punkt. Dem misst unser gegenwärtiges Wirtschaftssystem nicht genügend Wert bei. Genau das sollte aber unbedingt geschehen. Wir müssen auf diese Veränderung hinarbeiten, die Anreize verändern, falls möglich sogar unsere Persönlichkeit verändern.

Die Hindernisse möchte ich ebenfalls kurz ansprechen. Ein

großes Hindernis für das menschliche Glück ist Neid. Richard Layards Vortrag hat uns das gezeigt, und die übrige Glücksforschung weist eindeutig in dieselbe Richtung. Ein interessanter Punkt. Und gleichzeitig ist es irgendwie unbequem, diese Tatsache anzuerkennen. Aber Menschen leiden darunter, wenn andere, mit denen sie sich vergleichen, ein höheres Einkommen haben. Diese ausgesprochen destruktive Emotion wirft die wichtige Frage auf, wie wir sie überwinden können.

Das bringt mich zu den Herausforderungen. Wir haben eine Menge gelernt, und wir kennen die Hindernisse. Worin bestehen also die Herausforderungen? An dieser Stelle möchte ich etwas sehr Persönliches sagen. Wir Menschen verfügen über die Fähigkeit, uns mitunter selbst etwas einzureden, woran wir sehr stark glauben, ohne tatsächlich zu wissen, ob es wahr ist. Ich bin da keine Ausnahme. In meiner wissenschaftlichen Laufbahn hatte ich meine Vorurteile, und ich musste lernen, dass manches von dem, woran ich glaubte, falsch war. Darum ist es wichtig, dass wir offen bleiben und zwischen wirklichem Wissen und vermeintlichem Wissen klar unterscheiden. In diesem Sinn möchte ich die Herausforderungen formulieren.

Zu den unbeantworteten Fragen zählen aus meiner Sicht die folgenden: Gibt es für Altruismus konstante Persönlichkeitsmerkmale, die zeit- und situationsunabhängig sind? Und wenn ja, wie lässt sich das erklären? Welche Faktoren formen eine altruistische Persönlichkeit? Daran schließt sich die Frage an, wie wir die Persönlichkeit der Menschen verändern können. Und die Frage, ob man Altruismus durch die richtige Bildung und Erziehung fördern kann. Ich glaube, das kann man. Ich glaube das, ich weiß es jedoch nicht. Ich möchte daran glauben; ich möchte, dass es wahr ist. Aber wenn ich ehrlich bin, muss ich zugeben, dass ich es nicht weiß. Können wir Neid vermeiden? Oder gehört er zur menschlichen Natur? Falls wir ihn vermeiden können, wie? Wie schnell könnte sich eine Veränderung einstellen? Wir wissen, wenn wir ein kleines Kind in einen Raum stecken, es zwölf Jahre lang nur mit Nahrung versorgen und es ansonsten sich selbst überlassen – solche grausamen Fälle hat es gegeben –, völlig ohne soziale Interaktion, dann lernt das Kind nicht zu sprechen. Wenn einem Kind lange genug jede soziale Interaktion mit anderen Menschen vorenthalten wurde, ist es anschließend offenbar nicht mehr in der Lage, eine Sprache zu erlernen. Dabei kommt es sehr auf den zeitlichen Rahmen an. Gibt es den auch für die Förderung von Altruismus? Mal ehrlich: Wir wissen es nicht.

Die wichtigste Frage für uns und für Seine Heiligkeit war wohl: Brauchen wir zur Förderung einer altruistischen Gesellschaft den Buddhismus? Ich selbst bin kein Buddhist, darum möchte ich das sehr gern wissen. Welche hilfreichen Elemente des Buddhismus können in den Westen übertragen werden, wie können wir vom Buddhismus das Beste übernehmen? Welche Komponenten sind unverzichtbar für uns, damit wir erreichen, was wir erreichen wollen, nämlich altruistischere Menschen und eine bessere Gesellschaft?

Joan Halifax: Ernsts letzte Frage halte ich für ganz wichtig, und ich möchte Sie fragen, ob Sie für ein paar Minuten darüber sprechen könnten, was sich nach Ihrem Empfinden aus dem Buddhismus in die nichtbuddhistische Welt übertragen lässt und etwas zur Schaffung einer Zivilgesellschaft beitragen kann.

Dalai Lama: Mehr als 2000 Jahre lang haben verschiedene Religionen auf diesem Planeten koexistiert. Indien liefert dafür ein besonders gutes Beispiel. Alle großen Überlieferungen der Welt existieren dort. Wir Menschen sind unterschiedlich, unser Naturell ist vielfältig. Deshalb brauchen wir verschiedene Religionen, soviel ist klar.

Im Jainismus und im Buddhismus gibt es keine Vorstellung von einem Schöpfer, in beiden Fällen glaubt man aber an das Gesetz der Kausalität, und damit stehen diese beiden Religionen meines Erachtens in diesem Punkt der darwinschen Evolutionstheorie ziemlich nahe. All die großen religiösen Überlieferungen – das Christentum, der Islam, der Hinduismus und das Judentum – haben eine bestimmte Vorstellung von einem Schöpfergott. Sie stellen den Schöpfer in den Mittelpunkt und haben einen sehr starken Glauben an den Schöpfer. Das verringert das extreme, selbstbezogene »Ich«-Empfinden, das Gefühl, ein Ego zu haben. Man beugt sich Gott. Nachdem Sie sich Gott vollständig unterworfen und anerkannt haben, dass sämtliche Kreaturen seine Geschöpfe sind, hat man natürlich allen Grund, Respekt und Liebe zu entwickeln. Einer meiner muslimischen Freunde hat es so ausgedrückt: »Ein echter Moslem, ein echter Praktizierender des Islam, muss alle Geschöpfe lieben, weil alle Geschöpfe von Allah erschaffen wurden.« Das ist ihr Weg, und der bietet alles, was man braucht. Die buddhistische Theorie der Selbstlosigkeit ist ein anderer Ansatz, hat aber sicherlich eine ähnliche Wirkung.

Aber selbst wer diese Dinge weiß, nimmt sie vielleicht nicht ernst. Darin liegt das Problem. Und es gibt ein weiteres Problem: viele Nichtgläubige, die heute einen Großteil der Bevölkerung ausmachen. Auch viele Wissenschaftler zählen zu dieser Kategorie. Andere Wissenschaftler sind selbstverständlich sehr religiös gesinnt. Ein Wissenschaftler, der für mich fast ein Guru ist – der große Physiker Carl Friedrich von Weizsäcker –, war sehr religiös.

Die gesamte Menschheit braucht Altruismus oder Empathie, nicht unbedingt als Bestandteil eines religiösen Glaubens, sondern um Probleme zu lösen, vor denen wir heute stehen, weil es an Altruismus und Empathie mangelt. Wir müssen die eigentlichen Ursachen angehen, darin besteht jetzt unsere Aufgabe. Die Zeit ist reif dafür. Hier geht es nicht um eine bestimmte Gruppe, sondern um 7 Milliarden Menschen. Nur auf der Grundlage der Religion werden wir es kaum schaffen, die altruistische Geisteshaltung zu verbreiten. Also müssen wir eine Möglichkeit finden, die entsprechenden Werte in einer säkularen und umfassenden Perspektive zu fördern. Alle großen religiösen Überlieferungen beruhen diesbezüglich auf ähnlichen Voraussetzungen.

In Bezug auf den Buddhismus habe ich an anderer Stelle bereits die Nalanda-Tradition erwähnt, die buddhistische Sanskrit-Tradition. Man kann sie in drei Teile untergliedern: die wissenschaftlichen Aspekte; die buddhistische Philosophie beziehungsweise die buddhistischen Begriffe und die buddhistische Religion. Lassen wir die buddhistische Religion beiseite. Die wissenschaftlichen Elemente des buddhistischen Denkens beinhalten eine sehr detaillierte Erklärung des Geistes und der Emotionen. Von den buddhistischen Begriffen habe ich den der wechselseitigen Bedingtheit angesprochen. Unter anderem besagt er, dass es keinen Schöpfer, kein absolutes Eines gibt. Vielmehr entsteht alles aufgrund von Ursachen und Bedingungen, alles ist deshalb miteinander verbunden. Und aus dieser buddhistischen Vorstellung ergibt sich die Notwendigkeit von Mitgefühl, einer mitfühlenden Gesellschaft, einer mitfühlenden Menschheit – was aber keineswegs mit der buddhistischen Religion verknüpft sein muss. Sie können Christ bleiben, ein Nichtgläubiger, ja der Religion sogar ablehnend oder feindlich gegenüberstehen. Falls Sie tatsächlich das Gefühl haben, jede Religion sei schlecht – in Ordnung: Werden Sie einfach ein liebenswürdigerer Mensch, weil Ihr Glück mit dem Glück der anderen in Zusammenhang steht. Aus eigenem Interesse sollten Sie sich also um das Wohl der anderen kümmern.

Die wissenschaftlichen Erklärungen des Buddhismus verhelfen uns, glaube ich, zu einem vollständigeren Verständnis der Emotionen, und die westlichen Wissenschaftler haben einen enormen Beitrag dazu geleistet, uns zu zeigen, dass emotionale Gewohnheiten sich durch Training verändern können. Das sind sehr gute Ergebnisse. Sie liefern klare Hinweise, dass wir durch Visualisierung und mittels des Vorstellungsvermögens unsere Wahrnehmung wirklich verändern können. Das ist eine Tatsache, keine Illusion und kein blinder Glauben. Dafür sollten wir aber keine religiöse buddhistische Praxis brauchen, lediglich Aspekte der buddhistischen Wissenschaft. Sie kann uns weitere Informationen darüber geben, was wir mit dem Geist anfangen können, und uns zu einem besseren Verständnis der buddhistischen Vorstellung von der wechselseitigen Verbundenheit sämtlicher Phänomene verhelfen.

Für Menschen, die fest daran glauben, dass Gott absolut und von zentraler Bedeutung ist, könnte diese Vorstellung problematisch sein. Einer meiner christlichen Freunde, Bruder Wayne, ein vorbildlicher Mönch, leistet wundervolle Arbeit. Eines Tages zeigte er Interesse am buddhistischen Leerheitsbegriff. Da wir uns sehr gut kennen, sagte ich ihm: »Kümmere dich nicht weiter darum.« Ich sagte das aus Sorge, dass dies bei einem Gläubigen, der sich mit dem Thema sehr eingehend befasst, auf seine völlige Unterwerfung unter Gott – oder seinen Glauben an Gott – Auswirkungen haben könnte. Das will ich nicht.

Es gibt so viele verschiedene religiöse Traditionen, aber in einigen Fällen legen monotheistische Gläubige zu großen Nachdruck auf Gott, Gott, Gott. Alle Religionen genießen unseren Respekt. Wir bewundern wirklich, wie viel diese Überlieferungen Millionen von Menschen über Jahrtausende zu geben vermochten. Das ist Grund genug, sie zu respektieren und wertzuschätzen. Von einem kritisch-philosophischen Standpunkt des buddhistischen Denkens aus ist jedoch an der Vorstellung von einem Schöpfer rigoros Kritik geübt worden. Aufgrund meiner Ausbildung im klassischen philosophischen Denken – manchmal bezeichne ich mich als einen standhaften Buddhisten – bin ich mit diesen logischen Argumenten, die am Theismus Kritik üben, durch und durch vertraut. Das hält einen Buddhisten natürlich nicht davon ab, das darf es auch nicht, den großen spirituellen Überlieferungen des Theismus mit Hochachtung, ja mit Verehrung zu begegnen.

Brauchen wir denn nun den Buddhismus, um eine altruistische Gesellschaft zu fördern? Nein, aber die eine oder andere Technik und manches Wissen kann der Buddhismus beisteuern. So sehe ich das.

Richard Davidson: Vor rund 50 Jahren war für die meisten Menschen in den westlichen Kulturen regelmäßiges Körpertraining kein Thema. Dann begann die wissenschaftliche Forschung uns zu zeigen, dass regelmäßiges Training gut für die Gesundheit ist. Heutzutage sehen wir, dass viele Menschen Sport zum festen Bestandteil ihres Alltags gemacht haben. Und sie wissen, dass es für einen langfristigen Effekt nicht genügt, dies nur ein paar Monate durchzuhalten. Sie dürfen mit dem Training nicht aufhören.

Und jetzt zeigt uns nach und nach die wissenschaftliche Forschung auch noch, dass Geistesübungen, mentale Praxis, sich vorteilhaft auf das Gehirn und den Körper auswirken können. Wir hoffen, dass die Forschung ihren Beitrag dazu leisten wird, ein größeres Publikum davon zu überzeugen, wie wichtig diese Übungen sind. Können Sie uns etwas empfehlen, Eure Heiligkeit, was den Menschen helfen kann, dies so in den Alltag mit einzubeziehen, dass es zum festen Bestandteil ihres Wochenablaufs wird, so wie es heutzutage beim sportlichen Training der Fall ist?

Dalai Lama: Dazu lässt sich nur schwer etwas sagen. Eines aber ist ganz sicher. Ich denke, wir müssen weitere Untersuchungen anstellen, wie wir eine weltliche Ethik in das moderne Bildungssystem integrieren können. Einige Menschen arbeiten schon daran. Im vergangenen Jahr war ich in Kanada, in Montréal, und hatte dort ein Treffen mit ungefähr 400 Studenten aus Lehrerausbildungsseminaren der gesamten Provinz

Québec. Zentrales Thema des Treffens war: Wie können Lehrer lernen, Konzepte für einen Ethikunterricht ohne Religion zu entwickeln?

Thupten Jinpa: Dies geht auf eine Verfügung der Schulbehörde von Québec zurück, den herkömmlichen Religionsunterricht durch ein neues Unterrichtsfach zu ersetzen, *Ethik und Religionskultur.*

Dalai Lama: Das ist heutzutage sehr wichtig. Wir brauchen mehr Forschung dazu, wie sich eine säkulare Ethik vom Kindergarten bis hin zum Universitätsabschluss in das moderne Bildungssystem integrieren lässt. Das aus Erfahrung und aus Beobachtung der Wirklichkeit gewonnene neue Material, von dem wir bei dieser Tagung gehört haben, sollte in diesen Lehrplan mit einbezogen werden. Und dann werden die Menschen auch den Wert dieser Dinge erkennen. So lange sollten Wissenschaftler wie Sie ihre Arbeit fortführen. Das Problem liegt darin, dass eine Beteiligung von Praktizierenden an der Forschung nur in sehr begrenztem Umfang stattgefunden hat. In erster Linie ist es bisher Matthieu.

Wenn ich mit Hindu-Praktizierenden, manche von ihnen Yogis, zusammentreffe, erkläre ich ihnen oft, dass es an der Zeit ist, manche ihrer Erfahrungen anderen Menschen zugänglich zu machen, zum Beispiel die der inneren Hitze. Sie können sich viele Monate lang ohne warme Kleidung in verschneiten Gebirgsregionen aufhalten. Da muss also innere Hitze mit im Spiel sein. Hier geht es keineswegs um persönliches Ruhmesstreben, vielmehr darum, anderen Menschen zu zeigen, welche Wirkungen Meditation und Yoga tatsächlich haben können. Die Buddhisten machen das nicht als Einzige, Menschen in anderen Religionen tun es ebenfalls. Wie ich gehört habe, gibt es in der christlichen Tradition einige Formen tiefgründiger Meditationspraxis. In manchen Regionen Griechenlands etwa praktiziert man nach wie vor traditionelle christliche Meditation. Leider erhalten Nichtchristen keinen Zutritt; und in einigen Fällen ist Frauen der Zutritt untersagt. Sich dorthin zu begeben, bleibt uns beiden also verwehrt.

Joan Halifax: Das wird sich ändern, da bin ich sicher. Nun möchte ich mich an John Dunne wenden. John, dein Vortrag über buddhistische Ökonomie war ganz entscheidend für unser Verständnis einer universellen beziehungsweise einer ganzheitlichen Wirtschaft. Vor dem Hintergrund dessen, was wir heute Vormittag gehört haben, möchten wir sehr gern eine Zusammenfassung von dir hören.

John Dunne: Danke, Joan. Ich habe nicht mehr viel hinzuzufügen, Eure Heiligkeit, darum freue ich mich schon auf Ihre Schlussworte. Immerhin möchte ich festhalten, dass ich das hier Gehörte ausgesprochen ermutigend finde. Es gibt Gründe, warum wir sehr zuversichtlich sein können. Wir haben gehört, dass der Mensch die Anlage für Altruismus in sich trägt. Und wir wissen natürlich, dass im buddhistischen Kontext wirksame Techniken zu seiner Kultivierung zur Verfügung stehen. Es gibt sogar experimentelle Belege dafür, dass es möglich ist, diese Techniken zu säkularisieren und sie einer breiteren Öffentlichkeit zu vermitteln.

Bei den gestrigen Podiumsgesprächen sind einige sehr interessante Themen angeschnitten worden. Auf ein paar davon möchte ich kurz im Sinn eines kritischen Hinterfragens eingehen. Zum einen möchte ich auf den Gedanken zu sprechen kommen, dass wir uns, mit Blick auf unsere innere Ökonomie, über die Gründe für Glück völlig im Unklaren sind. Kulturell stellt der Buddhismus uns Menschen im Westen da vor eine Herausforderung. Das erschließt sich uns vielleicht am besten über eine tibetische Redewendung – *dö chung chôg shé,*[4] auf Deutsch: »wenige Begierden haben und leicht zufrieden sein«. Anders ausgedrückt: In unserer Kultur verbringen wir das Leben in einem derartigen Zustand der Zerstreuung und sind dabei so sehr in unsere äußere Ökonomie verstrickt, dass uns nicht die Zeit bleibt, auf unsere innere Ökonomie achtzugeben. Für uns könnte daher eine andere Übersetzung dieser Redewendung auch lauten: »Kauft weniger.«

Das passt sicherlich nicht so richtig zu einer Tagung über Ökonomie. Hier möchte ich eine weitere Herausforderung ansprechen, die wiederholt aufgetaucht ist, Eure Heiligkeit, und eine kulturell für uns sehr bedeutsame Frage aufwirft. In unterschiedlichen Bereichen der Humanwissenschaften besteht mittlerweile Konsens, dass unsere Vorstellung von einem Selbst, unser Identitätsbegriff, sich im Verlauf der letzten Jahrhunderte gewandelt hat. Einst hatten wir einen stärker wechselseitig bedingten Identitätsbegriff. Wir können zahlreiche Jahrhunderte zurückgehen, bis zu dem großen christlichen Mystiker und Heiligen Meister Eckhart, der das zusammengefasst hat: »Wer Gott als seinen Gott liebt und Gott als seinen Gott anbetet und sich damit genügen lässt, das ist für mich ein ungläubiger Mensch.«[5] Mit anderen Worten: Damals wurde anerkannt, dass ein Festhalten an dem Begriff, den man sich vom Absoluten oder von Identität gemacht hatte, dem für den Altruismus so wichtigen Verständnis von Verbundenheit und wechselseitiger Abhängigkeit im Weg steht.

Über lange Zeit hinweg haben wir im Westen einen Prozess der zunehmenden Atomisierung und Individualisierung durchlaufen. Die kulturelle Herausforderung für uns besteht unter anderem also darin, uns der buddhistischen Weisheit zu bedienen, um uns von einigen jener Vorstellungen von einem Selbst und von den kulturell dementsprechend geprägten Gewohnheiten frei zu machen. So kann unsere tatsächliche Verbundenheit besser gedeihen und sich leichter entfalten. Ich bin zuversichtlich, dass wir eine Art Forschungsprogramm oder Projekt entwickeln können, das so strukturiert ist, dass es uns alle in diesem Sinn weiterbringen wird. Da bin ich sehr optimistisch.

Joan Halifax: Eure Heiligkeit, wir hoffen, dass Sie zum Abschluss ein paar Worte sagen werden.

Dalai Lama: Ich weiß nicht recht, was ich sagen soll. Alles Wichtige wurde meines Erachtens bereits angesprochen. Jede Sitzung hier und im Grunde alle Tagungen von Mind and Life – die mittlerweile ja nahezu jährlich stattfinden – waren ausgesprochen ermutigend. Unter uns Teilnehmern zeigt sich deutlich, dass wir uns mit der derzeitigen Lage der Dinge nicht zufriedengeben.

Wir stehen unnötigerweise vor vielen selbst geschaffenen Problemen. Niemand will Probleme haben, gar keine Frage. Und trotzdem sind wir vielfach selbst die Ursache der Probleme. Wieso? In erster Linie aufgrund von Unwissenheit. Wobei Unwissenheit hier einen Mangel an ganzheitlichem Erkennen und Verstehen meint. Zweitens versäumen wir es, den inneren Werten genügend Aufmerksamkeit zu schenken. So sind wir Menschen mehr oder weniger zu Knechten des Geldes, zu Knechten der Maschinen geworden. Viele intelligente Menschen fangen an, solch ein Dasein zu hinterfragen, und möchten gern wissen, was hier schiefläuft und wo es für sie Möglichkeiten gibt, für eine Verringerung dieser Probleme zu sorgen. Das halte ich für ein sehr positives Zeichen. Die menschliche Entwicklung, die menschliche Evolution, hat sich stets auf diese Weise vollzogen. Darum finde ich das überaus ermutigend. Persönlich habe ich viel dazugelernt. Bloß ist bei mir unglücklicherweise alles, was ich während der Sitzungen lerne, anschließend gleich wieder vergessen! (*Lachen*) Schade drum. Ansonsten war es eine wunderbare Tagung. Ich hoffe, dass sie dem Publikum ebenfalls zu ein paar neuen Ideen und neuen Einsichten verholfen hat.

Um die Diskussion fortzuführen, können Sie im Kreis der Familie oder Ihrer Freunde den Dingen in weiteren Gesprächen auf den Grund gehen. Suchen Sie den Kontakt zu anderen Menschen, schreiben Sie Aufsätze darüber, und wenn sich die Möglichkeit zu einem Gespräch im Fernsehen ergibt, diskutieren Sie auch dort weiter über diese Dinge. Menschen, die ein unglückliches Leben führen, wissen manchmal nicht, was sie ändern sollen. Darum finde ich, dass diese Diskussion in eine breitere Öffentlichkeit hineingetragen werden sollte. Immer mehr Menschen werden sich dann für innere Werte interessieren. Und manche von ihnen werden dann vielleicht weniger unter psychischem Stress leiden. Wir sollten dazu beitragen, Stress zu reduzieren und den Menschen zu einem glücklicheren Dasein zu verhelfen. Das ist unser Ziel.

Früher oder später muss jede/r von uns gehen und von dieser Welt Abschied nehmen. Wer von denjenigen, die hier sitzen, als Erste/r gehen wird, weiß ich nicht. Aber was wir hier gemeinsam zu mehr Mitgefühl in der Wirtschaft beitragen, wird den nachfolgenden Generationen zugutekommen. Ich danke Ihnen.

Dank

Die Herausgeber möchten den vielen Menschen danken, mit deren Hilfe die Tagung und das Buch erst realisiert werden konnten. An vorderster Stelle möchten wir uns bei Seiner Heiligkeit dem Dalai Lama für die unablässige Unterstützung, Ermutigung, Anleitung und für seinen hingebungsvollen Einsatz zugunsten von Mind and Life bedanken. Seine Weisheit, sein Mitgefühl und seine Unterweisungen geben unserer Arbeit und unserem Leben ständig Inspiration.

Ebenso verneigen wir uns tief vor all denjenigen, die hier einen Vortrag gehalten oder an einem der Podiumsgespräche teilgenommen haben – in Dankbarkeit für ihre Weisheit, Güte und Großzügigkeit und für die vielen Tage der Vorbereitung, die sie der Tagung und diesem Buch gewidmet haben. Außerdem gilt unser Dank den vielen Freunden, die uns geholfen haben, das Tagungsprogramm zu erstellen, indem sie ihre Ideen dazu beigetragen und uns Kontakte vermittelt haben, insbesondere Nina Cenja und Anne Rüffer. Ein weiteres besonderes Dankeschön geht an Thupten Jinpa, dessen außerordentliche Kunstfertigkeit und Hingabe beim Übersetzen man kaum hoch genug einschätzen kann.

Von Herzen sagen wir Diego Hangartner Dank für seine Geduld und die vielen Ratschläge zur praktischen Umsetzung dieses Buchprojekts, aber auch für die vielen hochinteressanten Projekte, die Mind and Life Europe unter seiner Leitung in Gang bringt.

Viele Menschen haben zur Entstehung dieses Buches ihren Beitrag geleistet. Wir danken Zara Houshmand und Kate Beddall für ihre hervorragende redaktionelle Arbeit in den ersten Phasen des Projekts. Die Lektorin Janna White hat anschließend ebenso engagiert wie geschickt das Buch in seine endgültige Form gebracht. Ihr umsichtiger Umgang mit dem Material, ihre aktive Zusammenarbeit mit den Autoren, ihre Recherchen und schriftlichen Beiträge zur Einführung waren für uns sehr wertvoll.

Inspiration für die Einführung konnten wir unter anderem aus Gesprächen mit Richard Layard und »Bunker« Roy schöpfen. Lewis Davis und Andy Rotman gaben uns außerdem kluge Rückmeldungen. John Dunne übertrug die tibetischen Ausdrücke in eine für alle Leser/innen zugängliche Form.

Wir danken den zahlreichen Partnern, Teilnehmern und Unterstützern, die diese Tagung ermöglicht haben. Wir danken der Universität Zürich für ihre Unterstützung als Mitsponsor dieser ersten Tagung von Mind and Life in Europa. Und ganz besonders danken wir dem von Ernst Fehr, Klaas Enno Stephan und Tania Singer gegründeten Laboratory for Social and Neural Systems Research für seine wegweisende Arbeit in dem neu entstehenden Forschungsbereich der Neuroökonomie und für das unablässige Bemühen, soziale Präferenzen und Emotionen in wirtschaftswissenschaftliche Modelle zu integrieren. Ebenso danken wir Tania Singers Mitarbeiterstab für die Hilfe bei der Entwicklung des Tagungsprogramms und für die Unterstützung des Personals von Mind and Life vor Ort in Zürich.

Wir danken den Förderern von Mind and Life und allen, die eine Gold- oder Silbersponsorenschaft übernommen haben, für ihre unverzichtbare finanzielle Unterstützung. Die Mitarbeiter von Mind and Life haben diese Tagung möglich gemacht, indem sie sich aufmerksam mit vielen Details befasst haben. Insbesondere danken wir Nina Driller für ihre Unterstützung und ihre engagierte Arbeit in der Schweiz.

Die Autoren und Herausgeber hoffen, dass die Weisheit und das Mitgefühl aller Tagungsreferenten sowie der Geist des Buches und das in ihm enthaltene Wissen in die Welt hinausgetragen werden und allen Glück bringen mögen.

Anmerkungen

Einführung

1 Um mehr über das Mind and Life Institute zu erfahren, informieren Sie sich bitte unter www.mindandlife.org

2 Tara Tulku Rinpoche, vergleiche Kapitel 7, S. 108.

3 Tim Kasser, *The High Price of Materialism,* The MIT Press, Cambridge 2003.

4 Adam Smith, *Der Wohlstand der Nationen – Eine Untersuchung seiner Natur und seiner Ursachen,* übers. v. Horst C. Recktenwald, München 2005, S. 17.

5 »The first principle of economics is that every agent is actuated only by self-interest.« In: Francis Y. Edgeworth, *Mathematical Psychics. An Essay on the Application of Mathematics to the Moral Sciences,* Reprints of Economic Classics, Augustus M. Kelley Publishers, New York 1967, S. 16.

6 Joseph E. Stiglitz, *Der Preis der Ungleichheit – Wie die Spaltung der Gesellschaft unsere Zukunft bedroht,* übers. v. Thorsten Schmidt, München 2012.

7 Über die Publikationen und Forschungsinitiativen von Mind and Life können Sie im Anhang mehr erfahren.

8 Den Ausdruck *warm glow* (Deutsch: eine »wohlige Wärme« oder ein »wohlig warmes Empfinden«) hat der amerikanische

Ökonom James Andreoni 1989 eingeführt, um das Gefühl einer inneren Befriedigung zu beschreiben, das man beim Akt des Gebens, oder danach, verspürt. (Anm. d. Übers.)

Kapitel 1

1 La Rochefoucauld, *Maximen und Reflexionen,* übers. v. Konrad Nussbächer, Stuttgart 1965, S. 14.

2 Bernard Mandeville, *Die Bienenfabel oder Private Laster, öffentliche Vorteile* (1732), übers. v. Otto Bobertag, Frankfurt/M. 2014, S. 105.

Kapitel 2

1 Dieses Kapitel weicht, wie bereits in der Einführung angemerkt, von Tania Singers Originalvorträgen in Zürich ein wenig ab. Die beiden eigenständigen Vorträge, die sie dort im Lauf der Veranstaltung gehalten hat, sind hier zu einem einzigen Kapitel zusammengefasst worden. An den damals vorgelegten Forschungsergebnissen hat Singer inzwischen weitergearbeitet. Daher hat sie den Text und die Abbildungen des Kapitels entsprechend aktualisiert, um hier neuere und genauere Daten aufzuführen. Trotz dieser Veränderungen geben die im Kapitel enthaltenen Themen und Dialoge jene Gespräche, die in Zürich stattgefunden haben, immer noch sinngetreu wieder.

2 Klimecki, O. M., Leiberg, S., Ricard, M., & Singer, T. (2014), »Differential Pattern of Functional Brain Plasticity After Compassion and Empathy Training«. *Social Cognitive and Affective Neuroscience,* 9(6), S. 873–879.
Klimecki, O. M., Leiberg, S., Lamm, C., & Singer, T. (2013), »Functional Neural Plasticity and Associated Changes in Po-

sitive Affect after Compassion Training«. *Cerebral Cortex*, 23(7), S. 1552–1561.

3 Leiberg, S., Klimecki, O., & Singer, T. (2011), »Short-term Compassion Training Increases Prosocial Behavior in a Newly Developed Prosocial Game«. *PLoS One*, 6(3): e17798.

Kapitel 3

1 Die vier *Brahmavihāras* sind vier innere Qualitäten, die in den buddhistischen Lehren eine maßgebliche Rolle spielen: Liebe (Wohlwollen), Mitgefühl, Mitfreude und Gleichmut.
Im Deutschen werden diese vier Qualitäten gewöhnlich als »die vier Unermesslichen« bezeichnet. (Anm. d. Übers.)

Kapitel 5

1 Der Vorfall ereignete sich im August 1996 im Zoo der Stadt Brookfield, Illinois. Der Gorilla hieß Binti Jua. Im Zoo von Jersey hat sich 1986 zwischen einem kleinen Jungen und einem Gorilla namens Jambo etwas Ähnliches abgespielt.

Kapitel 6

1 George J. Stigler, »Economics or Ethics?«, in: *Tanner Lectures on Human Values*, Vol. 2, edited by Sterling McMurrin, Cambridge University Press, Cambridge 1981.

2 Oliver E. Williamson, *Die ökonomischen Institutionen des Kapitalismus*, übers. v. Monika Streissler, Tübingen 1990, S. 54.

Kapitel 7

1 Wylie: *kun slong.*

2 Wylie: *gzhan phan gyi kun slong.*

3 Wylie: *spyod 'jug.*

4 Sanskrit: *yadā mama paresām ca tulyam eva sukham priyam / tadātmanah ko viśeso yenātraiva sukhodyamah.* Śāntideva, »Bodhicaryāvatāra of Śāntideva with the Commentary Pañjikā of Prajñākaramati.« In: *Buddhist Sanskrit Texts* no. 12, edited by P. L. Vaidya. The Mithila Institute of Post-Graduate Studies and Research, Darbhanga 1960, chapter 8, verse 95. Dt.: Shāntideva, *Anleitungen auf dem Weg zur Glückseligkeit – Bodhicaryāvatāra,* hrsg. u. übers. v. Diego Hangartner, Frankfurt/M. 2005, S. 201.

5 Wylie: *ma gyur sems can thams cad.*

6 Sanskrit: *ye kecid duhkhitā loke sarve te svasukhecchayā / ye kecit sukhitā loke sarve te 'nyasukheccahyā,* ibid., chapter 8, verse 129. Dt.: Shāntideva, *Anleitungen auf dem Weg,* a. a. O., S. 211.

7 Wylie: *'phags pa'i nor bdun.*

8 Maria Heim, *Theories of the Gift in South Asia,* Routledge, London 2004.

9 Andy Rotman, *Thus Have I Seen: Visualizing Faith in Early Indian Buddhism,* Oxford University Press, New York 2008.

10 Wylie: *sbyin pa gtong ba.*

Kapitel 9

1 *Warm glow:* »ein wohlig warmes Empfinden«. Siehe auch Anm. 8 auf S.22

Kapitel 10

1 Benedikt Herrmann, Christian Thöni & Simon Gächter (2008), »Antisocial Punishment across Societies«. *Science* 319 (5868): S.1362–1367. doi:10.1126/science.1153808.

Kapitel 12

1 In der Zwischenzeit wurde die 7-Milliardenmarke tatsächlich schon erreicht. Der genaue Zeitpunkt ist allerdings nicht bekannt. Nach Schätzungen der Vereinten Nationen sollte das siebtmilliardste Baby jedenfalls am 31. Oktober 2011 zur Welt kommen, hieß es am 26. Oktober 2011 bei BBC News World. »Population Seven Billion: UN Sets Out Challenges.« http://www.bbc.co.uk/news/world-15459643

2 Damit ist lediglich eine Art Gruppenbürgschaft gemeint: Ungefähr zehn bis zwanzig Nachbarn, meist Frauen, bürgen wechselseitig für die erhaltenen Kredite und verwalten ihre Finanzen gemeinsam – im Grunde wie eine kleine, die Finanzen und die Kreditrückzahlung überwachende Dorfbank. (Anm. d. Übers.)

3 Alberto Chaia, Tony Goland & Robert Schiff, 2010. »Counting the World's Unbanked.« McKinsey Quarterly. http://www.mckinseyquarterly.com/Counting_the_worlds_unbanked_2552

4 Siehe Abb. 11.1. auf S.159

5 Nach einer Untersuchung von responsAbility.

6 François Bouguignon & Christian Morrisson (2002), »Inequality among World Citizens: 1820–1992.« *The American Economic Review* 92(4): 727–744. http://www.jstor.org/stable/3083279

Kapitel 13

1 *Social Entrepreneurship*, »soziales Unternehmertum«, bezeichnet Unternehmer/innen, die sich einer sozialen Mission verpflichtet sehen. Im Vordergrund steht für sie die Erfüllung der selbst gestellten sozialen Aufgabe. (Anm. d. Übers.)

2 Die Doon School, ein 1935 gegründetes Eliteinternat für Jungen in Dehra Dun, Indien, rühmt sich, dass unter den einstigen Schülern zahlreiche Angehörige der Eliten aus der Politik, der Wirtschaft und dem akademischen Bereich zu finden sind, an erster Stelle der frühere Premierminister Rajiv Gandhi.
Der Panchen Lama ist nach dem Dalai Lama der zweithöchste Würdenträger im tibetischen Buddhismus.

3 Das St. Stephen's College wurde 1881 als christliches College gegründet. Wie die Doon School ist es eine elitäre Bildungsinstitution, die viele angesehene Persönlichkeiten zu ihren Schülern zählt.

4 Während der Hungersnot im nördlichen Bundesstaat Bihar starben über 2.500 Menschen. Jayaprakash Narayan, ein bekannter Aktivist und eine führende Persönlichkeit in Indiens gewaltlosem politischem Widerstand gegen Großbritannien, stammte von dort.

Kapitel 14

1 Die Harvard Kennedy School: eine interdisziplinäre Einrichtung (*Graduate School*) an der Harvard-Universität, unter anderem für die Bereiche Politikwissenschaft, Staatswissenschaft und Politische Ökonomie. (Anm. d. Übers.)

Fazit

1 Die Schriftensammlung des Vinaya umreißt die Vorschriften und Ordensregeln für die Angehörigen der klösterlichen Gemeinschaft im Buddhismus.

2 Wylie: *ma gyur sems can tham cad.*

3 Seine Heiligkeit bezieht sich auf die große buddhistische Nalanda-Universität im indischen Bihar, die – mit Unterbrechungen – zwischen dem fünften und zwölften Jahrhundert christlicher Zeitrechnung ihre Blütezeit hatte.

4 Wylie: *'dod chung chog shes.*

5 Meister Eckhart, *Mystische Schriften,* übers. v. Gustav Landauer, Wetzlar 1978, S. 80.

Kapitel Autoren und Herausgeber

1 *Warm glow:* »ein wohlig warmes Empfinden«. Siehe auch Anm. 8 auf S. 22

Über das Mind and Life Institute

Über das Mind and Life Institute

Das Mind and Life Institute wurde 1987 gemeinsam von Seiner Heiligkeit dem Dalai Lama, dem verstorbenen Neurowissenschaftler Francisco Varela und dem Unternehmer Adam Engle ins Leben gerufen, um einen offenen Dialog und eine Forschungszusammenarbeit zwischen den modernen Naturwissenschaften, den lebendigen kontemplativen Überlieferungen der Welt, der Philosophie und den Geistes- und Sozialwissenschaften zu ermöglichen. Ausgangspunkt für die Gründung des Mind and Life Institute war die Überzeugung, dass man den menschlichen Geist nur durch multidisziplinäre Zusammenarbeit erforschen kann. Durch diese interdisziplinäre Partnerschaft lässt sich in einem ganzheitlicheren Sinn erfassen, wie die Wirklichkeit beschaffen ist; so kann Leid gelindert und für größeres Wohlergehen gesorgt werden.

Im Verlauf der vergangenen 25 Jahre hat das Mind and Life Institute bei der Kultivierung solch eines ganzheitlichen Forschungsansatzes weltweit eine Vorreiterrolle übernommen und Forschungsbereiche entwickelt, die der Frage nachgehen, wie sich verschiedene Formen meditativer Praxis auf das Gehirn, die menschliche Biologie und das menschliche Verhalten auswirken.

Die Arbeit des Mind and Life Institute besteht darin, die Erforschung des Geistes auszuweiten und zu vertiefen: durch exakte wissenschaftliche Forschung; durch Dialoge über die

Beschaffenheit des Geistes und der menschlichen Qualitäten; durch Beteiligung nicht nur von Gelehrten, sondern auch von Meditierenden; durch fortwährende Unterstützung der entsprechenden wissenschaftlichen Untersuchungen und durch die Förderung einer neuen Forschergeneration.

Mind and Life Europe ist ein integraler Bestandteil der weltumspannenden Strategie, eine kontemplative Wissenschaft und kontemplative Studien auf einer internationalen und interdisziplinären Ebene aufzubauen und zu unterstützen. In Reaktion auf das wachsende Interesse von Einzelpersonen und Institutionen nimmt Mind and Life Europe Bedarfseinschätzungen vor, setzt Strategien um und fördert Programme, die dazu beitragen, das Studium des Bewusstseins und der meditativen Praxisformen überall in Europa voranzubringen. Seinen ersten öffentlichen Dialog hat Mind and Life Europe im April 2010 ausgerichtet. Von dieser Auftaktveranstaltung zeugt das vorliegende Buch.

Programme und Initiativen
Das Mind and Life Institute will zwischen der kontemplativen Weisheit mit ihren meditativen Praxisformen und den Möglichkeiten der modernen Forschung eine Brücke schlagen und eine Integration dieser beiden Aspekte herbeiführen. Das so gewonnene Wissen soll Anstoß geben zu Programmen, die das Leid in aller Welt mindern und dazu beitragen, dass es den Menschen besser geht. Finanziell unterstützt es diverse Programme, die für diese Ziele stehen:

- **Dialoge mit Seiner Heiligkeit dem Dalai Lama**
  Im Lauf der Jahre hat Mind and Life mehr als 25 private und öffentliche Veranstaltungen mit Seiner Heiligkeit dem Dalai Lama in Indien, den Vereinigten Staaten und Euro-

pa organisiert. Am bekanntesten sind die privaten Treffen mit dem Dalai Lama in Dharamsala, die seit 1987 alle zwei Jahre stattfinden. Seit 2003 war das Mind and Life Institute auch Gastgeber von öffentlich veranstalteten Treffen. Eine Auflistung solcher Veranstaltungen, die bereits stattgefunden haben oder noch bevorstehen, finden Sie unter: http://www.mindandlife.org/dialogues/.

• **Buchveröffentlichungen**
Mittlerweile dokumentieren zwölf Bücher, ähnlich wie der vorliegende Band, den Sitzungsverlauf der Veranstaltungen. Darunter: Sharon Begley, *Neue Gedanken – neues Gehirn: Die Wissenschaft der Neuroplastizität beweist, wie unser Bewusstsein das Gehirn verändert,* München 2007; Daniel Goleman, *Dialog mit dem Dalai Lama: Wie wir destruktive Emotionen überwinden können,* München 2005; John Kabat-Zinn, Richard Davidson, Sara Houshmand u. a., *Die heilende Kraft der Meditation – Wie sich unser Geist selbst heilen kann: Ein wissenschaftlicher Dialog mit dem Dalai Lama,* Freiburg 2012. Eine vollständige Liste der Publikationen von Mind and Life liegt hier vor: http://www.mindandlife.org/publications/

• **Summer Research Institute**
Seit 2004 findet das Mind and Life Summer Research Institute (MLSRI) alljährlich im Garrison Institute in Garrison, New York, statt. Auf lange Sicht ist es das Ziel des MLSRI, die Ausbildung einer neuen Generation von Entwicklungspsychologen und Entwicklungswissenschaftlern, von Forschern aus dem Bereich der Kognitiven und der Affektiven Neurowissenschaften, von Menschen aus der angewandten und der klinischen Forschung sowie von kontemplativen Gelehrten und Praktizierenden weiter voranzubringen. Vom 23.–29. August 2014 hat Mind and Life Europe im Benediktinerinnenkloster Frauenwörth auf der idyllisch im

Chiemsee gelegenen Fraueninsel erstmals ein European Summer Research Institute veranstaltet. Weitere Informationen finden Sie hier: http://www.mindandlife.org/sri/.

- **Forschungsförderungsprogramme**
  Das Mind and Life Institute unterhält verschiedene Förderprogramme zur Unterstützung laufender Arbeiten im Bereich der kontemplativen Wissenschaft, darunter die Varela Awards, die 1440 Awards und das Contemplative Studies Fellowship. Die Stipendien haben bereits über 80 Pilot-Forschungsinitiativen beziehungsweise neuartige Forschungsinitiativen möglich gemacht, die ansonsten nicht hätten verwirklicht werden können, und sie waren ausschlaggebend für die Erteilung von Anschlussstipendien durch traditionelle Geldgeber. Mehr darüber erfahren Sie unter: http://www.mindandlife.org/grants/.

  Das Mind and Life Institute und Mind and Life Europe führen alle zwei Jahre gemeinsam ein Symposium for Contemplative Studies durch. Diese Symposien schaffen eine Plattform, damit Gelehrte im neu entstehenden Forschungsbereich der kontemplativen Studien – dazu zählen die Neurowissenschaft, die klinische Forschung, die kontemplative Philosophie und die Humanwissenschaften, die kontemplative Erziehungswissenschaft, die Wirtschaftswissenschaften sowie diejenigen Aspekte der Meditationspraxis, die mit diesen Bereichen von Forschung und Lehre in Zusammenhang beziehungsweise in Interaktion stehen – Vorträge halten, diskutieren und Kooperationsnetze schaffen können. Weitere Informationen über das nächste Symposium for Contemplative Studies finden Sie unter: http://www.europeansymposium.org (Europa) und unter: http://www.internationalsymposium.org (USA).

Die Zukunft von Mind and Life

Mind and Life tritt gerade in eine neue Phase der Forschung und Entwicklung ein, in der Anwendung und Kommunikation im Mittelpunkt stehen werden. Zu den wichtigen Bereichen für neue Forschungsinitiativen werden unter anderem gehören: eine *Kartierung des Geistes; Verlangen, Begierde und Sucht;* und *Säkulare Ethik* aufgrund eines Aufrufs Seiner Heiligkeit des Dalai Lama, eine Ausbildung in säkularer Ethik überall auf der Welt zu fördern. Ziel all dieser Initiativen ist, dass es den Menschen besser geht.

Zusätzlich zur Unterstützung dieser Forschungsinitiativen wird Mind and Life die Aufgabe übernehmen, die Ergebnisse und Einsichten, die durch solch eine interdisziplinäre Forschung gewonnen wurden, systematisch zu publizieren und anderweitig zu verbreiten, sodass sie für jedermann zugänglich und anwendbar sind.

Autoren und Herausgeber

Der Vierzehnte Dalai Lama Tenzin Gyatso ist das Oberhaupt der tibetischen Buddhisten und eine in aller Welt verehrte Führungspersönlichkeit. Als Träger des Friedensnobelpreises, den man ihm 1989 verliehen hat, genießt er überall Anerkennung als Fürsprecher für eine friedliche und mitfühlende Lösung menschlicher Konflikte. Weniger bekannt ist sein starkes persönliches Interesse an der Wissenschaft: Er ist Mitbegründer des Mind and Life Institute, und wäre er kein Mönch, so sagte er einmal, dann wäre er gern Ingenieur geworden. Er ist lebhaft daran interessiert, sich über die neuesten wissenschaftlichen Entwicklungen zu informieren. Und er bringt beides mit: eine Stimme, die sich zu den humanistischen Konsequenzen der Forschungsergebnisse äußert, und große methodische Kompetenz.

Dan Batson, ein experimenteller Sozialpsychologe, ist emeritierter Professor der University of Kansas und Autor des Buches *Altruism in Humans,* New York 2011. Im Blickpunkt der Forschung stehen für ihn die Frage nach der Existenz einer altruistischen Motivation, Religion und ihre Auswirkungen auf das Verhalten sowie die Beschaffenheit ethisch bedingter Emotionen.

Richard Davidson ist Professor für Psychologie und Psychiatrie, Direktor des Waisman Laboratory for Brain Imaging and Behavior, Gründer und Vorsitzender des Center for Investigating Healthy Minds an der University of Wisconsin-Madison. Seit 1991 gehört er dem Vorstand des Mind and Life Institute an. Wir verdanken ihm wegweisende wissenschaftliche Studien über die Auswirkungen von Meditation auf das Gehirn.

John Dunne ist außerordentlicher Professor am theologischen Institut der Emory University und Mitbegründer der dortigen Emory Collaborative for Contemplative Studies (ECCS). Schwerpunkt seiner Arbeit sind verschiedene Aspekte der buddhistischen Philosophie, die Kognitionswissenschaft und die Meditationspraxis, vielfach fungiert er außerdem als Übersetzer für tibetische Gelehrte.

Ernst Fehr ist Professor für Mikroökonomik und experimentelle Wirtschaftsforschung sowie Direktor des Instituts für Volkswirtschaftslehre an der Universität Zürich. Um soziologische und psychologische Aspekte der modernen Wirtschaftslehre zu erhellen, verknüpft er in seiner Forschung Einsichten aus den Wirtschaftswissenschaften, der Sozialpsychologie, der Soziologie, Biologie und Neurowissenschaft.

William George lehrt als Professor für Managementpraxis an der Harvard Business School Entwicklung von Führungskompetenz und Ethik. Früher war er unter anderem Vorstandsvorsitzender und Hauptgeschäftsführer des Medizintechnik-Unternehmens Medtronic. Unter seiner Leitung stieg der Börsenwert des Unternehmens damals, bei einem jährlichen Durchschnittswachstum von 35 Prozent, von 1,1 auf 60 Milliarden Dollar.

Roshi Joan Halifax, buddhistische Lehrerin und Zen-Priesterin, promovierte Anthropologin und Autorin, hat 1990 in Santa Fe, New Mexico, das Upaya Zen Center gegründet. Dort ist Halifax Äbtissin des buddhistischen Klosters und leitet zugleich das Upaya Center für buddhistische Studien. Den Schwerpunkt ihrer engagierten und praxisbezogenen Tätigkeit bildet die kontemplative Begleitung Sterbender.

Diego Hangartner hat sein Pharmakologiestudium an der Eidgenössischen Technischen Hochschule Zürich, wo er psychoaktive Substanzen und ihre Wirkungen auf den Geist erforschte, mit der Promotion abgeschlossen. Nachdem er mit buddhistischen Methoden zur Erkundung des Geistes in Berührung gekommen war, verbrachte er elf Jahre im indischen Dharamsala, wo er Tibetisch lernte, sich als Übersetzer betätigte und Wissenschaftskurse für Mönche gab. Von 2009–2012 war er leitender Geschäftsführer des Mind and Life Institute. Zurzeit ist er Generalsekretär von Mind and Life Europe.

William Harbaugh, Professor für Wirtschaftswissenschaften an der University of Oregon, untersucht, warum Menschen für gemeinnützige Zwecke spenden. Um zu zeigen, dass der »Warm glow«[1] hierbei ein wichtiges Motiv und ein starker Anreiz für die Spendenbereitschaft ist, arbeitet er im Rahmen seiner Forschung mit Methoden, die von der Wirtschaftstheorie bis hin zur neurobildgebenden Untersuchung des Gehirns (dem Neuroimaging) mittels funktioneller Magnetresonanztomografie (fMRT) reichen.

Antoinette Hunziker-Ebneter ist Geschäftsführerin und Mitbegründerin der Forma Futura Invest AG, einer unabhängigen Vermögensmanagementgesellschaft. Dort beschäftigt sie sich mit Kapitalanlagemöglichkeiten, die gute Unternehmensführung sowie soziales und ökologisches Verantwortungsbewusstsein vereinen. Vor Gründung dieser Firma war sie Vorsitzende der Schweizer Börse und Geschäftsführerin von virt-x, der ersten paneuropäischen Börse.

Thupten Jinpa absolvierte sein Studium im klassischen tibetischen Klosterausbildungssystem und schloss es mit dem höchsten akademischen Titel eines Geshe Lharam ab (entspricht in etwa einem Doktortitel in Theologie). Darüber hinaus hat Jinpa in Großbritannien an der University of Cambridge einen Bachelor in Philosophie und einen Doktortitel der Religionswissenschaften erworben. Seit 1985 ist Jinpa der Hauptübersetzer des Dalai Lama. Er ist Präsident des Institute of Tibetan Classics und leitet den Vorstand des Mind and Life Institute.

Richard Layard, emeritierter Professor für Wirtschaftswissenschaften an der London School of Economics, war Gründer und Direktor des dortigen Centre for Economic Performance und leitet am CEP heute den Themenbereich »Wohlergehen«. Seine Studien zu Arbeitslosigkeit, Kindheit, seelischer Gesundheit und Wohlergehen haben Einfluss auf die Politik genommen, in Großbritannien und darüber hinaus.

Matthieu Ricard lebt als buddhistischer Mönch des Klosters Shechen in Kathmandu. Am Pariser Institut Pasteur hat er in Zellulargenetik promoviert. Danach war er Schüler der beiden herausragenden tibetischen Lehrer Kangyur Rinpoche und Dilgo Khyentse Rinpoche. Seit 1989 arbeitet er für Seine Heiligkeit den Dalai Lama als Französischübersetzer und ist ein erfolgreicher Buchautor und Fotograf. Den Erlös seiner Bücher und einen großen Teil seiner Zeit widmet er humanitären Projekten in Tibet, Nepal und Indien.

Sanjit »Bunker« Roy, ein indischer Pädagoge, Social Entrepreneur und Sozialaktivist, hat das Barefoot College (Barfuß-College) als eine außerschulische Bildungsalternative gegründet. Ausgangspunkt für das Barefoot College war die Idee, dass zur Lösung von Problemen in ländlich geprägten Gebieten das traditionelle Wissen der heimischen Bevölkerung angewendet werden sollte. Sein innovatives Bildungsmodell hat mittlerweile in 54 weiteren Ländern Verbreitung gefunden, insbesondere in Afrika.

Gert Scobel hat in Frankfurt und an der University of California, Berkeley, Theologie und Philosophie studiert. 1988 begann er für die ARD zu arbeiten, u. a. als Moderator verschiedener Kultursendungen. Für 3sat moderiert er wöchentlich »scobel« mit Themen aus Naturwissenschaft, Kultur und Gesellschaft. Er hat mehrere Sachbücher über Philosophie, Glaube und Vernunft veröffentlicht.

Joan Silk ist Professorin an der School of Human Evolution and Social Change der Arizona State University und frühere Lehrstuhlinhaberin am Institut für Anthropologie der University of California, Los Angeles. Ihr Interesse gilt der Frage, inwiefern natürliche Auslese die evolutionäre Entwicklung des Sozialverhaltens bei nichtmenschlichen Primaten beeinflusst, sowie den evolutionären Grundlagen von Fähigkeiten, die in der menschlichen Gesellschaft eine wesentliche Rolle spielen – der Vergebung beispielsweise, der Zusammenarbeit und Freundschaft, des Elternaufwands (seitens des Vaters), der Bereitschaft zu helfen und sich prosozial zu verhalten.

Tania Singer ist seit 2010 Direktorin der Abteilung Soziale Neurowissenschaften am Max-Planck-Institut für Kognitions- und Neurowissenschaften in Leipzig. Sie untersucht die entwicklungspsychologischen, hormonellen und neuronalen Grundlagen menschlichen Sozialverhaltens und soziale Emotionen wie Empatie, Mitgefühl und Fairness. Zudem untersuchte sie im Rahmen ihrer neuroökonomischen Forschung, wie soziale Emotion und Kognition soziale und wirtschaftliche

Entscheidungsfindung beeinflussen. Darüber hinaus beschäftigt sie sich mit den Auswirkungen von mentalem Training und Meditation auf das Gehirn und auf seine subjektive, durch unser Verhalten bedingte Veränderbarkeit. Tania Singer gehört dem Vorstand des Mind and Life Institute an.

Arthur Vayloyan hatte von 1992 bis 2012 verschiedene Führungspositionen bei der Credit Suisse inne. Er gehörte dem Private Banking Management Committee an, zuletzt leitete er das Private Banking für die Credit Suisse in der Schweiz sowie die Abteilung Global External Asset Managers. Ganz besonders interessiert er sich für Nanotechnologie, für Innovationen und für Mikrofinanzierung.

Abbildungen

Abb. 1.1: C. D. Batson, B. Duncan, P. Ackerman, T. Buckley, & K. Birch, 1981. »Is Empathic Emotion a Source of Altruistic Motivation?« *Journal of Personality and Social Psychology* 40: 290 – 302, table 3.

Abb. 2.1: T. Singer & G. Hein, 2012. »Empathy in Humans and Animals: An Integrative Approach.« In: *The Primate Mind,* edited by F. B. M. de Waal & P. F. Ferrari. Cambridge, Harvard University Press.

Abb. 2.2A: Nach C. Lamm, J. Decety, & T. Singer. 2011. »Meta-Analytic Evidence for Common and Distinct Neural Networks Associated with Directly Experienced Pain and Empathy for Pain.« *NeuroImage* 54 (3): 2492 – 2502.

Abb. 2.2B: Nach B. C. Bernhardt & T. Singer, 2012. »The Neural Basis of Empathy.« *Annual Review of Neuroscience* 35: 1 – 23.

Abb. 2.3: Nach O. M. Klimecki, S. Leiberg, C. Lamm & T. Singer. 2012. »Functional Neural Plasticity and Associated Changes in Positive Affect After Compassion Training.« *Cerebral Cortex.* Advanced Online Publication. doi:10.1093/cercor/bhs142.

Abb. 3.1: A. Lutz, J. A. Brefczynski-Lewis, T. Johnstone & R. J. Davidson, 2008. »Regulations of the Neural Circuitry of Emoti-

on by Compassion Meditation: Effects of Meditative Expertise.«
PLoS ONE 3 (3): e1897.doi:10.1371/journal.pone.0001897.

2 Abb. 3.2: A. Lutz, J. A. Brefczynski-Lewis, T. Johnstone &
R. J. Davidson, 2008. »Regulations of the Neural Circuitry
of Emotion by Compassion Meditation: Effects of Meditative Expertise.« *PLoS ONE* 3 (3): e1897.doi:10.1371/journal.
pone.0001897.

Abb. 5.1: Joan Silk.

Abb. 5.2: J. B. Silk, 2008. »Social Preferences in Primates.« In
Neuroeconomics: Decision Making and the Brain, edited by P.
Glimcher, C. Camerer, E. Fehr & R. Poldrack. London: Else-
vier, 267–282. Bildnachweis: Ruby Boyd.

Abb. 6.2: Michael Naef, Ernst Fehr, Urs Fischbacher, Jürgen
Schupp & Gert Wagner, unpublished data. *Decomposing Trust:
Explaining National and Ethnic Trust Differences.*

Abb. 8.1: Richard Layard, 2011. *Happiness: Lessons from a
New Science,* London, 281–282.

Abb. 8.2: Gallup Daily Poll.

Abb. 8.3: E. Diener & E. M. Suh (eds.), 2000. *Culture and Sub-
jective Well-Being,* MIT Press, Cambridge, 168.

Abb. 8.4: R. Wilkinson & K. Pickett, 2009. *The Spirit-Level:
Why More Equal Societies Almost Always Do Better,* Allen
Lane/Penguin, London, 52.

Abb. 9.1: William Harbaugh, Ulrich Mayr & Daniel Burghart,
2007. »Neural Responses to Taxation and Voluntary Giving
Reveal Motives for Charitable Donations.« *Science* 316: 1622.
doi:10.1126/science.1140738.

Abb. 10.1: Ernst Fehr & Simon Gächter, 2000. »Cooperation

and Punishment in Public Goods Experiments.« *American Economic Review* 90 (4): 980–994.

Abb. 11.1: Bildnachweis: Forma Futura Invest AG

Abb. 11.2: Bildnachweis: Otto Scharmer

Abb. 12.1: Weltbank 2008, http://data.worldbank.org/topic/poverty